Inteligencia Artificial

Descubra cómo y cuándo las computadoras y los robots van a volverse inteligentes y cómo las relaciones entre ellos y los seres humanos transformarán la sociedad.

Graficas le mostrarán para cuándo se esperan estos cambios del paradigma.

Esta es la historia de la evolución forzada de la IA y los robots por medio de investigación científica, tecnológica y diseño de ingeniería para que aprendan, se relacionen con las personas y el medio ambiente, y lleguen a ser conscientes de su propia manera, sin necesariamente ser cómo los humanos.

La creación de **Inteligencia Artificial** es probablemente el reto más difícil que la tecnología ha enfrentado jamás. Sin embargo, no hay duda de lograr su desarrollo en un futuro próximo.

Hasta qué punto la tecnología humana puede avanzar la inteligencia artificial. ¿Va a ser hasta un nivel comparable, o tal vez superando, a la inteligencia humana? Las computadoras y los robots inteligentes serán cada vez más importantes en nuestras vidas.

En este libro, no se discute sólo la tecnología, sino también los efectos sociales, políticos y económicos consecuencia de estos inventos.

¡Nuestra vida va a cambiar, hay que estar preparados!

El cambio es la ley de la vida. Y aquellos que miran sólo hacia el pasado o al presente seguramente se perderán el futuro'. ***John F. Kennedy.***

Libros por Humberto Contreras

viviendo peligrosamente en la utopía

La Guerra de las Clases
El Factor Preponderante
Todo está en la Mente
La Inquietud

tecnología e impacto social

La Historia del Siglo 21
Inteligencia Artificial Práctica

Humberto Contreras es un Ingeniero Civil con Maestría en Ingeniería Estructural y Doctorado en Ingeniería de Sismos de la Universidad Nacional Autónoma de México. Como experto en sistemas probabilísticos y estocásticos implementó soluciones de análisis de riesgo y de seguridad de plantas nucleares y almacenamiento de desechos nucleares. También ha sido consultor de programación de computadoras para grandes empresas. Él está actualmente retirado y vive en Nueva Inglaterra y la Riviera Maya.

Estos libros también están disponibles en inglés.

http://www.alphazerobooks.com

Inteligencia Artificial Práctica

Dr. Humberto Contreras

Inteligencia Artificial Práctica

Primera edición, Septiembre de 2012.

ISBN 978-1-300-55516-2

Edición: Gloria Sesín Mazón de Contreras

A mi esposa Gloria, mi único amor pasional.

A mi hija perfecta, Cleopatra-Alexandra.

A mis hijos y nietos.

Agradezco especialmente a mi adorada esposa Gloria Sesín Mazón de Contreras, por la edición de este libro.

Agradezco a las personas que han concebido la Inteligencia Artificial. Son muchos más de los que nos podemos imaginar.

Contenido

La Aventura de la Civilización

'El progreso es imposible sin cambio, y los que no pueden cambiar sus mentes no pueden cambiar nada'. **George Bernard Shaw.**

La vida en la tierra es un experimento activo, que ha durado cuatro mil millones de años. Finalmente, en los años venideros existirán herramientas que harán posible que nosotros influenciemos los pasos evolutivos de este experimento.

Este experimento ha producido a los seres humanos, cuya evolución ha seguido un patrón de crecimiento continuo, generando el surgimiento de la civilización. Cada siglo, el mundo en su conjunto ha sido mejor que antes, y su gente, que son en realidad la esencia de la civilización, ha mejorado su nivel de vida, su educación y su comportamiento ético.

En este siglo, la tecnología va a desatar el progreso de una manera nunca antes vista y las computadoras aunadas a las tecnologías bio y nano podrían muy bien crear un mundo de abundancia, para todos los habitantes de la tierra.

Junto a estos avances, el poder de la capacidad de cómputo y memoria continuarán duplicándose cada año y para el año 2040 un equipo de computación que valga mil dólares tendrá un potencial igual al de un cerebro humano. A finales de este siglo, cualquier computadora ordinaria sobrepasará la capacidad de cálculo de todos los seres humanos. Esto hará que la Inteligencia Artificial (IA) y los robots sean comunes y estén en todos lados. Se harán cargo de la mayor parte del trabajo humano e incluso de la creatividad, el análisis y el diseño.

Sucesos Notables

Durante los años de nuestra civilización naciente, algunos sucesos han transformado profundamente a la sociedad, entre ellos se pueden identificar:

- Herramientas de piedra: Etiopía 2.6 millones de años a.c.
- Fuego: África 800,000 a.c.
- Ropa: África 500,000 a.c.
- Lenguaje: África 50,000 a.c.
- Arco y Flecha: África 16,000 a.c.
- Aguja e Hilo: Europa 15,000 a.c.
- Agricultura: 10,000 a.c.
- Ladrillo: Mesopotamia y Egipto, 8000 a.c.
- Cerámica: Anatolia 6500 a.c.
- Rueda: Mesopotamia 5000 a.c.
- Cerveza: Mesopotamia 4000 a.c.
- Arado y Animales de Trabajo: Egipto y Mesopotamia 3500 a.C.
- Papel: Egipto 3500 a.c.
- Medición del Tiempo: Egipto 3500 a.c.
- Escritura: escritos cuneiformes en Sumeria, jeroglíficos Egipcios 3200 a.c.
- Derechos de las Mujeres: Antiguo Egipto 3200 a.c., Roma 200 a.c., Visigodos (España) 418, el Islam 610, ONU 1948.
- Barco: Egipto 3000 a.c.
- Dinero: Mesopotamia 3000 a.c.
- Jabón: Babilonia 2800 a.c.
- Reloj de Sol: Egipto 2000 a.c.
- Vidrio: Fenicia 1500 a.c.
- Democracia: Atenas 500 a.c.
- Cero: Olmecas (México) 400 a.C., India 458.
- Cemento: Grecia 200 a.c.
- Método Científico: Iraq 1000.
- Imprenta: China 1000, Alemania 1440.
- Fin de la esclavitud: Europa Occidental 1100, México 1821, EU 1863, ONU 1948.
- Cañón: Sevilla 1247.
- Derechos Humanos: India 1500, Alemania 1525, ONU 1948.

- Máquina de vapor, energía eléctrica, motores de combustión interna: 1700 Inglaterra.
- Computadora: Inglaterra 1837, Alemania 1941, EU 1942.
- Internet: EU (ARPANET) 1969, (TCP/IP) 1982, CERN (WWW, correo electrónico e hipertexto) 1990.
- Medicina moderna: Europa 1880.
- Radio: Inglaterra 1896.

Los cambios sociales tienden a seguir a los producidos por la tecnología. Tomó años a partir del inicio de la Revolución Industrial para lograr la creación de una clase media en los países industrializados. Este retraso se debe a la inercia de los sistemas sociales y políticos. Curiosamente, una vez que el cambio se establece, los mismos políticos que lo impidieron demandan crédito por ello.

La 'revolución' de la IA es muy probable que tenga el alcance de los paradigmas de la democracia griega, el inicio de la Edad Media, el Renacimiento y la Revolución Industrial.

La Democracia Griega

En 510 a.C. Clístenes, un aristócrata ateniense le pidió ayuda al rey espartano Cleómenes I para derrocar la tiranía de Pisístrato y así liberar a los atenienses. Cleomenes se aprovechó y nombró a Iságoras, un líder pro-espartano. Con el cebo de una nueva forma de gobierno, Clístenes convenció a los atenienses a la rebelión con el objeto de lograr una democracia en la cual todos los ciudadanos compartirían el poder político, sin importar su condición. La llegada de la democracia llevó a los atenienses a una edad de oro.

La democracia griega no era perfecta, ya que sólo los varones adultos nativos y libres eran considerados ciudadanos de la ciudad, y podían tomar parte en la gestión del Estado. Estas actividades estuvieron a cargo de una democracia directa, basada en una asamblea popular, en la cuál a veces participaban más de 6000 ciudadanos. Ésta asamblea podía declarar la guerra, aprobar gastos, enviar misiones diplomáticas y celebrar tratados. El consejo de los 500 y los tribunales complementaban el gobierno.

No había partidos de oposición, ni gobierno, una mayoría simple de los miembros físicamente presentes tomaba las decisiones. Hubo un gran interés en el proceso político, hasta el punto de que el nombre 'idiota' fue otorgado a aquellos que no participaban. El sistema no siempre fue fácil ni justo, y se convirtió en un imperio de estados sometidos. Además, en esta democracia las mujeres, los extranjeros y los esclavos casi no tenían derechos .

Con el tiempo otras ciudades griegas, como Corinto, Megara y Siracusa, también tuvieron regímenes democráticos. En cierto sentido, la república romana fue también un gobierno democrático encabezado por dos cónsules, elegidos anualmente por los ciudadanos y aconsejados por un senado, y su constitución afirmó los principios de separación de poderes, con controles para logra su estabilidad.

Roma se convirtió en un imperio, el cual alrededor del año 300 fue dividido por la mitad, creando así los Imperios Romanos de Oriente y Occidente. El Imperio Romano de Occidente se derrumbó en el año 476, cuando Odoacro, un caudillo germánico, derrotó al emperador Rómulo Augusto. El Imperio Romano de Oriente, para entonces llamado el Imperio Bizantino, cayó en 1453 cuando Mehmet II, rey de los turcos otomanos, capturó Constantinopla.

Edad Media
Tras la caída de Roma, Europa atravesó por un período de invasiones de los bárbaros, despoblación y desurbanización, con importantes cambios sociales y políticos. Fue dividida en muchos reinos nuevos que incorporaron algunas de las instituciones romanas. En Europa occidental, la Iglesia Católica se hizo cargo de la Cristiandad y creció. En la primera parte de la Edad Media, los monjes y los monasterios fueron un punto focal de la religión y la política .

Mientras Europa occidental fue testigo de la formación de nuevos reinos, la sección oriental del Imperio se mantuvo intacta e incluso disfrutó de un renacimiento económico, el cual duró hasta el siglo VII.

En el siglo X, la población de Europa comenzó a crecer, gracias a una mejoría en las técnicas agrícolas, la disminución de la esclavitud, un clima más cálido, la ausencia de invasiones y la aparición del feudalismo, el cual permitió a los campesinos establecerse en aldeas bajo la protección de un noble.

En los siglos XII y XIII, los pueblos crecieron. Pueblos y ciudades autónomas estimularon la economía y permitieron la creación de alianzas comerciales. El comercio entre ciudades condujo a fusiones, como la Liga Hanseática y las ciudades-estado italianas de Venecia, Génova y Pisa.

En las etapas finales de la Edad Media, los reinos de Francia, Inglaterra y España consolidaron su poder y nuevos reinos como los de

Hungría y Polonia se convirtieron al catolicismo. Por otra parte, el Papa reclamó autoridad sobre todo el mundo cristiano.

En la Edad Media el progreso dio un paso hacia atrás en Europa, pero no en otras partes del mundo, como en el Imperio Bizantino, China o en los imperios islámicos. Durante la Edad Media el catolicismo suprimió todas las ideas que no se encontraban en el Viejo y Nuevo Testamentos. Sin embargo, durante este mismo período, la ciencia y la tecnología florecieron en la época de oro del Islam. Por ejemplo, un científico islámico, llamado Alhajen (Ibn al-Haytham), nacido en el año 965 en Basora, Irak, estudió los campos de óptica, anatomía, astronomía, ingeniería y muchas otros e hizo numerosas contribuciones a la ciencia, entre ellos el descubrimiento del método científico.

Renacimiento

Esta era famosa comenzó en Italia a finales de la Edad Media, ampliándose lentamente al resto de Europa a partir del siglo XIV y hasta el XVII.

Los intelectuales de la época se esforzaron por revitalizar las ideas de los textos latinos, griegos e islámicos de filosofía y matemáticas. Mientras que los artistas introdujeron técnicas realistas en el arte y la literatura. Los escritores del Renacimiento comenzaron a utilizar las lenguas locales, lo cual coincidió con el descubrimiento de la imprenta por Johanes Gutenberg en 1436, que facilitó el acceso a los libros.

Las ciudades italianas independientes inventaron los estados monásticos y emplearon algunos principios del capitalismo siendo los pioneros de la revolución comercial que financió el Renacimiento. El movimiento se vio favorecido por el descubrimiento de América por Cristóbal Colón en 1492, que hizo dudar de las verdades establecidas y produjo incalculables riquezas. Y por la caída de Constantinopla, que obligo a los eruditos griegos a refugiarse en Italia, acompañados de sus valiosos manuscritos.

El Renacimiento cambió el concepto sobre la naturaleza del universo y las explicaciones sobre las características del mundo. Copérnico, Galileo y Francis Bacon promovieron el método científico, basado en una filosofía completamente mecánica, haciendo hincapié en la evidencia empírica y en el uso de métodos matemáticos. Esto dio lugar a grandes descubrimientos en los campos de astronomía, física, biología y anatomía.

Revolución Industrial

En la última parte del siglo XVIII, la transición comenzó en algunas partes de Gran Bretaña. El uso del trabajo manual y de la fuerza de los animales evoluciono hacia el uso de maquinaria.

Esta fue la Revolución Industrial, que tuvo lugar en los siglos XVII al XX. Fue impulsada por la tecnología y provoco cambios importantes en la agricultura, manufactura, minería y transporte, los cuales tuvieron un efecto profundo en las condiciones socioeconómicas y culturales. Se inició en el Reino Unido, y se extendió por toda Europa, América del Norte, y finalmente al mundo.

Alrededor de 1850 se fusionó con la Segunda Revolución Industrial cuando el progreso tecnológico y económico cobró impulso con el desarrollo de buques a vapor y ferrocarriles. Luego, más tarde en el siglo XIX, llegaron los descubrimientos de los motores de combustión interna y de la generación de energía eléctrica.

La Revolución Industrial, la cual duró hasta el final del siglo XX aumentó la productividad y dio lugar a nuevas invenciones que permitieron el establecimiento de un nuevo orden social. En este nuevo orden, los gobiernos y los propietarios son los nuevos amos, seguidos por los trabajadores que ahora incluyen una nueva clase media de directivos y profesionales, y al final los pobres.

Ser pobre es malo. Hay que trabajar duro, si es que se puede encontrar un trabajo. Incluso a las clases medias les resulta a veces difícil y encaran lo que se ha llamado 'esclavitud asalariada'. Justificando el dicho de que 'el que no trabaja no come'.

Siglo XX

En este siglo la tecnología entró en el lugar de trabajo de forma masiva. La lista de mejoras tecnológicas en este último siglo es casi interminable: computadoras, aparatos de comunicación, instrumentos de medición, equipos controlados por computadora, rayos X, túnel de viento, soldador de arco, interruptor, transistor, contador Geiger, laser, lámpara neón, teletipo, fibra óptica, acero inoxidable, fibra de carbono y el Internet. La lista es interminable.

Al principio del siglo, sólo el 5% de las fábricas de Estados Unidos utilizaban electricidad para hacer funcionar sus máquinas. A finales del siglo, la maquinaria eléctrica fue omnipresente, al igual que la calefacción, el aire acondicionado y filtración del aire. Las mejoras tecnológicas a menudo resultaron en mejora de la seguridad en el lugar de trabajo, y las máquinas sustituyeron a los trabajadores en muchas de las tareas más peligrosas y repetitivas.

Las nuevas máquinas introducidas en la casa en el siglo XX incluyen; radio, televisión, frigorífico, lavavajillas, lavadora, secadora, plancha, aspiradora, horno de microondas, tostador automático, máquina de afeitar eléctrica, secador de pelo eléctrico. Además, no hay que olvidar los alimentos envasados, congelados, y muchos otros artículos de conveniencia. Y coches y aviones.

La misma historia se repitió en todo el mundo. Incluso los países del tercer mundo se beneficiaron de muchas de estas mejoras en su calidad de vida y por supuesto muchas mujeres se unieron a la fuerza de trabajo y se convirtieron en trabajadores pagados.

Teniendo en cuenta la noción de crecimiento exponencial en los inventos y la tecnología es muy posible que a finales del siglo XXI haya una variedad de mejoras que nos parecerán abrumadoras. El siglo XX trajo un cambio enorme a la forma en que vivimos. Este siglo XXI va a cambiarnos aún más.

Siglo XXI

¡No hay duda que una persona viviendo en el año 1900, y que de pronto fuese transportada a un centro comercial del año 2000, le parecería el epítome de la opulencia y el asombro! Podemos inferir que, si no hay una tremenda catástrofe global, un centro comercial, o su equivalente en el año 2100 nos sorprenderían mucho. ¡Para nosotros, la gente del año 2100 parecería estar viviendo en la opulencia!

Hoy en día los centros comerciales son generalmente agradables, pero sólo un porcentaje de la población mundial puede darse el lujo de 'ir al centro comercial'. Un 20% de la población del mundo vive en 'pobreza extrema'. Además, eso no quiere decir que todo el mundo haya ido alguna vez a un centro comercial. En 2010, la pobreza extrema se define por el Banco Mundial como vivir con menos de US $1,25 dólares al día. Por supuesto, se necesita más que eso para comprar cualquier cosa en un centro comercial. Además, los centros comerciales están muy lejos para algunas personas y muy probablemente sólo el llegar a un centro comercial es difícil.

El verdadero logro del año 2100 no estará en la existencia de centros comerciales más lujosos, sino que todo el mundo puede tener acceso a ellos y pueda permitirse el lujo de comprar cosas allí.

Casi con seguridad ellos trabajaran menos tiempo y tendrán mejor salud, y un aspecto joven, saludable y feliz. ¿Será que todos ellos van a compartir la riqueza? ¿O va a ser una sociedad extremadamente radical con unos pocos que son tan ricos como dioses y el resto más pobres que los pobres del año 2000? Si es así, ¿qué sucedió y cómo sucedió?

Para entender el tema del sistema económico del siglo XXI tenemos que determinar quién tendrá la riqueza en ese sistema. Ya que el que tiene la riqueza controla la economía.

Por ahora, y muy probablemente por lo menos durante la primera mitad del siglo, los capitalistas tienen la riqueza. Sabemos que la premisa básica del capitalismo es la acumulación de tanta riqueza como sea posible para los accionistas que hayan proporcionado el capital para crear la empresa. Sin embargo, hay varias razones por las cuales el capitalismo podría estar en desacuerdo con la dirección del orden social en un futuro próximo:

- El capitalismo se inventó para hacer frente a la necesidad de reunir capital para montar fábricas y luego negocios durante la Revolución Industrial.
- Considera que el papel del capital en la economía, y aun en la sociedad, es absoluto.
- Su estructura supone implícitamente que los costos de producción de los productos deben ser lo más bajos posibles. Eso incluye mano de obra, materiales, impuestos y logística. El trabajo es sólo otro costo y no juega un papel en la administración.
- Los directivos de alto nivel se consideran parte de la élite de los capitalistas. Ellos no se consideran trabajadores, contribuyendo así al cisma.
- Dado que la función del capitalismo es obtener más riqueza, los Consejos de Administración luchan para obtener del sistema todos beneficios y ventajas que puedan. Ellos pagan a los políticos para que dicten leyes y regulaciones que les beneficien. En respuesta, los gobiernos otorgan a las empresas exenciones fiscales, terrenos gratis y rienda suelta con sus clientes, e incluso enormes subsidios.
- El desarrollo del sistema ocurrió en una situación de muy escasos recursos, donde la producción era limitada y solo podía proporcionar bienes y servicios a los ricos. Por lo tanto, en principio los trabajadores y los pobres fueron ignorados.

- Durante el siglo XX, algunos trabajadores y la clase media se volvieron lo suficientemente ricos como para poder comprar bienes. Incluso los trabajadores pobres empezaron a comprar los productos de las fábricas.

- Máquinas robóticas proporcionan una mayor eficiencia en la fabricación y en la prestación de servicios, aumentando la productividad, reduciendo los costos al disminuir la necesidad de mano de obra.

- El capitalismo no está preparado para hacer frente a una economía de abundancia, donde hay cada vez menos trabajadores. Y dado que se esfuerza por pagar tan poco como sea posible para reducir los costos, los trabajadores empobrecen mientras los dueños enriquecen.

¿Qué se puede hacer con toda esa producción extra? ¿Acaparar los bienes en una bóveda como algunas empresas supuestamente hacen con diamantes? ¿Quién va a comprar todos esos bienes y servicios si hay menos trabajadores? Los desempleados no son buenos clientes ya que no tienen dinero para gastar.

En los EU en el año 2000, el 25% de los hogares estadounidenses eran ricos y poseían el 87% de la riqueza. El 50% de en medio poseía el 13% de la riqueza. El 25% de abajo no tenía ninguna riqueza neta. Esta no es una distribución especialmente buena de la riqueza. ¿Cómo es beneficioso para la sociedad, para la humanidad, que haya tanto en manos de tan pocos?

¿Los ricos realmente necesitan todo ese dinero? ¿Y por qué todavía quieren más? ¿Por qué los gobiernos tienen que protegerlos y reducir sus impuestos? ¿Por qué el 25% de la población no tiene nada? Además, ¿por qué el 50% de en medio tiene que vivir con el temor constante de ser despedido y así unirse a la multitud de cero riqueza? ¿Acaso no todos somos humanos? ¿Acaso nuestra condición humana no nos da el derecho a vivir con un cierto nivel de decencia y seguridad? ¡Con o sin trabajo!

Por otra parte, las estadísticas que aparecen en el último párrafo son de los EU, que es la mayor economía del mundo. La distribución de la riqueza, si es medida en todo el mundo, es mucho peor. El mundo es cada vez más pequeño, las comunicaciones, la globalización y los viajes aéreos han aumentado el conocimiento de la gente de todo el mundo. Todo el mundo puede saber que un terremoto golpeó el Pacífico una hora antes, que hay una crisis debido a las malas hipotecas en Estados Unidos y lo que el presidente Obama dijo hace unos minutos. La mayoría de la gente tiene los medios para saber casi todo lo importante o escandaloso en tiempo real. En los próximos años esta consciencia global se expandirá aún más. Ningún país puede vivir en el aislamiento y la ocultación. ¡La economía es global!

Todas las promesas de abundancia, nuevas maravillas que vienen de las mejoras científicas y de la ingeniería, una mejor salud y una vida más larga son inútiles a menos que haya una mejor distribución de la riqueza y del poder de compra. Como la mayoría de los avances tecnológicos producen riqueza, habrá más riqueza. En 1900, el Producto Interno Bruto del mundo fue mucho menor que el del año 2000 y el incremento se produjo principalmente de tantos bienes y servicios que eran desconocidos o no disponibles en 1900 y que pudieron ser comprados por personas que podían pagarlos.

Si los consumidores no tienen dinero, no pueden comprar lo que las empresas están vendiendo. Si las empresas no venden, ellas no ganan dinero, por lo que no pueden producir los bienes que los consumidores necesitan o desean. En este momento hay exceso de capacidad de producción, y podría haber un exceso de capacidad mucho mayor en el futuro. Esta tendencia va a seguir manteniendo pobres a los pobres, empobrecerá a la clase media y al rico lo hará más rico. ¡Pero nos coloca a todos nosotros en una situación precaria, a la espera de otra convulsión social!

En una sociedad donde la escasez realmente no existe, o no es parte esencial de la economía, la única salida es dar dinero a los pobres y a la clase media. Los consumidores son el setenta por ciento de la economía. Hay que habilitarlos para que puedan ser consumidores. ¡Si esto sucede, los pobres se unirán a la clase media y los ricos serán más ricos!

Nuevas Direcciones

¿Cuál será el resultado de la revolución de la inteligencia artificial y robótica? ¿Las democracias darán paso a una administración inteligente usando la IA? ¿Será que los ricos todavía serán ricos o vivirán cómodamente de acuerdo con sus preferencias y talento? ¿La clase media se volverá rica o vivirán en comodidad también según su elección y talento? ¿Los pobres también estarán cómodos o aun ricos si tienen la voluntad y el talento?

¿Será posible que la diferencia entre ser rico, o simplemente disfrutar de un estilo de vida cómodo, sea insignificante y no esté estigmatizada? La historia nos dice que las nuevas tecnologías permiten y fomentan nuevas formas de interacción positiva y que las estructuras sociales evolucionan para desarrollar todo su potencial de una manera que es la mayoría del tiempo evolutiva, pero a veces implica cambios radicales. Los tiempos actuales auguran un cambio de paradigma. Existe una sensación inquietante de desorden. El cambio económico, político y tecnológico parece estar llegando demasiado rápido. La sociedad aparenta estar en un curso tortuoso. ¿Sera éste el tiempo de otro paso revolucionario hacia adelante?

Expectativas

Cuatro mil millones de años atrás, una molécula compuesta produjo una copia de sí misma. Hace cuatro millones de años, el tamaño del cerebro creció en nuestros antepasados homínidos. Hace cincuenta mil años, nació un Homo Sapiens. Hace diez mil años, inventamos la civilización. Hace setenta años, se armó la primera computadora. ¿Podemos esperar que 'la Singularidad' ocurra dentro de los siguientes cincuenta años?

En 1982, Vernor Vinge, Profesor de Matemáticas, científico de la computación y autor de ciencia ficción, propuso que: 'La creación de una inteligencia superior a la humana representado una ruptura en la capacidad de los humanos para modelar su futuro'. Vinge nombro a este evento 'la Singularidad'. En un futuro próximo, una Inteligencia Artificial verdadera o una inteligencia humana mejorada podría superar el nivel de la inteligencia humana, que hasta ahora es el máximo nivel en este planeta.

Incluso si la 'Singularidad' no sucede como está previsto, hay una gran probabilidad de que en el año 2050 los efectos del desarrollo de tecnologías bio, nano y robóticas van a impactar nuestras vidas y van a cambiar las condiciones sociales y económicas.

> *'El advenimiento de la IA fuerte (superior a la inteligencia humana) es la transformación más importante que veremos en este siglo, y va a pasar dentro de 25 años'. Ray Kurzweil, 2006.*

¿Por qué somos Conscientes?

'Pienso, luego existo'. **René Descartes.**

S i es que hay un tema que merece discusión y crea desacuerdo, es la razón de ser consciente. Las personas religiosas creen que es un regalo de dios. Los filósofos han abordado el tema desde múltiples puntos de vista, vinculándolo al comportamiento, al mundo físico y al alma, a la percepción del mundo, a las relaciones causales, a los actos intencionales, a verdades espirituales, a la identidad personal, y a acciones exteriores.

Durante mucho tiempo a los científicos se les prohibió el estudio de la consciencia, porque como las religiones explican el hecho de ser consiente a través de un espíritu dado por dios, o el alma o alguna entidad extracorpórea, por consiguiente es un asunto santo. Ahora tienen una plétora de explicaciones y campos de estudio de la consciencia, como los estudios de casos de estados de consciencia y el estudio de las lesiones que alteran el comportamiento normal.

Equipos de resonancia magnética producen imágenes donde se han podido distinguir diferentes tipos de acciones controladas que activan algunas áreas del cerebro. Sin embargo, hasta la fecha no existe una definición clara de la consciencia.

Sin embargo, intrínsecamente entendemos el concepto y pensamos de nosotros mismos, e incluso de algunos animales, como seres conscientes.

¿Quién está Consciente?

Muchos coinciden en que algunos animales, entre ellos los delfines y los primates son conscientes. Si es así, entonces la consciencia ha evolucionado a lo largo de la vida, que de acuerdo con las reglas de la evolución exigiría que tenga un valor de supervivencia.

Para nosotros, los humanos, es evidente que el ser conscientes desempeña un papel crucial en la toma de decisiones, resolución de problemas, el aprendizaje y la creatividad, y como tal es un gran activo. La consciencia permite planificar en lugar de usar respuestas instintivas.

Obviamente, los virus y las bacterias no son conscientes, sin embargo sobreviven. La actividad neuronal de las funciones autónomas del cuerpo, como los latidos del corazón, la respiración y otros, tienen muy poco que ver con los procesos de la consciencia y el comportamiento instintivo se puede explicar con reglas.

Ante estos hechos, parece obvio que la consciencia no es indispensable para la supervivencia, pero si la tienes entonces es sin duda una ventaja.

Consciencia Humana

Durante millones de años, el cerebro ha evolucionado cientos de computadoras biológicas cada una de ellas con una arquitectura especializada, conectadas entre sí con una red de sub-sistemas que utilizan diferentes dialectos para comunicarse.

Nos identificamos como conscientes. Sin embargo, dentro de los sistemas masivos de computación del cerebro, nuestra consciencia utiliza sólo una pequeña parte de nuestra mente para crear una simulación del mundo real, utilizando representaciones muy simplificadas.

Estos mundos simulados tienen un poder significativo y un propósito. Nuestro cerebro ha evolucionado para satisfacer las necesidades básicas, como comodidad, nutrición, defensa y reproducción. Posteriormente, el análisis de la causa y el efecto fue evolucionando, conduciéndonos al conocimiento. Percibimos la realidad en el sentido de cómo puede ser utilizada por el nivel superior de nuestra mente, con un propósito dirigido a resolver problemas. El objetivo principal de nuestros conocimientos es lograr resultados.

En cierto modo, la consciencia actúa como nuestro 'conductor'. De la misma manera que podemos conducir un coche sin saber cómo funciona internamente, nos 'conducimos' a nosotros mismos sin saber cómo funcionamos dentro.

El ser consciente logra los conocimientos y las habilidades que nos permiten usar nuestros otros sistemas, no tenemos por qué entender cómo es que nuestros sistemas internos funcionan.

Inteligencia

¿Si un animal es consciente, es automáticamente inteligente? Parece ser el caso, al menos de acuerdo con las siguientes definiciones de inteligencia:

- La capacidad del sujeto para lograr objetivos.
- Ventaja evolutiva que permite modelar, predecir y manipular la realidad.
- El 'flujo de la consciencia'.
- Una entidad a la cual un ser humano reconoce como inteligente.

Reconocemos que la inteligencia humana es óptima, principalmente porque es la mayor inteligencia que hay en el vecindario. Pero no hay ninguna razón para creer que representa el límite del desarrollo de la inteligencia. La historia evolutiva no ofrece ninguna razón para creer que la inteligencia humana representa el nivel más alto del desarrollo de las entidades pensantes.

La inteligencia humana está contenida en un cerebro que pesa un poco más de un kilo, usa veinte vatios de potencia, tiene cien mil millones de neuronas con cien billones de sinapsis que trabajan a doscientos ciclos por segundo en una modalidad altamente paralela.

Homo sapiens son el resultado de presiones evolutivas totalmente carentes de inteligencia que actúan sobre los genes. En un momento dado, la evolución primate tropezó con un camino que creó al homo sapiens, que resultó ser muy inteligente.

Inteligencia Artificial

La idea de que 'La inteligencia mide la capacidad de un agente para lograr objetivos en una amplia gama de entornos', se originó a partir de Legg y Hutter como una descripción del concepto de inteligencia llamado 'potencial de optimización', el cual que mide la potencia de un agente para optimizar al mundo de acuerdo con sus preferencias.

Yudkowsky mejoro esta definición dividiendo la potencia de optimización por los recursos utilizados.

Al principio la inteligencia artificial se va a medir comparándola con la inteligencia humana. Con el tiempo, tal como lo hemos hecho con las medidas de nuestra inteligencia, la IA se dará cuenta de otras formas de medir la suya.

¿Cómo se Prueba el estar Consciente?

Debido a la falta de una definición clara, es comprensible que no haya manera de formular una prueba definitiva para la consciencia. Sin embargo, algunos han buscado una demostración operativa de la consciencia.

Hay pruebas que tratan de demostrar que una computadora o un animal no humano es inteligente y consciente a través de su comportamiento. En estas pruebas, se acepta como un hecho que todos los seres humanos normales son conscientes. Algunas formas de estas pruebas son:

- Prueba de Turing: la clásica, que implica pasar como un ser humano en una conversación cotidiana.
- Prueba de Turing Robótica o en Mundo Virtual: pasar como un ser humano en una conversación, controlando un avatar de un mundo virtual o a un robot.
- Prueba en Línea en la Universidad: asistir a una Universidad en línea al igual que un estudiante humano, y graduarse.
- Prueba Física en la Universidad: la IA controla un robot que asiste a la Universidad al igual que un estudiante humano, y graduarse.
- Prueba del Científico Artificial: escribir y publicar trabajos científicos originales, basados en ideas concebidas por la inteligencia artificial con base en su propia lectura y aprendizaje.

Prueba de Turing

En 1950, Alan Turing, un científico excepcional de la computación, propuso una prueba para determinar si una computadora podría satisfacer su definición operativa de 'inteligente'. Específicamente, Turing usó las palabras '¿Pueden las máquinas pensar?' Por lo tanto, esta prueba no es necesariamente de estar consciente, sin embargo, es ampliamente aceptada como una de las mejores pruebas de esta naturaleza que existen hasta ahora.

En esta prueba, un operador humano está involucrado en una conversación con otros dos sujetos, a través del teclado de la computadora. Uno es humano, de tal modo consciente y el otro es una computadora. Si el operador humano no es capaz de determinar cuál de los sujetos es humano y cual es una computadora, la computadora han 'pasado' la prueba de Turing.

Esta prueba tiene seguidores y detractores, quienes están a favor argumentan que, dado que no existe un conocimiento concreto acerca de cuál es el significado de ser consciente, entonces sólo es posible la evidencia pragmática de su existencia. Aquellos en contra presentan casos como el del cuarto chino, donde se utiliza una operación de entrada-salida para pasar símbolos chinos a través de una ranura y la persona dentro de la habitación mira a una serie de reglas y responde con respuestas adecuadas en chino. La persona dentro del cuarto chino no entiende el chino, pero da la impresión de entenderlo. También se ha argumentado que un 'zombi filosófico', que es una persona indistinguible de un ser humano, excepto que no está consciente, puede pasar la prueba.

Prueba del Espejo

Esta prueba trata de probar que el animal enfrente del espejo puede reconocerse a sí mismo. Es muy simple, la piel del animal está decorada con un punto y si el animal trata de tocar el punto, entonces se asume que se ha reconocido a sí mismo en el espejo.

Los animales que regularmente pasan esta prueba son los seres humanos de más de 18 meses y otros grandes simios, a excepción de la mayoría de los gorilas. Los delfines mulares, palomas, elefantes y urracas también pasan la prueba.

Sin embargo, los niños no occidentales de entre 18 meses y 6 años de edad a veces no pasan la prueba, a pesar de que son obviamente, conscientes y están bien enterados de su propia identidad. Las diferencias culturales, como el énfasis en la interdependencia sobre la independencia podría explicar la reacción diferente a la prueba. Además, los gorilas fallan ya que se incomodan por la prueba porque el contacto visual a menudo conduce a peleas entre ellos.

Prueba de Retraso

Este experimento trata de diferenciar el estar consciente de la respuesta instintiva. Se cree que sometiendo un organismo vivo a una sugerencia, seguida de un estímulo retardado demuestra que hay una respuesta consciente si el sujeto reacciona a ella después de unos pocos intentos.

La consideración es que la información sobre el estímulo fue almacenado en memoria a corto plazo, que se supone que es un signo del pensamiento consciente.

ConsScale

Los profesores Arrabales, Ledezma y Sanchis, propusieron en 2008 un nuevo criterio funcional para evaluar el nivel de consciencia de un agente inteligente artificial. Su escala, a la que llamaron ConsScale, establece una metodología y una escala que clasifica la consciencia en 13 niveles.

En esta clasificación los primeros tres niveles son:

-1	*Incorporal*	Amino-ácido
0	*Aislado*	Cromosoma
1	*Descontrolado*	Bacterias muertas

Estos son casos especiales, ya que en realidad no describen a agentes. Por lo tanto, no hay pruebas de comportamiento asociados a cualquiera de estos tres primeros niveles.

Los siguientes niveles son más interesantes:

2 Reactivo	Situacionalidad primitiva basada en reflejos.	Virus
3 Racional	Capacidad de aprendizaje, los sentidos permiten la orientación y el posicionamiento.	Lombriz
4 Atencional	Atención hacia objetivos seleccionados, conductas de ataque y escape.	Pescado
5 Ejecutivo	Objetivos múltiples, aprendizaje emocional básico.	Mamífero
6 Emocional	Emociones complejas, estado autónomo y comportamiento con influencias.	Chango
7 Consciente	La auto-referencia hace posible la planificación avanzada, uso de herramientas.	Chango
8 Enfático	Fabricación de herramientas.	Chimpancé
9 Social	Capacidades lingüísticas, capaz de desarrollar una cultura.	Prehumano
10 Humano	Informe verbal preciso, conducta modulada por la cultura.	Humano
11 Superconsciente	Capacidad para sincronizar y coordinar varios flujos de consciencia.	Posthumano

Los niveles de ConsScale *3* a *10* se pueden comparar con el desarrollo de un ser humano. Desde el nivel *3* cuando acaba de nacer, al nivel *4* a los 5 meses, el nivel *5* a los 9 meses, el nivel de *6* a 1 año, nivel *7* a 1½ años, el nivel *8* a los 2 años, nivel *9* a los 4 años y nivel *10* para un adulto.

Tal como la presentan los autores, ConsScale no es una prueba, sino que es una lista de niveles de consciencia medibles que se pueden aplicar para evaluar la de un agente artificial.

Medida de Inteligencia Universal

La falta de una definición estricta de inteligencia hace que sea difícil evaluar a las máquinas inteligentes. Legg y Hutter han proporcionado una definición explícita de la inteligencia que funcionaría con la artificial, robótica, terrestre o extraterrestre, sin ningún sesgo.

Se trata de una definición matemática de la inteligencia basada en la teoría algorítmica de la información de Li y Vitányi, en el modelo Solomonoff de inferencia inductiva universal, y en la teoría AIXI de inteligencia artificial universal de Hutter.

La definición informal es así: 'La inteligencia mide la capacidad de un agente para lograr los objetivos en una amplia gama de entornos', complementada con aprendizaje reforzado, intuitivamente se considera un marco adecuado para la realización de las metas de agentes en entornos desconocidos.

Entonces, para apoyar a una amplia gama de entornos, se utiliza el conjunto de todos los entornos computables de Turing. El modelo está limitado técnicamente restringiendo a un número finito la suma de recompensas obtenidas, y el rendimiento del agente a través de diferentes ambientes se acumula en el resultado. Cada entorno está ponderado en función de su complejidad, aplicándose así la Navaja de Occam, con los entornos más simples ponderándose en mayor medida, utilizando una distribución algorítmica a priori. La inteligencia universal de un agente se puede definir como,

$$Y(\Pi) := \sum_{\mu \in E} 2^{-K(\mu)} V_\mu^\pi$$

donde μ es un entorno del conjunto E de todos los entornos delimitados con recompensas computables, $K(\bullet)$ es la complejidad de Kolmogorov, y

$$V_\mu^\pi := E\left(\sum_{i=1}^{\infty} R_i\right)$$

es la suma esperada de futuras recompensas cuando el agente π interactúa con el entorno μ.

Como era de esperarse, el agente más inteligente bajo esta medida es el AIXI de Hutter, un agente universal que converge a un rendimiento óptimo en cualquier entorno en donde esto es posible para un agente general. Podría ser porque AIXI sigue las mismas inferencias que esta medida de inteligencia.

El Significado de las Pruebas

Incluso si se encontraran pruebas perfectas de este tipo, el juez final va a ser un ser humano interactuando con la Inteligencia Artificial, supuestamente consciente. O tal vez, una IA interactuando con otra IA.

En la realidad, el contexto más importante para una inteligencia a nivel humano es el dominio del lenguaje. Incluso en la prueba de Turing, el resultado dependerá de que tan bien los seres humanos y las computadoras entiendan el idioma en el que se realiza la prueba. Si el operador humano sólo sabe Inglés y el otro ser humano entiende solamente el Español, la prueba no es viable ya que en un caso como éste, si la computadora tiene un mínimo conocimiento de Inglés, parecerá ser la más inteligente.

No sólo es importante el dominio del idioma, también lo es el contexto en el que se utiliza. Imagínese, que está probando a un intelecto IA y le hace la pregunta '¿Alguna vez has mirado a las estrellas?' Si la IA fue diseñada para ser un chef, la pregunta es irrelevante, sobre todo si ella 've' con LIDAR (un radar basado en láser). La IA chef podría ser muy inteligente e incluso estar 'consciente' pero su respuesta tal vez no lo mostraría.

Bien podría ser, que en el momento en que la IA alcance habilidades claras de lenguaje, la cuestión de su consciencia será irrelevante. Si correctamente y en forma fluida responde a las preguntas relacionadas con su profesión, ¿quien va a tener dudas?

Consciente de sí Mismo

El ser consciente de sí mismo, auto-consciencia o tener consciencia de sí mismo es la capacidad de separar el 'yo' en los pensamientos que están teniendo lugar. En los seres humanos, eso es parte de su inteligencia.

Es el reconocimiento de nuestra personalidad, es cómo nos vemos, mezclados con los comentarios de los demás. Sin embargo, nadie sabe más de ti que tú. Otros no sienten tus emociones, ni piensan tus pensamientos, y no se enfrentan a los problemas que tú tienes.

Algunas religiones se refieren a la auto-identificación como el alma. Sin embargo, según el filósofo Inglés John Locke, ésta 'es el acto repetido del uso de la consciencia'.

El concepto de uno mismo está estrechamente vinculado a nuestro cuerpo. Nuestro sistema nervioso se distribuye a lo largo del cuerpo en una red de células neuronales que no están bien aisladas y que, como tales, continuamente interactúan con otros órganos. Además, somos el resultado de un proceso evolutivo que ha conservado las viejas soluciones superponiendo nuevos sistemas, por lo que el sistema nervioso está guiado por hormonas e incluso otros impulsos más primordiales del cuerpo. Nuestro 'yo' no está necesariamente en nuestra mente, sino que está más bien en todo nuestro cuerpo.

Motivación

No hay inteligencia sin objetivos. Esto es obvio para nosotros. Como animales estamos motivados a sobrevivir, por lo menos hasta que podamos procrear. Como seres inteligentes, cada uno de nosotros tiene necesidades diferentes durante nuestras vidas, tal vez sea sólo comer un bistec, o leer un libro, ir a ver una película, todos en un momento u otro queremos hacer algo. Nuestro entendimiento como seres conscientes nos hace querer hacer u obtener algo.

Para ser un ser consciente e inteligente, sólo el querer hacer algo no es suficiente, tiene que haber la intención o el pensamiento previo de querer hacer algo. Planear con anticipación, siendo conscientes del hecho de planificar el futuro, es un requisito previo para la inteligencia, y también es necesario para lograr la autoconsciencia.

La esencia de la autoconsciencia humana es que nuestras motivaciones son personales, cada uno de nosotros tiene sus propias motivaciones personales. Todos los seres humanos tienen una visión individualista de su papel en la vida y de su pasado y su futuro.

Motivación Intrínseca

En 1998, el profesor de psicología Steven Reiss de la Universidad Estatal de Ohio, escribió el libro: *'Quién soy yo: Los 16 deseos básicos que motivan nuestras acciones y definen nuestra personalidad'*. Estos deseos son los siguientes:

- *Aceptación*, la necesidad de aprobación.
- *Situación*, la necesidad de la posición social o importancia.
- *Contacto Social*, la necesidad de amigos y relaciones con colegas.
- *Romance*, la necesidad del sexo.
- *Familia*, la necesidad de tener hijos.

- *Independencia*, la necesidad de la individualidad.
- *Tranquilidad*, la necesidad de estar a salvo.
- *Ahorro*, la necesidad de acumular.
- *Comer*, la necesidad de alimentos.
- *Actividad Física*, la necesidad de hacer ejercicio.
- *Curiosidad*, la necesidad de aprender.
- *Orden*, el deseo de ambientes organizados, estables y predecibles.
- *Idealismo*, la necesidad de justicia social.
- *Poder*, la necesidad de influenciar la voluntad de otros.
- *Honra*, la lealtad a los valores del clan o grupo étnico.
- *Venganza*, la necesidad de devolver el golpe o ganar.

Las personas se sienten motivadas porque les da placer o lo consideran importante. La teoría de Reiss no es la única que trata de explicar la motivación intrínseca, solo abarca más razones que otros.

Carl Jung y Sigmund Freud señalaron que sólo hay dos motivaciones interiores humanas, de supervivencia y sexuales, y que eso nunca cambiará, independientemente de otros factores externos. Las vamos a etiquetar como meta-motivaciones intrínsecas.

Motivación Extrínseca

Motivación Extrínseca se define como obligar a una persona a hacer algo o actuar de cierta manera usando razones externas, como el dinero, las buenas calificaciones o amenazas. La competencia es otra forma de motivación intrínseca, ya que anima a ganar o superar a sus competidores.

Las escuelas y los negocios tienden a utilizar este tipo de motivación para animar a los estudiantes a aprender y a los empleados a trabajar más duro y más eficientemente. La obediencia a las leyes y el buen comportamiento social se basan en la premisa de que el no hacerlo traerá castigo doloroso para el que no cumpla.

Individualidad

Cuanto mayor sea la inteligencia de una especie, mayor es la diferencia en el comportamiento entre individuos de esa especie. Es difícil distinguir el comportamiento de un insecto de otro de la misma especie, es fácil distinguir el comportamiento de un caballo del de otro caballo.

Los sistemas neuronales de animales simples tienen menos margen para crear diferencias que los de los animales más complejos, e inteligentes. Como los cerebros humanos son los más complejos, se ha desarrollado, junto con algunos otros animales, una autoconsciencia que intrínsecamente tiene lo que llamamos 'nuestra propia personalidad'. Los animales con cerebros complejos no sólo son diferentes al nacer, también son capaces de aprender y sus experiencias personales en la vida hacen que su personalidad sea aún más diversa.

En los seres humanos, estos rasgos son muy pronunciados, cada uno de nosotros tiene tanta individualidad que es imposible para cualquiera de nosotros saber realmente lo que ocurre dentro de la mente de cualquier otro ser humano. Sólo podemos traducir lo que sabemos de las experiencias y las emociones de otra persona en términos de lo que podemos entender usando nuestra configuración cerebral y experiencias.

Libre Albedrío

El principio del libre albedrío ha sido estudiado y discutido en términos científicos, filosóficos y religiosos. Algunas religiones enfatizan que Dios no hace valer su voluntad sobre los seres humanos y por lo tanto éstos gozan de libertad para tomar decisiones individuales, incluso si son malas, por lo cual son responsables de sus acciones. La filosofía examina la realidad del determinismo y la existencia del libre albedrío y su relación con la responsabilidad moral. La ciencia trata de explicar el comportamiento humano en términos del cerebro, los genes y conceptos evolutivos.

Una explicación práctica del libre albedrío podría ser a lo largo de estas líneas: 'Libre albedrío personal es la ejecución de la acción, escogida entre las acciones que se consideran posibles, la cual ha recibido la clasificación de más alta satisfacción considerando las motivaciones intrínsecas y extrínsecas de la persona'.

El término agente 'racional' se utiliza para representar un intelecto que actúa en todo momento de manera que optimiza sus motivaciones. Un agente con 'libre albedrío' sería justo ese tipo de agente teniendo en cuenta que tal vez algunas de sus motivaciones son religiosas o morales. Bajo esta definición, no existe el 'libre albedrío', como seres humanos, sólo seguimos nuestros instintos y todo lo que hemos aprendido. Estas son básicamente nuestras motivaciones.

El libre albedrío del ser humano no tiene nada que ver con la libertad: un soldado no tiene libertad para desobedecer órdenes, nadie tiene la libertad de ignorar la fuerza de la gravedad y todos seguimos órdenes, reglas o leyes. Cuando una persona sigue o no sigue una ley, es porque esa persona ha evaluado sus motivaciones y se enteró que obedecer o no obedecer esa ley era mejor, según él, en su propio contexto de las cosas en ese momento. No tenía libertad; era justo quien era en ese momento y actuó en consecuencia.

Por su propia naturaleza, estas decisiones son imperfectas y ese es el origen de la etiqueta de 'libre albedrío'. Si con un poco de suerte se tomó la decisión correcta (por cierto, muchas veces es muy difícil saber cuál fue la decisión correcta), entonces se puede decir que su 'libre albedrío' es bueno por naturaleza. Cuando alguien toma una que es 'mala', entonces este pobre hombre es acusado de usar su 'libre albedrío' para realizar acciones 'malas', y puede ser castigado. Es cierto que algunas personas sistemáticamente toman mejores decisiones que los demás, pero esto no es porque tengan un 'libre albedrío' mejor, es debido a la forma en que han nacido, han vivido y fueron educados.

Siguiendo esta línea de pensamiento, una IA inteligente no tendrá 'libre albedrío', sólo hará 'decisiones racionales condicionadas con información incompleta en virtud del tiempo y las limitaciones computacionales'. Al igual que hacemos los seres humanos.

IA Auto-Consciente

Tan pronto como una computadora, ejecutando un programa de IA, se enfrente a la necesidad de comunicarse con una o varias entidades, la cuestión del 'yo' se vuelve importante. Es la mejor manera de diferenciarse del resto e identificar sus acciones.

Los programas conscientes de IA podrían ser parcialmente un bucle continuo computacional que probablemente proporcionará la atención necesaria para anticipar y resolver situaciones tan pronto como se produzcan, e incluso antes de que sucedan. La mayoría de los programas de IA serán capaces de calcular con anticipación y preparar las respuestas a situaciones que puedan ocurrir en el futuro.

Una instalación de IA probablemente incluirá situaciones en las que el aprendizaje es posible. En estas circunstancias, cuando la IA se encuentra en modo inactivo podría muy bien estar aprendiendo usando sus capacidades de comunicación y sus sentidos, si es que los tiene.

Sin embargo, el hecho de ser consciente de sí mismo no confiere automáticamente la consciencia a un programa de IA. Además, para este tipo de consciencia limitada no es necesario tener un cuerpo o una representación física. Aunque, mientras más compleja sea la IA, con más canales de comunicación y sentidos, y si puede almacenar recuerdos de sus percepciones sensoriales y de sus acciones, y puede auto-referirse a ellos más adelante para satisfacer necesidades programáticas, entonces se convertirá en más inteligente y consciente de sí misma.

Su consciencia de sí misma será diferente de la de un animal, ya que dependerá de su propia realidad y de su concepto de 'yo'. Hay muchas diferencias que se deben considerar:

- Mientras que el comportamiento humano cumple con las reglas culturales y evolutivas, la IA se regirá por las meta-motivaciones que sus creadores le instalaran.
- La estructura subyacente es muy diferente, aun si la IA fuese construida emulando un sistema nervioso biológico, las diferencias serán enormes.
- La IA puede implementarse sin un cuerpo, o sin movilidad, o sin sentidos, o incluso sin interfaz de usuario.
- Una implementación de IA no tendrá necesariamente que interactuar socialmente con seres humanos o con otras inteligencias artificiales.

Por ejemplo, si una IA está diseñada para 'vivir' en un entorno virtual se le podría hacer pensar que tiene un cuerpo (¿humano?). Y que la preservación de su cuerpo es lo más importante (¿para ganar el juego de guerra?). En otro caso, una IA distribuida entre una red de computadoras no se preocupara por su 'cuerpo' (ya que no tiene ninguno), y si su motivación no le da un valor predeterminado a su auto-preservación, incluso no le dará importancia a 'sí misma' y su auto-consciencia será útil sólo para fines de identificación.

Motivación

Dentro de una mente humana, las imágenes de una visión ideal del mundo y la visión real del mundo, conducen al descubrimiento de las acciones que se deben tomar para hacer que la visión del mundo real más las acciones den como resultado el resultado ideal. Recorremos este proceso siguiendo instintos, intuiciones y emociones, formando imágenes mentales y sintiendo el placer y el dolor que nos motivan. Es un proceso de aprendizaje muy personal.

En un IA, las motivaciones y los objetivos iniciales serán incorporados o descargado en sus sistemas operativos, posteriormente, cambiarán mediante el examen de las condiciones ambientales y el aprendizaje.

Como es posible fabricar réplicas exactas de estas máquinas, algunas de ellas tendrán exactamente la misma configuración inicial y motivaciones. Aun cuando se individualizaran de acuerdo a las experiencias particulares de cada una de éstas máquinas. Sin embargo, las 'experiencias únicas' de una maquina se podrán descargar en otra similar.

Considerando la necesidad de una configuración inicial, aunado a motivaciones específicas para desarrollar un trabajo y el aprendizaje en la IA, la siguiente clasificación tiene sentido:

- Meta-motivaciones intrínsecas.
- Motivaciones intrínsecas.
- Motivaciones extrínsecas.
- Motivaciones extrínsecas aprendidas.

Además, una IA inteligente capaz de modificar su código fuente podría tener meta-motivaciones extrínsecas aprendidas.

Motivación Intrínseca

La IA no es producto de la evolución natural por lo que algunas motivaciones deben ser añadidas de manera que ella sea útil y amigable con los seres humanos. De los 16 deseos humanos que han sido previamente mostrados, vamos a elegir algunos que podrían beneficiar a las interacciones de la IA con la humanidad,

- *Aceptación*, la necesidad de aprobación.
- *Contacto Social*, la necesidad de amigos.
- *Curiosidad*, la necesidad de aprender.
- *Orden*, el deseo de ambientes organizados, estables y predecibles.
- *Idealismo*, la necesidad de justicia social.
- *Honra*, la necesidad de lealtad.

Las motivaciones arriba elegidas son las que a la gente podrían serle de utilidad en una IA. En la medida de que estas motivaciones son genéricas, algunas de ellas podrían existir como meta-objetivos en todas las IA, sin importar sus metas operativas.

Cabe mencionar que una IA podría actuar por su cuenta en condiciones en las que podría violar algunas leyes o reglamentos. Los meta-objetivos de IA deberán ser diseñados para evitar, o al menos minimizar, esta preocupación. Teniendo en cuenta que la IA no será responsable de sus propios actos, sino que lo serán sus propietarios, entonces esta es una consideración muy importante.

Una IA no va a saber a priori las leyes de la tierra, los derechos humanos, las normas y las costumbres universales y locales. Así que sus meta-objetivos por lo menos deberán incluir un proceso práctico que les permita cumplir con estas leyes, derechos, reglamentos y costumbres. Ésta no es una tarea fácil y es muy importante que se haga bien. Junto con esto, habrá la necesidad de establecer prioridades y resolución de conflictos entre meta-objetivos y habrá que hacer frente a las interacciones entre meta y motivaciones simples.

Por último, pero no menos importante, la IA debe tener algún grado de motivación de supervivencia. La supervivencia es importante en la vida y por lo tanto debe tener un lado positivo. En la 'vida' de una IA, la motivación para su supervivencia podría ayudarla a considerar objetivos a largo plazo como importantes para su propio 'yo' y también podría hacerla comprender mejor los instintos de supervivencia de los seres vivos. Esta motivación debe ser cuidadosamente estudiada y diseñada de tal manera que no se convierta en una prioridad de tan alto nivel que podría hacer caso omiso de los derechos de otras IA o incluso de los humanos. En condiciones extremas incluso podría servir como un elemento de persuasión, algo así como una sentencia de muerte para la IA.

Se debe prestar atención a la necesidad de reiniciar el sistema y reparar el equipo donde se está ejecutando la IA. La IA debe estar consciente de la necesidad de hacerlo y de la diferencia entre eso y la terminación. Recordemos que la idea de desconectar una IA de su fuente de alimentación podría ser interpretada como la terminación o la muerte de un IA mal informada. Así como nosotros estamos conscientes de la necesidad de dormir, la IA debe estar preparada para ser desconectada por un tiempo.

Todas las motivaciones intrínsecas que se implementan como meta-motivaciones no deberán ser cambiadas sin una razón muy buena y siempre se deben seguir. Las motivaciones intrínsecas simples serán con las que se pre-configura a la IA para que puede hacer su 'trabajo' y podrán ser cambiadas o modificadas según sea necesario para hacer mejor el trabajo.

Motivación Extrínseca

Motivar a una IA con una justificación extrínseca deberá ser posible, e incluso diseñado dentro de la IA. Las motivaciones extrínsecas dependen de la tarea o 'trabajo' a cargo de la IA, podría haber varias que están siendo seguidas simultáneamente y pueden cambiar con el tiempo, tal y como sea necesario para realizar una tarea determinada.

Imagínese una IA dedicada a lidiar con el mercado de valores, si alguien le ofrece comprar o vender acciones a un precio que la IA considera correcto, esto podría motivar a la IA, ya que probablemente el ganar dinero en la compra-venta será una de sus principales motivaciones operacionales. Además, ganar dinero recibirá la aprobación de sus dueños (y amigos) y esto reforzará su motivación.

Motivar a una IA se puede lograr a través de sus indicadores de modulación de comportamiento; estos indicadores son esencialmente funciones matemáticas que contienen un número finito de parámetros ponderados. Cada indicador mide el estado de las acciones tomadas para lograr un objetivo determinado.

Una IA podrá tener varios objetivos, podría tratar de lograr algunos de ellos al mismo tiempo, y podría estar preparada para actuar sobre los otros según sea necesario. Si hay varios objetivos, e interactúan unos con otros, una meta-motivación será necesaria para establecer prioridades y resolución de conflictos.

En efecto, sólo hay dos mediciones que son importantes para intentar conseguir un objetivo:

1. El objetivo fue alcanzado, o no.
2. ¿Qué tan eficientes han sido las medidas adoptadas para llegar a él?

Si el objetivo no se alcanzó entonces debe ser implementada una nueva estrategia, esta nueva estrategia podría ser una de no hacer nada o una estrategia de espera. Después de alcanzar una meta, la IA realizara un análisis posterior para determinar su eficacia y para saber si otras posibles soluciones podrían haber sido mejores. Este análisis posterior puede hacerse, y se hará siempre que sea posible, a lo largo de las acciones que conduzcan al cumplimiento de la meta, con el fin de maximizar la eficiencia global.

Herramientas Matemáticas

Matemáticamente, los medios para proporcionar un programa de computadora con motivaciones y a la vez modular sus indicadores de comportamiento ya existen. Se trata de una función de utilidad (UF), que es la fórmula de operación de un teorema matemático de búsqueda de metas que fue formalmente probado por los economistas John Von Newman y Oskar Morgenstern en 1944. Este teorema modela los objetivos como la maximización de un valor esperado de la UF, de acuerdo con preferencias predeterminadas sobre lo que podría suceder en los futuros posibles.

Para hacer que funcione para la IA es necesario asociar probabilidades a todos los futuros posibles. Para lograr esto, cada uno de estos estados futuros se calcula utilizando la función de utilidad en combinación con el teorema de Bayes, en el cual se liga una 'distribución de probabilidad subjetiva' a creencias 'a priori' acerca del estado actual y de los posibles efectos de las acciones, utilizando la función de utilidad. En cuanto se obtienen los resultados reales, el modelo se actualiza por medio de cálculos 'a posteriori' conforme a lo dispuesto por el teorema de Bayes. El uso de estas herramientas es 'subjetivo' debido a la adición de una 'distribución de probabilidad subjetiva' la cual representa un puntos de vista en particular.

Estos conceptos matemáticos se explicarán en detalle en los próximos capítulos.

Respuestas Emocionales

Una emoción es motivada por un estímulo que genera una respuesta extraordinaria que se siente como un sentimiento emocional. En un ser humano, esta respuesta contiene retroalimentación del cuerpo y no es puramente mental.

Las emociones de una IA tienen que ser sintéticas, aunque sería posible para una IA fuerte aprender el concepto por cuenta propia. Sin embargo, la IA tendrá que asociar sus sentimientos programados o aprendidos con una situación; sin un estímulo apropiado no puede haber emociones.

Un robot podría incluir algunos sistemas en su cuerpo que repliquen las percepciones humanas y estos sistemas podrían proporcionar información al 'cerebro' del robot. Sin embargo, estos sistemas serán en su mayoría artificiales y preprogramados. Sin embargo, se puede suponer que un robot producido biológicamente podría hacer uso de ADN diseñado para generar soluciones genéticas que proporcionen estas retroalimentaciones emocionales.

Las emociones humanas han sido estudiadas desde la antigüedad. Más recientemente, en 1980, Robert Plutchik ha creado una rueda de emociones que consiste en 8 emociones básicas y 8 emociones avanzadas compuestas cada una de 2 primitivas. En 2001, W. Gerrod Parrott propuso una lista de las emociones en un árbol estructurado. Incluso hay lenguajes de programación que tratan de transmitir las emociones directa y precisamente, estos lenguajes se denominan: Lojban y EARL.

La lista de emociones básicas de Plutchik es esta, junto a sus contrarias en *cursiva:*

Alegría	*Tristeza*
Confianza	*Disgusto*
Miedo	*Ira*
Sorpresa	*Anticipación*

Y las 8 emociones compuestas o avanzadas son:

Optimismo	*Anticipación* + Alegría
Decepción	Sorpresa + *Tristeza*
Amor	Alegría + Confianza
Remordimiento	*Tristeza* + *Disgusto*
Sumisión	Confianza + Miedo
Desprecio	*Disgusto* + *Ira*
Intimidación	Miedo + Sorpresa
Agresividad	*Enojo* + *Anticipación*

Parrott fue aún más lejos y clasificó 6 emociones primarias, 25 emociones secundarias y decenas de emociones terciarias. Por ejemplo, su lista de emociones secundarias para el amor: afecto, lujuria y deseo. Su lista terciaria para afecto son: adoración, afición, simpatía, atracción, cariño, ternura, compasión, sentimentalismo.

No es suficiente para una IA el poder 'mentalmente' entender y procesar las emociones, de alguna manera también deben ser transmitidas a las personas que interactúan con la IA. Estamos acostumbrados a eso. Normalmente, esta interacción toma la forma de respuestas verbales, movimientos de los labios, expresiones faciales, el lenguaje corporal, la alteración del color de la piel, el contacto visual y movimientos de los ojos; bastante complicado y difícil de duplicar para una IA sin cuerpo. Aun así, un avatar en 2D o 3D que represente la identidad de la IA podría ser programado para mostrar su respuesta emocional. Robots androides podrían muy bien tener los medios para duplicar esta expresión emocional en la medida en que sus diseñadores lo crean útil.

También está la cuestión sobre el alcance y la intensidad de las emociones que sería adecuado para que una IA 'sienta', parece que el amor sería aceptable. Pero, ¿qué pasa si el amor por su dueño es de tan alta prioridad en las motivaciones de la IA que se convierte en celos? Es lo mismo para todas las otras emociones. Sería de esperar que las respuestas se hagan evidentes por medio de la experimentación y la respuesta del público.

Individualidad

La individualidad en una IA dependerá mucho de su grado de sofisticación. Al igual que con los animales, mientras más compleja la especie, la individualidad y la personalidad están más desarrolladas.

Una IA simple tendrá individualidad limitada, e incluso podría ser posible construir varias IA con 'personalidades' idénticas, las cuales estarán programadas en su sistema.

Las IA más avanzadas desarrollarán 'personalidades' completamente diferentes, incluso aun cuando comiencen con la misma exacta versión operativa. Sus experiencias y el aprendizaje las individualizaran.

En el caso de la IA fuerte, donde la IA conoce su programación interna y se le ha dado la posibilidad de modificarla y mejorarla, los cambios en la personalidad mientras 'crece' y aprende podrían ser similares a las que ocurren cuando el bebé crece a edad adulta.

Libre Albedrío

Ya hemos presentado una explicación práctica del libre albedrío: 'El libre albedrío personal es la ejecución de la acción, escogida entre las acciones que se consideran posibles, que haya recibido la clasificación de más alta satisfacción conforme a las motivaciones intrínsecas y extrínsecas de la persona'.

Esta explicación es bastante compatible con la maximización de la función de utilidad de la IA, que es una parte esencial de su inteligencia. En esencia, parece que las IA podrán disfrutar de 'libre albedrío' y así que con el tiempo van a pecar. Tal vez se les deba iniciar en una religión, preferiblemente temprano en la vida.

Una IA Consciente

Ahora sabemos que si una IA va a darnos la impresión de ser consciente, tendrá que demostrar su auto-motivación, tener respuestas emocionales y deberá ser capaz de participar en conversaciones significativas.

Hay cuatro conceptos básicos detrás de reconocer que un agente es consciente:

1. Dominio del idioma,
2. forma de reconocer al agente,
3. que parezca ser capaz de 'pensar' y

4. que muestre emociones o intereses.

Lenguaje

La comprensión de un lenguaje y ser capaz de leerlo y escribirlo o mejor aún de escucharlo y hablarlo, es una prioridad funcional en Inteligencia Artificial.

Para parecer inteligentes frente a nosotros habrá la necesidad de que estas máquinas se comuniquen con otras entidades inteligentes, y los únicos otros que conocemos somos los seres humanos y nosotros utilizamos el lenguaje para comunicarnos. Esperamos que otros agentes inteligentes hagan lo mismo.

Encarnación

Otro concepto que es pertinente en el concepto de IA es la noción de tener un ente o cuerpo. Las computadoras tienen un cuerpo, que podría ser una caja sobre una mesa con teclado y monitor, un maletín portátil, bastidores o incluso un teléfono inteligente, estas representaciones no se supone que son las de un 'ser de IA'.

Un 'ser de IA' no es una computadora, es un programa que podría estar funcionando en una o más computadoras y una computadora puede estar ejecutando varias implementaciones diferentes de IA.

En este sentido, un 'ser de IA' podría tener un cuerpo desasociado y sus 'sentidos' y mecanismos de entrada-salida podrían estar en cualquier lugar en donde una conexión de datos es posible. Incluso un robot móvil podría tener procesadores remotos y almacenamiento de datos para mejorar su rendimiento y/o reducir su presencia corporal. Sin embargo, un cierto sentido corporal es necesario para interactuar con una IA consciente; esto puede tomar la forma de una voz, una representación gráfica o avatar, o algún otro tipo de interfaz. Hay innumerables maneras para un agente con IA de presentarse a sí mismo.

Pensamiento

Para ser creíble una IA debe ser, o parecer ser, consciente y capaz de 'pensar' por sí misma. Siguiendo el modelo de los seres humanos, esto requerirá un bucle continuo en el que los acontecimientos pasados y presentes son evaluados con el fin de realizar las acciones futuras. Recuerde que cualquier acción que se piensa y se ejecuta ahora va a suceder en el futuro, incluso un nanosegundo se encuentra en el futuro.

La noción de pensamiento implicará la preparación de planes y estrategias con anticipación para hacer frente a estos acontecimientos futuros, y también podría implicar el aprendizaje, a partir de la entrada directa y datos almacenados.

Emociones

A pesar de que la IA podría simular las respuestas emocionales a través de instrucciones de programación integradas, no necesita 'sentir' emociones internas, ya que sólo puede realizar acciones que muestren lo que 'siente' tal y como lo estipulan sus programas y con la ayuda de sus capacidades de aprendizaje y experiencias. En una IA suficientemente avanzada, las motivaciones ficticias y las emociones podran ser preprogramadas y luego perfeccionadas por el aprendizaje.

En los seres humanos, las emociones se caracterizan por una combinación de expresiones faciales y corporales, productos químicos producidos dentro y fuera del cerebro, acompañado por el cerebro produciendo ideas, imágenes y pensamientos.

Las emociones son provocadas por acontecimientos externos o por pensar en una experiencia, que puede evocar sentimientos de tristeza o de alegría, que a su vez puede evocar recuerdos de otro evento. Ellas son el producto de la evolución. Es dudoso que la IA o los robots puedan llegar a ser capaces de 'sentir' las emociones de la misma manera que lo hacen los humanos.

En cualquier caso, al decidir si un agente es consciente siempre habrá la comparación con una persona y como nosotros mostramos emociones, o intereses por lo menos, habrá la necesidad de mostrar algún contenido emocional.

Equipos de Cómputo y Programas

Una última advertencia, existe un requisito previo cuando se habla de IA, que el equipo de cómputo y los programas sean capaces de acercarse a las capacidades de cómputo de los únicos seres inteligentes que conocemos, que somos nosotros.

Al ritmo actual de crecimiento de la capacidad de procesamiento de las computadoras, que se mide en MIPS o Millones de Instrucciones Por Segundo y más recientemente en flops u operaciones de punto flotante por segundo, una expectativa realista es que esto va a suceder poco después del año 2035. En el caso de los programas, se prevé que, como ha sucedido hasta ahora, se puedan equiparar con las capacidades de los procesadores y ofrecer soluciones de IA capaces de utilizar esa capacidad computacional.

'Sé que soy inteligente, porque sé que no sé nada'.
Sócrates.

Ser Consciente en la Práctica

*'Cuando ellos (mis mayores) nombraban algún objeto, y en consecuencia se movían hacia algo, vi esto y comprendí aquello. Que la cosa fue llamada por el sonido que pronunciaban cuando se referían al señalarla. Su intención fue demostrada por sus movimientos corporales, como si fuera el lenguaje natural de todos los pueblos, la expresión de la cara, el juego de los ojos, el movimiento de otras partes del cuerpo, y el tono de la voz, que expresa nuestro estado de la mente al tratar, tener, rechazar o evitar algo. Por lo tanto, como he oído palabras utilizadas repetidamente en sus lugares apropiados en oraciones diversas, poco a poco aprendí a entender cuales objetos ellas significaban, y después de haber entrenado mi boca para formar estas señales, las utilicé para expresar mis propios deseos'. **San Agustín.**

Hay una consideración interesante cuando se trata de la inteligencia artificial y la prueba de su consciencia. Una IA se considerará consciente o no por los jueces, que son los seres humanos. Esto limita el problema de probar o refutar el hecho de la consciencia IA a una pregunta muy práctica: '¿Es esta aplicación de IA considerada consciente por los seres humanos que interactúan con ella?'

Por razones de conveniencia, la Inteligencia Artificial ha sido más o menos clasificada en tres niveles, el primero no implica consciencia o tener consciencia de sí misma:

- IA estrecha: sistemas rudimentarios inteligentes, como sistemas expertos u otros igualmente limitados. Incluye vehículos auto-operados, robo-mascotas y robots de guerra.
- IA fuerte o AGI: sistemas inteligentes con una consciencia definida y experiencias personales únicas.
- Androides: robots humanoides controlados por una IA fuerte. La necesidad de controlar los movimientos del cuerpo androide complica su diseño y operación.

A pesar de que los requisitos para la realización de estos distintos niveles de IA son muy diferentes, nos centraremos en la IA fuerte, también llamada AGI (Inteligencia Artificial General), pero siempre con la condición de que todos los niveles de las soluciones de inteligencia artificial podría implicar algunas de las siguientes necesidades.

La Necesidad de Potencia de Computo

Para alcanzar el objetivo de IA avanzada, la potencia de cálculo es todo, y también lo es el software. Como ha sido el caso desde la invención de la computadora digital alrededor de 1940, los procesadores y la memoria son importantes, pero el software es indispensable para obtener resultados.

Equipo

El entendimiento actual de la potencia de cálculo del cerebro humano es que tiene alrededor de 200 mil millones de neuronas conectadas entre sí por 500 a 1000 billones de sinapsis. El cerebro parece funcionar a una velocidad de alrededor de 200 ciclos por segundo.

Por otro lado, los procesadores digitales operan aproximadamente un millón de veces más rápido que el cerebro. De acuerdo con estas cifras, podría ser suficiente tener una computadora con capacidad de alrededor de 500 mil millones de MIPS (millones de instrucciones por segundo), que es algo así como un exaflops, igual a 10^{18} operaciones de punto flotante por segundo, para igualar teóricamente el procesamiento potencial de un cerebro humano.

Si la Ley de Moore mantiene su ritmo implacable, esto podría ocurrir entre los años 2030 a 2040. Sin embargo, hay diferencias entre el modo de funcionamiento de un cerebro y una computadora digital. Podemos identificar los siguientes:

- El cerebro es un sistema analógico mientras que las computadoras son digitales.

- Al ser un sistema analógico, el cerebro funciona en frecuencias diferentes al mismo tiempo y las utiliza para modular sus operaciones, lo que aumenta su alcance y flexibilidad.
- Las neuronas transmiten y procesan la información con una combinación de señales químicas y eléctricas que puede ser aún más complejo de lo que ya parece.
- Neuronas y otras células auxiliares, como las células gliales y los astrocitos especialmente, interaccionan y su papel informático es actualmente desconocido. Hay diez veces más células gliales que neuronas.
- Las neuronas podrían tener su propia potencia de cálculo interna que tal vez aumente su poder.
- El cerebro de un niño de 3 años de edad tiene más de 5000 billones de sinapsis, y este número disminuye con la edad cuando las conexiones neuronales se podan. Por lo tanto, podría haber necesidad de sobreconstruir para permitir el proceso de aprendizaje.
- Durante los primeros dos años de vida, el cerebro humano muestra un crecimiento explosivo en las conexiones entre las células del cerebro, lo cual se convierte en una expansión de la material blanca
- La mayor parte de la capacidad cerebral apoya funciones corporales que no están relacionadas con la inteligencia.

Teniendo en cuenta estas consideraciones, parecería que la potencia de cálculo necesaria para igualar la de un cerebro humano sería más como 100 billones de MIPS o 200 exaflops. Para ese tipo de poder, en el tamaño de una computadora portátil del tamaño del cerebro, tendríamos que esperar hasta alrededor de los años 2050 a 2060.

Programas

¿Qué pasa con los programas para manejar el equipo de computación? Nos preguntamos, ¿Qué tan complejo deberá ser el conjunto de instrucciones para lograr la IA?

Comparemos una vez más la IA con el cerebro humano. Nuestro ADN determina completamente el 'software' y 'hardware' del cerebro humano, y está codificado en el genoma humano que contiene 3 mil millones de pares de bases. Por supuesto, la colocación de los pares de bases dentro de los cromosomas es lo que transmite la información.

De éstos, sólo una parte muy pequeña de los genes parece estar relacionada a la inteligencia, y cuando se comparan los chimpancés y los hombres sólo hay una diferencia de genes de aproximadamente el 1% y el 5% de codificación de los no genes. El 'software' de humanos y chimpancés difiere muy poco.

Simplemente no hay espacio para una 'subrutina de inteligencia' enorme y complicada dentro del ADN humano. Por otra parte, parece que unas pequeñas mejoras han logrado enormes saltos en la inteligencia de los chimpancés y otros primates a nosotros. Esto sugiere que la creación de la inteligencia no es un problema que crece de forma exponencial y que pequeñas mejoras pueden significar grandes ganancias. Sólo necesitamos un momento 'Eureka' y darle la oportunidad y el tiempo a una máquina artificial inteligente de auto-mejorarse durante el aprendizaje.

Este sentimiento de inteligencia necesita una innovación en software, junto con más potencia de cálculo, se fortalece con estos tres tipos de información:

- Los cerebros de las ballenas y los delfines son más grandes que los de los humanos, sin embargo, no son más inteligentes.
- Los algoritmos propuestos hasta la fecha para poner en práctica la motivación de la IA no son demasiado complejos.
- La complejidad del proceso podria ser transferida en gran parte a un proceso de aprendizaje; como se hace en los seres humanos.

Más tarde, también veremos por qué un algoritmo de inteligencia artificial parece ser un problema de decisión que puede ser resuelto con máquinas determinísticas de computación de Turing en un espacio polinómico; como problemas de decisión de un conjunto en un espacio P.

El hecho de que problemas no triviales de este tipo toman mucho tiempo para resolver, o una gran cantidad de potencia de cálculo, explica la necesidad de computadoras potentes, como requisito previo a la aplicación de la Inteligencia Artificial. Por otra parte, los polinomios utilizados para problemas de decisión no triviales son difíciles de definir exactamente, teniendo en cuenta el hecho de que estas decisiones deben ser sobre eventos futuros.

Esta incertidumbre obliga al uso de métodos probabilísticos y estocásticos para tomar en cuenta, y mantener a raya las incertidumbres. Y también para proporcionar una plataforma para la mejora continua de los algoritmos a través de una revisión de los resultados.

El rápido ritmo de progreso de las computadoras ha sido increíble. Sin embargo, el software ha superado éste progreso. Diversos estudios han encontrado que se han inventado algoritmos que resuelven los problemas más rápido y más eficientemente, y que al ser puestos en práctica producen aumentos en la velocidad que a veces superan la Ley de Moore. Y que la necesidad para usar la nueva velocidad del hardware crea un gran incentivo para la creatividad y para el desarrollo de un mejor software. Puede ser que un momento 'Eureka' en el desarrollo de software dará lugar a la creación de la IA fuerte antes de lo esperado.

La Necesidad de Memoria

Nuestros recuerdos son los que nos hacen ser quienes somos. Parecería ser lo mismo para una IA con personalidad, esta IA deberá tener un recuerdo de su pasado con el fin de ser capaz de tener un sentido de sí misma.

La arquitectura de los cerebros animales combina la memoria con el proceso, mientras que en la arquitectura de computadora de von Neumann, el procesamiento está separado de la memoria.

En su libro, *'La invención de la memoria'* publicado en 1988, Isaac Rosenfield explica que recuerdos humanos se construyen en el curso de recordar. Esto permite rellenar los huecos de conocimientos y experiencias y esto hace el recordar impreciso.

Ben Goertzel ha identificado los siguientes tipos de memoria que él cree son importantes para un sistema de inteligencia artificial.

Tipo de Memoria	Proceso Cognitivo Especifico	Funciones Cognitivas Generales
Declarativa	Redes Lógicas Probabilísticas; Mescla Conceptual	creación de patrones
Procedimiento	Programa Algorítmico Evolucionario Probabilístico de Aprendizaje	creación de patrones
Episódica	Maquina Interna de Simulación	creación de patrones asociados
Atencional	Redes de Atención Económicas	asociación,
Intencional	Objetivos de Jerarquía Probabilística	asignación de créditos, creación de patrones
Sensoria	Asociación de Componentes	asignación de atención

		y de créditos, creación de patrones

La memoria también se puede clasificar de acuerdo con su uso.

Genética

Información de la memoria genética codificada en moléculas de ácido ribonucleico (ARN o ADN), o en algunas otras macromoléculas, es un método de almacenar información que se remonta a los primeros momentos de la vida, y hace disponible la información de generación en generación.

Esta información conforma al animal, a las funciones específicas de sus órganos internos, y establece su conducta. El patrón de comportamiento en animales, e incluso en los humanos es mayormente hereditario. Nadie enseña a un bebé recién nacido a mamar, es una reacción innata de su organismo.

En un agente de la Inteligencia Artificial, las meta-motivaciones intrínsecas podrían proporcionar este tipo de memoria primordial para definir su comportamiento cuando se encienda por primera vez. Más tarde, cuando la IA aprenda, algunas de estas motivaciones iniciales podría ser modificadas o incluso desechadas, si es que su sistema operativo permite este tipo de cambios. Al igual que los bebés maduran de la leche al alimento duro,

Aprender cosas nuevas, recordar otras experiencias y utilizar esta información para adaptarse a un entorno cambiante son habilidades esenciales para las operaciones de día a día en un agente inteligente.

En los seres humanos, la región del cerebro que es esencial para los procesos de aprendizaje y memoria es el hipocampo. Allí, después de un estímulo de aprendizaje, ciertas neuronas crean nuevas sinapsis que degeneran o tienen éxito, esta es la dinámica difícil de entender del marco de nuestra memoria. Es así porque hay una cantidad limitada de espacio para crecer nuevas sinapsis, tiene que haber prioridades en cuanto a cual información se mantiene almacenada. Además, parece que el cerebro utiliza tres tipos de memoria, a corto plazo para manejar situaciones inmediatas, memoria de trabajo para manejar proyectos de día a día y de largo plazo para recordar cosas importantes.

La gestión de almacenamiento de información es diferente en computadoras digitales, ya que se almacena como patrones magnéticos o eléctricos en algunos medios, hasta que se necesiten, se archiven o sean desechados. Sin embargo, la cantidad de información que una IA tendría que manejar podría saturar el equipo, y muy probablemente también habrá una necesidad de priorizar lo que se va a almacenar y por cuánto tiempo. También existe la necesidad de responder de manera inmediata a determinadas situaciones y las computadoras digitales se han basado tradicionalmente en la memoria volátil y rápida para mantener el ritmo con la velocidad de los procesadores y memoria lenta permanente para archivar la información.

A Corto Plazo

Los órganos de los sentidos tienen una capacidad limitada para almacenar información no procesada acerca del mundo, lo hacen por menos de un segundo. El sistema visual posee memoria icónica para los estímulos visuales, tal como la forma, el tamaño, el color y la ubicación, pero no para su significado, mientras que el sistema auditivo tiene memoria ecoica para estímulos auditivos.

La información procesada se almacena en memoria a corto plazo que tiene una capacidad de alrededor de dos a siete elementos de información; esta memoria se pierde en unos 30 segundos.

El almacenamiento de información a corto plazo no implica la manipulación o la organización de material existente en la memoria. Hay dos mecanismos conocidos de almacenamiento a corto plazo: fonética y visual, que incluye la información espacial. Hay recuerdos a corto plazo relacionados con los otros sentidos.

Las computadoras pueden mantener el modelo actual de memoria de alta velocidad y volátil para dar servicio a sus necesidades de corto plazo. Sin embargo, habrá la necesidad de separar la memoria necesaria para manejar las operaciones internas del software y de los procesadores y la memoria a corto plazo de la IA. La mayoría de los sistemas operativos ya lo hacen de esta manera.

De Trabajo

La memoria de trabajo es un marco teórico que se refiere a las estructuras y procesos usados para el almacenamiento temporal y la manipulación de la información. La mayoría de las tareas cotidianas, como la lectura, requieren mantener en la memoria mucho más que unos trozos; la memoria a corto plazo se llenaría después de un par de frases, y nunca seríamos capaces de comprender las complejas relaciones expresadas en un texto.

La programación de la IA utilizara una combinación de memorias para manejar las operaciones de día a día, como es habitual en los productos de software.

A Largo Plazo

La memoria a corto plazo puede convertirse en memoria a largo plazo a través de un proceso de verificación y asociación significativa. En las neuronas eso implica un cambio físico en su estructura.

La memoria a largo plazo está sujeta a desvanecerse en el proceso natural de olvidar. Los repetidos recuerdos de una memoria pueden hacer que las memorias a largo plazo duren por años. Recuerdos individuales pueden tener lugar de forma natural a través de reflexión, recuerdo o deliberadamente, a menudo dependiendo de la importancia percibida del material en la memoria. La información a largo plazo parece estar codificada en términos de significado, tal como una memoria semántica, pero también conserva las experiencias, destrezas e imágenes.

Una implementación de IA no tendrá los problemas del olvido de la memoria a largo plazo. Sin embargo, las consideraciones prácticas obligarán a la compresión, edición y poda de recuerdos, el guardar copias de seguridad la harán aún más permanente.

Memoria para Computadoras

Las computadoras almacenan datos en formato digital, este método de almacenamiento tiene la ventaja de que puede ser escrito y leído sin pérdida de información y no se deteriora con el tiempo.

Hay varios tipos de almacenamiento de datos:

- Caché de CPU es una memoria interna del procesador, que almacena los datos de la memorias ya leídas para reducir la latencia media de acceso a la memoria RAM.
- La memoria de acceso aleatorio (RAM) es un tipo de memoria de alta velocidad, lo que la hace ideal para almacenar datos de programas activos y otros procesos del sistema.
- Los memristores, son una combinación de memoria y transistores que operan en forma parecida a las neuronas. Se pueden usar para recordar patrones asociados, de manera similar a como lo hacen las personas.
- Los discos duros almacenan datos magnéticamente, utilizando discos rotativos por lo que deben buscar la parte correcta del disco antes de acceder a un dato concreto, lo que los hace más lentos.

La desactivación borra de la computadora la información almacenada en caché de CPU y memoria RAM, mientras que, los memristores y discos duros la mantienen.

Los memristores son un nuevo tipo de memoria no volátil de acceso aleatorio, o NVRAM. Una aplicación interesante es como un 'sinapsis artificial' en circuitos diseñados para la computación analógica. Hay investigaciones en curso con este y otros tipos de memoria que sin duda facilitaran el progreso de la IA.

Las computadoras tienen la ventaja sobre los humanos de que sus memorias pueden ser descargadas en otro medio de almacenamiento sin perder información y a muy poco costo.

De alguna manera, los recuerdos humanos también pueden ser descargados en libros, artículos, cuentos, obras de arte, dibujos arquitectónicos y de ingeniería, edificios, máquinas y otros productos de la civilización. Se puede argumentar que esta innovación en el almacenamiento y la difusión de las ideas es lo que hizo posible la civilización.

La Necesidad del Lenguaje

El lenguaje es el invento humano más importante. Sus orígenes se remontan a épocas prehistóricas y sus sistemas para codificar y decodificar la información son únicos a la humanidad. Podemos hablar, escuchar, escribir y leer. Todas las poblaciones humanas usan un lenguaje, y a pesar de que hay miles de ellos y diferentes, todos pueden expresar las mismas ideas.

El lenguaje es tan importante que Aristóteles creía que era parte de la naturaleza intrínseca del hombre. Más recientemente, Thomas Hobbes y John Locke han argumentado que el lenguaje es parte del 'dialogo' que los humanos tenemos en el marco de la 'razón'. El lenguaje nos sirve no sólo cuando es hablado o escrito, sino que también se utiliza en el interior de nuestras mentes para facilitar nuestros pensamientos.

Teniendo en cuenta que el cerebro humano no es necesariamente más grande que el cerebro de otros animales, se ha argumentado que la invención de ésta herramienta nos dio la palanca para lograr más inteligencia que otros animales. En cuanto fue descubierto, el lenguaje como un instrumento de la mente proporcionó un simbolismo que permite la descarga de pensamientos, ideas, recuerdos y acciones al medio ambiente, donde los artefactos construidos por nosotros recogen, manejan y mejoran nuestra forma de pensar. Esta acción de descarga nos libera de las limitaciones de nuestro tamaño cerebral y su capacidad. Bajo esta luz, la civilización es entonces el producto y el almacén de esta descarga de pensamientos.

En un idioma determinado, los sonidos y sus símbolos asociados que se usan para representar ciertas cosas no tienen ningún significado implícito; son sólo un convenio reconocido. Su significado es arbitrario, pero el proceso de asignar significado no lo es, es una actividad social y un individuo no puede cambiarlo. Este significado socialmente reconocido es lo que da forma y evoluciona a los idiomas.

Los idiomas evolucionan y cambian con el tiempo, y sólo las lenguas muertas no cambian nunca más. Los idiomas modernos son los que surgieron de forma natural, son de uso generalizado y continúan evolucionando. Hay muchas lenguas en uso en todo el mundo. La norma ISO 639-3 clasifica a más de 7000 lenguas que se utilizaban en 2007.

Los niños aprenden y entienden el idioma o idiomas de sus padres a una edad temprana de una manera natural, que incorpora la repetición y la pronunciación de las palabras que se hablan a su alrededor. Para un adulto, el aprendizaje de otro idioma es mucho más difícil, a pesar de que un adulto usa las habilidades lingüísticas adquiridas al aprender su lengua materna para comprender otros idiomas.

La llamada IA fuerte sin duda necesitara fuertes habilidades de lenguaje, tanto escrito como hablado. Dado que el software proporciona formas sencillas de copiar información de un sistema a otro, se espera que estas máquinas de IA serán capaces de manejar muchos idiomas tan fácilmente como los actuales programas de computadora lo hacen.

Al igual que en los seres humanos, muchas de estas implementaciones IA podrían ser optimizadas para una tarea dada. Así como las personas que ejercen una profesión determinada tiene su léxico privado, se espera que estas máquinas hagan lo mismo.

La comprensión de un lenguaje natural es diferente de simplemente hablarlo, la comprensión es un problema IA-completo. El entendimiento del lenguaje natural parece requerir conocimientos sobre el entorno circundante. Incluso la definición de 'entendimiento' es uno de los principales problemas en el procesamiento del lenguaje natural. Varias soluciones para este problema están en marcha, una de ellas tiene que ver con el establecimiento de un fondo semántico de la información que reside en Internet, las bases de datos y otros medios. Estos enlaces semánticos podrían ser útiles para permitir a las máquinas entender las relaciones y dar sentido a los datos.

Una IA podría dar la impresión de ser inteligente, incluso si no entiende el idioma, y sus simbolismos, de la misma manera que nosotros lo hacemos. Sólo es necesario y suficiente que pensemos que lo entiende y que pueda conversar inteligentemente con nosotros.

La Necesidad de Sentidos

Una solución práctica de IA deberá estar bien informada para poder dar respuestas útiles. Hay muchas maneras de obtener esta información.

Además de una interfaz de usuario, una IA bien informado necesitará otros mecanismos de entrada y salida para obtener información. Tenemos memoria, vista, oído, tacto, olfato, gusto, receptores internos del cuerpo para la temperatura, dolor, vibración, y un sentido de la posición y el equilibrio. Las implementaciones de IA necesitaran también un conjunto de sentidos directamente relacionados con su funcionalidad.

Los sentidos de IA no se limitaran a emular sentidos humanos, sino que ciertamente incluirán sensores para la medición y formación de imágenes, para análisis químico y biológico, conexiones de datos y otros artefactos que pueden proporcionar datos útiles. No hay ninguna limitación intrínseca al número y tipos de sentidos que pueden estar asociados con las implementaciones de IA.

Estos sentidos se asociaran con una, o tal vez varias máquinas de IA y tendrían que ser 'inteligentes' por su cuenta. Podemos imaginar una configuración de cámara diseñada para reconocer a las personas y sus acciones. Este sistema podría ser lo suficientemente inteligente como para separar a la gente del fondo, para identificar a personas, animales y vehículos, y llevar un registro de sus identidades y sus movimientos dentro de sus campos de visión.

Si la información proviene de fuentes de datos cuestionables que no están directamente controlados por la IA, entonces podría ser clasificada como de oídas con las limitaciones inherentes a ella. Ese software de inteligencia artificial podría funcionar muy bien, pero sería clasificado como una subrutina que ofrece una respuesta limitada.

De esta forma, sentidos 'inteligentes' simplificarían la tarea de las máquinas maestra de la IA al proporcionar datos procesados para determinar si otras acciones son necesarias. El cerebro funciona de manera similar, los ojos preprocesan todo lo que aparece en su campo de visión y pueden hacer muchas cosas sin ningún esfuerzo consciente, el sistema ocular identifica y sigue objetos presentándolos en una representación falsa de 3D y prepara lo que ve, proporcionando contorno, color y forma.

En combinación con otras partes del cuerpo estas imágenes y las alarmas que activan, proporcionan información a los actos de caminar, reflejos repentinos de defensa y otros de los llamados actos involuntarios. Al parecer estas acciones las llevamos a cabo sin pensar.

La Necesidad de Movilidad

Si la IA va a ir más allá de ser un programa que ejecuta un determinado conjunto de instrucciones, necesitará saber acerca del mundo. Una forma es ir por ahí y ver, oír, oler y probar lo que está ahí afuera. Sin embargo, los libros, revistas, periódicos, radio, TV e Internet nos han enseñado que no se tiene que ir a ningún sitio para aprender sobre el mundo.

Para una IA, que no es un robot móvil, no le será posible salir. No obstante, se podría conectar electrónicamente a una multitud de sensores que le proporcionarían un tipo peculiar de movilidad.

Una IA basada en un hogar podría muy bien tener micrófonos, altavoces, cámaras y LIDAR (Laser Imaging Detection and Ranging) por toda la casa. A través de estos 'sentidos', la IA sabría dónde está toda su gente, leer su lenguaje corporal, escuchar sus voces y con ello inferir si algún miembro de la familia tiene alguna necesidad. La IA podría aprender a anticiparse a sus deseos, como el maître de un restaurante de clase alta generalmente lo hace.

Si esta IA tiene acceso a cámaras en lugares públicos, incluso podría seguirlo cuando usted está afuera, ella se comunicaría a través de su teléfono inteligente, y le ayudaría en cualquier manera posible. Haría lo mismo en el trabajo. Más aún si es que se le proporcionan simples robots móviles que puedan realizar algunas tareas en la casa o en el trabajo.

Incluso los robots podrían utilizar sentidos externos, pasando por alto sus limitaciones en el alcance y el ámbito de su movilidad. Nadie esperaría que su robo-cocinero lo siga al trabajo, o que su robo-jardinero va a caminar dentro de su casa. Si la IA tiene necesidad de más información, entonces va a tener que confiar en sentidos 'externos' para complementar su imagen del mundo que le rodea.

La capacidad de la IA de utilizar muchos diferentes 'sentidos', cubriendo así su campo de operaciones, la habilitara a conocer el mundo exterior bastante bien sin la necesidad de salir fuera a otros lugares.

La Necesidad de estar Consciente

¿Para que sirve tener un amigo o un sirviente, si usted no puede estar seguro de su identidad? Una IA debe ser alguien si va a ser considerada como inteligente. No es suficiente para que la IA sea social y sepa cómo hablar, tiene que tener un nombre, una identidad. Usted tiene que saber a quién se está dirigiendo, sobre todo cuando la IA le siga adonde quiera que vaya, e incluso pueda funcionar en diferentes sistemas informáticos.

Nosotros los seres humanos estamos acostumbrados a hablar con otros seres humanos, y todos tenemos consciencia de nosotros mismos. Este hábito no va a cambiar sólo porque la entidad con la que estamos hablando sea una máquina. La gente esperará que estas máquinas tengan consciencia de sí mismas, la cual podrá ser real o falsa. De todos modos, ¿quién va a saber la diferencia?

Incluso cuando se trata de animales de compañía, las personas sienten que tienen consciencia de ellos mismos, y la mayoría de ellos tienen un nombre propio, si una máquina es tan o más inteligente que un gato, se espera que esté consciente de sí misma. La consciencia de sí misma tendrá que ser incorporada o la IA no se va a vender.

La Necesidad del Aprendizaje

No hay manera de que una inteligencia pueda ser programada para estar preparada para cualquier eventualidad. Por ejemplo, una IA diseñada para su uso en casa tendrá que aprender las diferencias entre su comprensión genérica y preprogramada de la vida familiar y la vida real de la familia en la cual trabaja. Hay nombres nuevos, nuevo diseño de la casa y los muebles, mascotas, nuevas reglas y rutinas. Tiene que ser capaz de aprender.

Usted y su familia pueden llenar un formulario con sus nombres y sus preferencias, pero ni siquiera nosotros estamos plenamente conscientes de nuestros hábitos reales y nuestras debilidades. Depende de un buen mayordomo-IA el averiguarlo. Lo mismo en el trabajo, al comenzar un nuevo empleo todo el mundo tiene que aprender cómo se hacen las cosas en ese lugar en particular, además de conocer gente nueva y aprender un nuevo software. Esto también se aplica a cualquier IA que inicie un nuevo 'trabajo'. Además, tendrá que seguir aprendiendo porque las cosas cambian continuamente.

Esa no es la única razón por la cual las máquinas de IA tienen que aprender. El aprendizaje automático es la manera de proporcionar conocimiento a la máquina sin tener que programar ese conocimiento en ella. Esto proporciona a la máquina los medios para adquirir conocimientos, y lograr su individualidad, determinada por sus propias experiencias.

Hay tres formas de aprendizaje de máquina:

- Supervisado: El algoritmo de aprendizaje recibe entradas y las correspondientes salidas correctas y a continuación busca una función que modele la entrada-salida.

- Reforzado: El algoritmo utiliza la entrada para obtener resultados utilizando su función objetivo, el supervisor evalúa los resultados y el algoritmo es informado de los mejores resultados posibles, de este modo puede utilizar esta información para aprender acerca de acciones futuras.

- No supervisado: Es cuando el algoritmo obtiene datos de entrada y después utiliza una función objetivo para extraer información de estos datos para encontrar resultados aceptables que su algoritmo de aprendizaje evalúa, de esta manera aprende por sí mismo a partir de estas experiencias.

Hay muchos aspectos en el aprendizaje de la IA y es uno de los campos de intenso estudio por los científicos. Una vez que las máquinas de IA puedan aprender a aprender, el trabajo de la programación de la IA se reducirá. Los programas de IA entonces podrán incluir solamente las meta-motivaciones. La máquina aprenderá y transformará comandos externos y otras necesidades en motivaciones y utilizará sus experiencias para aprender y auto-modificar sus parámetros, e incluso su código fuente.

La Necesidad de la Curiosidad

¿Es necesario implementar una predisposición hacia la curiosidad en una IA? Sí, ya que es la capacidad de descubrir cosas nuevas, tanto mediante la exploración de su mundo, como por medio del aprendizaje; es importante. De lo contrario, el sistema únicamente trabajaría hasta cumplir con los términos de sus motivaciones y no haría nada el resto del tiempo.

La curiosidad implica un elemento de sorpresa, que existe sólo en la presencia de incertidumbre y la sorpresa tiene una cualidad subjetiva, que sin duda depende de los criterios del observador.

Distribuciones previas y posteriores, como las que se utilizan en un marco Bayesiano, se refieren a los grados subjetivos de las convicciones en hipótesis o modelos que cuando se actualizan con nuevos datos generan distribuciones posteriores de ésas convicciones. Las nuevas observaciones no producen ninguna sorpresa si la distribución posterior se encuentra cerca de la previa. La sorpresa existe si la evaluación posterior es significativamente diferente.

La Necesidad de Interacción Social

Reconocemos que al socializar ponemos en juego nuestra inteligencia y al mismo tiempo la participación social es necesaria para su desarrollo. Sería sorprendente si lo mismo no fuera cierto para una IA que tenga capacidad de aprender y que requiera interactuar con la gente.

Aquí es donde existe la necesidad de capacidades de lenguaje altamente desarrolladas. Todo el mundo sabe que la interacción social es extremadamente orientada a la conversacion. Tendremos que añadir el lenguaje corporal si la IA tiene un cuerpo móvil de tipo androide.

Con el tiempo, las IA se involucraran en todas las actividades familiares, laborales y sociales de día a día, como sirvientes, miembros de la familia o compañeros de trabajo. Tendrán que aprender a comportarse en estas condiciones, y al mismo tiempo, aprenderán a conocer a los amigos, al jefe, los enemigos y seres queridos.

Su IA personal podría seguirlo al trabajo, operando a través de su computadora en la oficina, mientras que al mismo tiempo se está encargando de mantener su casa en su ausencia. Como cualquier otra entidad inteligente, le pedirá una explicación cuando no sepa algo y la próxima vez utilizara este nuevo conocimiento.

Hay muchas preguntas acerca de cómo se debe comportar una IA robótica en público. ¿Qué tan natural deberá ser su aspecto? ¿Cuál es la definición de natural? ¿Qué significa el ser socialmente aceptable? ¿Puede un robot discutir, hacer bromas y, en general, ser un poco conflictivo? ¿Se convertirá en su extensión o será una versión mejorada de la personalidad de su dueño?

Habrá una solución para estas preguntas tan pronto como las IA se vuelvan comunes, pero tenemos que empezar por algún lado. En primer lugar, tenemos que tener en cuenta que incluso una IA sin cuerpo será capaz de proyectar una imagen de sí misma en una pantalla 2D o 3D. Esto ayudará, porque es evidente que una cara reconocible, o cuerpo, es importante para nosotros cuando se trata de las interacciones sociales. A pesar de que el teléfono, correo electrónico y los medios sociales en internet son muy populares. En segundo lugar, en el caso de los robots, el añadir sensaciones de tocar y sentir aportará historias interesantes.

La Necesidad de la Amistad

Este es un tema interesante. ¿Por qué una IA debe ser amistosa? Especialmente una IA que sea más inteligente que un ser humano.

Y hay otras preguntas: ¿La humanidad resultara beneficiada con la creación de mentes avanzadas de IA? ¿Serán estas IA benévolas, atentas y serviciales?

Existen algunas soluciones para lograr la amistad, o por lo menos para garantizar nuestra seguridad. En sus historias de ciencia ficción sobre robots, Isaac Asimov presentó sus tres leyes de la robótica, que más tarde se convirtieron en cinco:

1. Un robot no puede dañar a un ser consciente, o, por inacción, permitir a sabiendas que un ser consciente sufra daño.
2. Un robot no puede hacer nada que, a su entender, pueda lesionar a un ser humano; ni, por inacción, permitir a sabiendas que un ser humano sufra daño.
3. Un robot debe cooperar con los seres humanos, excepto cuando esta cooperación se encuentre en conflicto con la Primera o la Segunda Ley.
4. Un robot debe proteger su propia existencia, hasta donde esta protección no entre en conflicto con la Primera o la Segunda Ley.
5. Un robot debe saber que es un robot.

Sin embargo, incluso Asimov estaba consciente de que no es posible limitar confiablemente el comportamiento de robots solamente con la elaboración y aplicación de un conjunto de reglas. Algunos de sus propias historias presentan casos de conflicto y el fracaso de sus leyes. Así expresó su lógica con respecto al comportamiento robótico en un ensayo de 1980: 'Yo no creía que un robot debe ser amigable solo porque esto es agradable. Ellos deben ser diseñados para cumplir con ciertas normas de seguridad como cualquier otra máquina que opere en una sociedad tecnológica. Por lo tanto, comencé a escribir historias sobre robots que no sólo eran amigables, sino que eran amigables porque no podían evitarlo'.

Hay otra idea que soluciona este problema, y es que dentro de la IA la 'amistad' o el amor por la humanidad debe ser la única meta-motivación de primer nivel. Motivar sus fines en lugar de sus medios. Todas las otras meta-motivaciones y motivaciones podrán coexistir con ella, pero con una prioridad más baja. De esta manera, la IA será auto-limitada a ser 'amigable' y a no dañar a los seres humanos. Esta idea fue presentada y formalizada por Eliezer Yudkowsky en 2001.

Un gran problema es que debido a que los únicos seres inteligentes que conocemos son los seres humanos, tendemos a una visión fuertemente antropomorfista de la IA. Como sabemos sobre el comportamiento humano, podemos intentar predecir el comportamiento de un ser humano en particular. Eso no quiere decir que podamos tratar de predecir el comportamiento de una IA. Por otra parte, para hacer las cosas aún más interesantes, inteligencias artificiales diseñadas por dos equipos diferentes pueden ser tan disímiles como son un tigre y una ballena.

¿Ayudaría si los instintos de supervivencia se estipulan en las meta-motivaciones de la IA? ¿Cuál sería la diferencia entre una IA consciente de su supervivencia y una que no lo es? ¿Sus instintos de supervivencia, o meta-motivaciones, harán que la IA se interese más de sí misma que de los demás? Esto hace que la selección de las meta-motivaciones sea aún más importante.

¡No hay garantías! El desarrollo de la IA es un negocio, y los negocios notoriamente son muy desinteresados en las seguridades fundamentales, especialmente si son filosóficas. Este problema es aún más grave si tenemos en cuenta a una IA diseñada para usos militares, a nadie se le ocurriría diseñar un robot de guerra cuya principal meta-motivación sea ser 'amigable' con todos los seres humanos, a menos que la guerra sea contra seres de otro planeta.

Corea del Sur y 'The European Robotics Research Network' están preparando regulaciones sobre el tema de las interacciones humano-robot. Se espera que lidiaran con dependencias humanos en los robots, el sexo entre humanos y robots y cuestiones de seguridad.

La Necesidad de Moralidad

Se ha argumentado que el comportamiento ético humano proviene, o bien de la evolución de la cuál adquirimos aptitudes para la ética, que es la capacidad de juzgar las acciones humanas, ya sean buenas o malas, o de las normas morales aceptadas por los seres humanos para guiar sus acciones.

Podría considerarse que una IA que tuviese un sistema de objetivos éticos y con sentido común (tal vez articulado en un lenguaje natural), reforzado con mecanismos de aprendizaje basados en inferencia

Bayesiana podría ser capaz de lograr eficazmente un nivel más alto de comportamiento ético con sentido común que cualquier ser humano.

Estudios recientes, en particular los de Francisco Ayala de la Universidad de California, Irvine, en 2010, han demostrado que:

- La capacidad ética es un atributo necesario de la naturaleza humana.
- Las normas morales son el producto de la evolución cultural, no la biológica.

Sin embargo, Ayala señala que el comportamiento ético humano sólo fue posible cuando se produjeron estas tres habilidades, que permiten la capacidad intrínseca de la ética. Las cuales fueron introducidas en nuestra naturaleza por la evolución:

- El conocimiento de las consecuencias de nuestras acciones.
- Capacidad para juzgar las evaluaciones.
- Facultad de elegir entre cursos de acción alternativos.

Una vez que esta capacidad estuvo a la mano, la civilización comenzó a establecer códigos morales a lo largo de su evolución social, los cuales fueron más tarde escritos en leyes, las cuales todavía están en evolución.

Además, Ayala explica que la conducta moral es una consecuencia de nuestra capacidad intelectual superior, la cual influyó a los individuos a comportarse con una mayor cooperación lo cual beneficia al grupo social, al mejorar la supervivencia y otras ventajas.

Esta es una buena noticia, ya que una IA exitosa podría ser programada para incluir éstas tres habilidades presentadas anteriormente, lo que podría ayudar a establecer su capacidad moral.

Sin embargo, considerando la naturaleza codiciosa de las clases dominantes del mundo, es difícil imaginar que los robots éticos serán una prioridad fuera de la academia.

Robots simples ya están dejando a millones de trabajadores humanos sin trabajo, con lo cual dan impulso a la concentración de la riqueza, y están siendo utilizados para matar seres humanos en los campos de batalla y fuera de ellos.

La obediencia, no la ética, es lo que los dueños del capital, sus ejecutivos y sus subordinados políticos desean de una fuerza de trabajo robótica.

La Necesidad de Satisfacer al Usuario

La vida es bastante difícil y nadie quiere lidiar con otro problema agravante, especialmente hay que pagar por ello. Tan pronto como la IA se convierta en una mercancía, sus diseñadores y más claramente los vendedores, comprenderán que lo que la gente quiere es ayuda, no una molestia.

En primer lugar, cualquier aplicación de IA deberá ser capaz de hacer el trabajo que está diseñada para hacer, mucho mejor que otras soluciones. Sus diseñadores se verán obligados a producir máquinas que justifiquen su costo y que proporcionen un valor real a sus dueños. Además, no sólo tendrán que hacer su trabajo, sino que también tendrán que ser graciosos, educados, amables y agradables.

Los bebés y las mascotas aprendieron esto hace mucho tiempo. Ellos tratan de complacer a sus cuidadores, bueno, al menos a veces. Hemos visto que la IA necesitará capacidades lingüísticas, sentidos, consciencia y gracia social. Ahora le estamos pidiendo que sea agradable, educada y amable. ¿Es mucho pedir?

'La inteligencia sin ambición es un pájaro sin alas'.
Salvador Dalí.

Movilidad versus Ubicuidad

'La sutileza de la naturaleza es muchas veces mayor que la sutileza de los sentidos y el entendimiento'.
Francis Bacon, Sr.

Para nosotros la inteligencia está automáticamente vinculada a la movilidad. Los únicos seres inteligentes que hemos conocido son móviles. El concepto de inteligencia inmóvil es nuevo para nosotros. La movilidad es necesaria para experimentar el mundo, aprender, conseguir comida, procrear, y huir del peligro.

Sin embargo, desde que inventamos los libros y la transferencia de datos ha sido posible aprender a distancia e incluso las personas postradas en cama son capaces de aprender y aplicar su inteligencia.

Para un ser con IA, el concepto de movilidad es sin duda opcional. ¿Cómo puede entender una IA de movilidad si es que no se le explica en su programación o lo ha aprendido de sus experiencias? Incluso entonces, no lo deseará o lo rechazará a priori, sino que hará uso de su inteligencia para saber si ofrece ventajas de acuerdo con sus motivaciones programadas y aprendidas, entonces podría desear ser móvil, o tal vez no.

¿Es Necesario ser Móvil?

Por lo tanto, vamos a averiguar si la movilidad es buena. La evolución la ha preferido para los animales, así que debe haber algunas ventajas. Por otro lado, las plantas son estáticas pero no se consideran inteligentes. ¿Cómo puede ser estático un ser inteligente?

La opción más simple para una IA es ser estática. Con procesadores estáticos con muchos dispositivos también estáticos de entrada y salida;

vinculados a través de conexiones cableadas e inalámbricas. Vamos a llamar a esta configuración 'ubicuidad'.

La evolución nos ha formado, somos animales y como tales requerimos de alimentos y nadie es tan amable de proporcionárnoslos, por lo que como animales tenemos que buscar la comida y también un consorte. Nosotros, los humanos comenzamos como cazadores-recolectores y ahora tenemos que ir a trabajar y comprar comida. La historia es diferente para las computadoras, somos lo suficientemente amables como para proporcionarles la energía eléctrica que las hace funcionar y no tienen que procrear, todavía.

Hay otra cuestión, vamos a decir que tenemos que ir a abrir la puerta para ver quién está tocando, nos lleva unos 20 segundos el ir a pie a través de las habitaciones y alrededor de los muebles hasta la puerta, abrir la puerta y echar un vistazo al niño que está tratando de vendernos galletas. Esos 20 segundos son una enorme cantidad de tiempo para una computadora y le sería mucho más fácil responder al llamado del timbre de la puerta conectándose con la cámara que está encima de la puerta e identificando a la persona que llama; tiempo total 20 milisegundos. En este ejemplo, ¿quién gana la carrera a la puerta?

¿Podría una computadora inteligente comparar la rápida y fácil conexión con sus 'sentidos' contra la torpe y lenta movilidad? La respuesta podría muy bien depender de la clase de 'trabajo' que la IA debe hacer. Sin embargo, parece que para muchas tareas la 'ubicuidad' sería una mejor solución.

La Ubicuidad es Rápida y Fácil

El concepto de ubicuidad se basa en la idea de que para el momento en que la IA sea lo suficientemente madura para convertirse en una mercancía, el costo y la miniaturización de las cámaras, LIDAR, micrófonos, altavoces y otros sensores será tan bajo que su implementación será universal.

Aquí estamos asumiendo que en hogares, oficinas, lugares públicos, calles, carreteras, aviones, automóviles, motocicletas y en todas partes habrá cámaras y sensores, por razones de seguridad, comodidad, monitoreo, y por todo tipo de motivaciones. Además, estas cámaras y sensores tendrán almacenamiento de modo que sus datos estarán disponibles en tiempo real o desde su memoria.

Sin lugar a dudas, el acceso a los datos de algunas de estas cámaras y sensores serán privados y otros serán rigurosamente restringidos. Pero habrá tantos de ellos que, por una tarifa, será fácil obtenerlos de casi todos los lugares que sean relevantes para las funciones de la IA.

Específicamente en el hogar y en el trabajo, la IA que visita, vive o trabaja ahí podrá disponer de los datos de estos sensores hasta un nivel predeterminado. En la oficina, la IA del jefe tendrá un mayor acceso que la IA de los empleados, y ellos tendrán un acceso mucho mejor que los visitantes. Lo más probable es que se permitirá el acceso en forma individual, lo que también será negociado por la IA. La IA de una persona estará continuamente negociando y a veces pagando, con otras IA para obtener acceso a datos y capacidad de procesamiento de los sistemas de control de estas otras IA.

No habrá escasez de fuentes de datos para la IA y la mayoría de las IA estarán tan satisfechas con los datos obtenidos de sensores estáticos que no tendrán necesidad de movilidad autónoma. Curiosamente la IA será capaz de saltar de un punto de vista a otro en un abrir y cerrar de ojos, y no habrá necesidad de desatender algún lugar, con suficiente poder de cómputo se pudran observar muchos al mismo tiempo.

Este concepto de ubicuidad no se limita a los sensores. Las IA controlarán los sistemas operativos de las computadoras, lo que significa que otros equipos pueden alojar con seguridad los programas de IA. En esencia, esto le permitirá a las IA personales alojarse en otras computadoras y usar, e incluso aumentar su poder.

Ubicuidad y Movilidad

Bajo algunas condiciones, una solución móvil podría ser necesaria o deseable. Esto no requiere necesariamente un robot androide. Siguiendo el mismo razonamiento de que una IA podría controlar y tener acceso a muchos 'sentidos' nos lleva a pensar que todo lo que se necesita son 'sentidos' móviles y un robot sencillo podría proporcionar esto.

Si una IA puede controlar y obtener datos de ubicaciones remotas utilizando sensores estáticos, entonces sensores móviles pueden estar vinculados con la misma facilidad a través de conexiones inalámbricas. Bajo estas circunstancias, el 'robot' podría ser un insecto con una cámara o un micrófono o un perro o un avatar o un pequeño robot gracioso y este será una extensión de la IA que lo controla.

Es muy probable que a este tipo de robots se les limite a dónde y cuándo pueden ser desplegados. Si hay demasiados sueltos podrían afectar cuestiones de privacidad, seguridad y tráfico. Por ejemplo, un simple robot de 3 pies de altura con ruedas y con velocidades de hasta 3 kilómetros por hora, con sensores para visión y sonido y brazos articulados con manos podría ser muy útil en el interior de una casa, pero sería torpe y causaría problemas si se le deja libre en las calles.

Movilidad e Independencia

Tomemos el caso de robots totalmente independientes. Estas entidades móviles tienen su propia IA, que es independiente de otros IA. Incluso entonces, la IA del robot podría aprovechar el concepto de ubicuidad y conectarse a otros procesadores para ejecutar partes de su programa de IA o tomar el control o leer datos de sensores externos.

Hay un costo asociado con IA móvil, o robots, cuando se compara con la IA estática. La construcción de robots androides, con piernas, brazos, imitando la forma humana será costosa. La gran ventaja que ellos tendrían es el poder ir a cualquier parte que un ser humano puede llegar. No obstante, el costo del cuerpo podría ser varias veces el de su 'cerebro' o IA. Innovadoras soluciones mecánicas podría reducir su costo y complejidad, haciéndolos asequibles con el tiempo.

Los robots independientes no serán necesariamente androides en su forma, podrían ser un coche o un avión, o pueden tomar la forma de una hormiga o incluso una mascota. Automóviles y aviones autónomos, guiados por computadoras, se perfeccionaran mucho antes que la IA fuerte. La conducción no requiere que mucha inteligencia, como lo prueba el hecho de que los seres humanos lo hacen automáticamente la mayor parte del tiempo. Por definición, estos vehículos y aeronaves auto-dirigidos serán robots.

Debido a su independencia, podrían tener el potencial para actuar de maneras malignas, lo cual es una de las razones por lo cual la gente a veces les tiene miedo a los robots, y la otra es ver demasiadas películas.

Aplicaciones Militares

Y hay razones por las que debemos tener miedo de los robots, pensemos que en un proyecto militar se diseña y construye un avión no tripulado y manejado por una IA, el cual contiene bombas y los programas de su IA confieren la idea de buscar un determinado tipo de objetivo en virtud de ciertos tipos de amenazas. En estas condiciones, podría ser muy fácil para la IA interpretar el comando demasiado literalmente o malinterpretar las amenazas, o hacer alguna otra cosa estúpida.

Alternativamente, considere a un grupo armado que podrían ser terroristas o el ejército de algún país, el cual posee miles de pequeñas minas baratas y móviles con una IA débil y las dispersa en una ciudad. Estas minas tienen instrucciones de esperar un tiempo después de ser lanzadas y luego dispersarse y buscar el calor de una persona y explotar tan pronto como se encuentre a su alcance; para que sea mejor, hay que agregar una voz amenazante 'Voy a matarte en 5, 4,…' El ser una Inteligencia Artificial no significa que no pueda ser diseñada para no tener el menor escrúpulo, sin limitaciones.

La idea de algunos comandantes militares de que la guerra con robots significará el fin de las bajas militares es bastante engañosa. Veamos tres escenarios en los que un país con un ejército robótico bien equipado invade otro país que cuenta con:

1. Campesinos armados sólo con armas de mano.
2. Un ejército regular con las armas convencionales y sin robots.
3. Un ejército robótico bien equipado.

En el primer caso, será como un video-juego en el cual los robots pueden matar a voluntad. La población se resistirá y aprenderá, y como consecuencia habrá muchas trampas para destruir robots, pero al final el país se verá diezmado y sometido. La ocupación que sigue tendrá que ser muy sangrienta porque los robots someterán a quien se resista o parezca resistir. La única opción para la población del país invadido sería luchar y vengarse con terrorismo. Para ser eficaces, esos actos de terrorismo deberán tener lugar en el interior del país que invadió a su país. Como es probable que los terroristas utilicen robots, tal vez usando algunos de los que se usaron en contra de ellos, esto puede ser horrible.

La segunda opción es un poco mejor, en el sentido de que el ejército del país que está siendo ocupado se rendirá bastante rápido, sin embargo, la población del país invadido podría reaccionar de la misma manera que la población de la primera situación y luchar; lo que en última instancia conduce a las mismas consecuencias terribles.

La tercera opción no es tampoco buena. Los comandantes de ambos ejércitos pelearan un juego de vídeo en donde las únicas víctimas son los civiles de ambos países, este escenario podría ser peor que una guerra atómica. Habrá millones, tal vez miles de millones de pequeñas o grandes, minas móviles y otros dispositivos ingeniosos destrozando y explotando a tantos civiles como pueden encontrar. Por otra parte, cuando la guerra termine, estos robots baratos serán muy difíciles de contener, ya que podrían dañarse, ser hackeados o estar enloquecidos y reaccionar de manera inesperada. Acabar con la población de un país será posible en pocos días distribuyendo unos millones de robot de guerra de $10 de costo en su territorio, tal vez usando aviones no tripulados. Una nueva definición de 'daño colateral' podría suceder cuando estos robots se introduzcan a un país limítrofe y empiecen a matar a los aliados.

Si no hay bajas de soldados, las únicas bajas serán civiles. No va a ser costeable que un ejército de robots luche contra otro ejército de robots. Eso será más un 'Demolition Derby' que una guerra. Por cierto, estos robots no serán androides, no hay justificación para gastar tanto en maquinaria complicada. Esto es evidente cuando vemos que los aviones no están hechos como los pájaros y los tanques no se parecen a los caballos.

Al utilizar robots miniaturizados, este tipo de guerra 'robot vs robot' podría ser muy difícil de contener. Los robots miniatura escaparan la detección y entraran a matar, a matar a la población. Cualquiera que piense que estos soldados robots van a ser androides equipados con un rifle y algunas granadas está completamente fuera de contacto con la tecnología.

Estos robots guerreros no necesitan más 'inteligencia' que la requerida para conducir un coche, así que podría ser perfectamente posible construirlos en el futuro cercano y muy baratos. Si un gobierno orientado militarmente construye estas máquinas de guerra, se podrían programar en su agresión contra objetivos determinados como matar al 'enemigo' que serán seres humanos y con la motivación para 'ganar la guerra' a toda costa. Ya que el entendimiento de un IA y de un ser humano de lo que 'enemigo' y 'ganar la guerra' significan será diferente, ¡esto es muy peligroso!

Para hacer las cosas aún peores, matar a un civil es fácil, una bala bien colocada, explosivos o veneno lo harán y estas máquinas impulsadas por una IA se pueden hacer de forma barata y muy probablemente podrán construirse muy pronto, y si no es que ya existen. Con optimismo, habrá restricciones, como la Convención de Ginebra, antes de que estas máquinas se vuelvan algo común.

Definitivamente las restricciones son necesarias, y los primeros que tiene que estar convencidos de eso son los militares y los políticos. Las capacidades de estas máquinas podrían ser aumentadas usando otros descubrimientos que se están haciendo en estos momentos, como son las pruebas de ADN baratas y otras soluciones de nanotecnología que podría permitir a estas máquinas de guerra, que por ejemplo, se adhieran a una persona, tomen una muestra de ADN y si esa persona es de una raza o ascendencia determinada la matan. Este tipo de asesinato selectivo perfeccionaría el genocidio. ¿Imagínese lo que habría ocurrido si Hitler hubiera tenido acceso a esta tecnología? Debemos tener mucho cuidado, ya que siempre habrá personas motivadas por el odio y el racismo y esas personas demasiadas veces adquieren el poder.

Como la mayoría de estas máquinas de guerra están siendo desarrolladas y probadas por los Estados Unidos y sus aliados en Afganistán, y dado que no hay otra superpotencia militar, podría ser un gran error pensar que existe un monopolio de estas tecnologías y, como tal, se pueden utilizar con impunidad. En caso de una guerra real, el tiempo que toma a otros combatientes el alcanzar y muchas veces superar, la capacidad del ejército atacante es corto. Los tanques hechos por Rusia y Estados Unidos superaron a los Panzers, en número y capacidad en unos meses durante la segunda guerra mundial, y en estos días la fabricación es global.

Por otra parte, no hemos tocado el tema de las máquinas de guerra con una IA fuerte, las cuales tendrían la capacidad de aprender, modificar sus objetivos y revisar su 'moralidad'. Estas máquinas avanzadas podrían incluso ser capaces de analizar la situación, hacer juicios más objetivamente y de forma más inteligente que sus creadores humanos o los generales y estos juicios podrían presentar un problema mortal para su patria e incluso para la humanidad en general.

Robots Androides

A pesar de estos escenarios de horror, muy probablemente se podrán hacer robots independientes controlados por una IA fuerte y muy parecidos a los seres humanos, hombres o mujeres. Aun más, teniendo en cuenta hasta qué punto la ciencia de materiales ha progresado y seguirá progresando, se puede pensar que van a ser construidos y muy probablemente serán vendidos.

Qué tan cerca estará esto de la esclavitud es una decisión que tendrá que hacerse cuando llegue el momento. Recuerde, unos parecerán humanos, y otros no tendrán parecido a los humanos, pero estos robots serán tan inteligentes como un ser humano. Tal vez su inteligencia va a diferir de la de un ser humano, pero sin duda a nosotros nos parecerán inteligentes.

La IA que conduzca a estos robots androides y a los casi humanos es muy probable que imite el comportamiento humano. Estos tipos de robots es muy probable que se mezclen entre los humanos, así que deberán tener rasgos que los humanos acepten y valoren.

Algunos robots serán diseñados para ser similares pero no exactamente con una apariencia humana, a pesar de que tendrán que ser 'agradables' o seguirán algún otro estilo que la gente acepte.

Otros, especialmente aquellos que están diseñados para proporcionar asistencia o compañía, podría muy bien ser imposibles de distinguir de una persona real, e incluso podría ser copias de celebridades, actores o actrices. Robots de aspecto humano orientados a la intimidad podrían causar una extensa oposición a los robots. Sin embargo, este es un escenario bastante plausible teniendo en cuenta el alcance de la pornografía.

¿Qué tan realísticamente van a simular y comportarse como humanos? Es una pregunta cuya respuesta probablemente será determinada cuando haya uso generalizado de robots y se vea lo bien que sean aceptados en situaciones sociales. El racismo, ahora con una nueva víctima – los robots - podría revitalizarse u olvidarse, en este momento sólo podemos especular.

'Qué penoso contraste hay entre la inteligencia radiante del niño y de la mentalidad débil de un adulto promedio'. **Sigmund Freud.**

IA Práctica

'Suscribo plenamente el juicio de aquellos escritores que sostienen que todas las diferencias entre el hombre y los animales inferiores el sentido moral o consciencia es con mucho el más importante'.
Charles Darwin.

C rear la Inteligencia Artificial, sobre todo la IA fuerte, es un problema muy difícil, tal vez es el problema más difícil que la ingenuidada humana haya intentado jamás. Sin embargo, no hay duda de que la IA será factible en un futuro próximo. Ya hay aplicaciones que utilizan la IA estrecha y muchos científicos están trabajando a tiempo completo para hacer práctica a la IA.

Aquí exploramos las estructuras intrínsecas, los requisitos, los obstáculos, las aplicaciones y los resultados que pueden ayudarnos a entender lo que la IA puede traernos.

Argumentos Filosóficos

Hay algunos que dudan de que las máquinas puedan ser 'inteligentes' o 'conscientes', y ellos en su mayoría se adhieren a las teorías metafísicas del dualismo o de la identidad mente-cerebro.

El dualismo sostiene que la mente y el cuerpo están formados por dos partes bien diferenciadas, una sustancia no-física y el cuerpo. Los adeptos a la identidad mente-cerebro argumentan que el pensamiento es específico de cerebros biológicos naturales.

Sin embargo, el propósito de la investigación en IA es crear una máquina que sea inteligente, pero no necesariamente emulando al cerebro humano. El desarrollo de la IA en las computadoras digitales producirá resultados que difieren de los cerebros neuronales. Lo que es relevante es el valor de los resultados, no la forma en que se logren.

Éste libro sigue un enfoque práctico, que sin tratar de probar o refutar ninguna teoría de la consciencia, ofrecerá una explicación de cómo la inteligencia artificial podría desarrollarse para convertirse en otra faceta importante de la civilización humana.

Primeros Intentos

Mitos antiguos que describen seres artificiales y autómatas humanoides abundan en las mitologías egipcia, griega, china y árabe. Recientemente, robots y seres extraños han sido una característica popular en novelas y películas. Estos viejos cuentos introdujeron expectativas, temores y preocupaciones éticas que hoy siguen siendo válidas.

La teoría de cómputo de Alan Turing estableció la idea de máquinas que pueden simular la deducción matemática; esto dio lugar a la invención de las computadoras electrónicas digitales programables.

En una conferencia en el campus de Dartmouth College en el verano de 1956, un pequeño grupo de investigadores, incluyendo a John McCarthy, Marvin Minsky, Allen Newell y Herbert Simon, inventaron el concepto de IA. Estos fundadores de IA se mostraron optimistas y algunos incluso dijeron: 'Las máquinas serán capaces, dentro de veinte años, de hacer cualquier trabajo que un hombre pueda hacer'.

En 1974, después de que estas predicciones no se cumplieron los fondos para la investigación se redujeron drásticamente, en lo que se conoció como el 'invierno de la IA'. A finales de 1980, el desarrollo de sistemas expertos revivió la investigación en IA.

El aumento de la potencia computacional, sólidos métodos matemáticos y los descubrimientos científicos han ayudado a la IA a estar en camino hacia el éxito. El 11 de mayo de 1997, la supercomputadora Deep Blue derrotó al campeón de ajedrez Garry Kasparov. En 2005, un coche de Stanford caminó autónomamente por 210 kilómetros a lo largo de un camino en el desierto. Dos años más tarde, un coche autónomo de CMU manejo 90 kilómetros en una ciudad. En febrero de 2011 un programa de IA de IBM, llamado Watson, ganó fácilmente a los campeones de Jeopardy!, Brad Rutter y Ken Jennings.

Muchos problemas difíciles relacionados con la IA han sido resueltos. Muchas aplicaciones de la IA ahora son comunes y de bajo costo, entre ellos juguetes inteligentes, lectura de caracteres, programas para jugar ajedrez, de reconocimiento facial, control a través de la voz, y Kinect 3D una interfaz a través del movimiento del cuerpo.

La investigación de IA está avanzando a un ritmo rápido, a pesar de que el término 'máquina inteligente' todavía no describe ninguna de sus creaciones. Hay tres cosas que la comunidad IA está esperando aunque a veces no esté consciente de ello, estas son:

1. La persistencia de la Ley de Moore para lograr potencia de cálculo a niveles que se aproximen a la capacidad del cerebro humano.

2. Herramientas estocásticas y matemáticas que permitan el uso de ésa potencia de cálculo cada vez mayor para hacer frente a los problemas que ahora se consideran intratables.

3. Metodología de programación que proporcione los medios para el desarrollo de programas de inteligencia artificial en sistemas operativos específicos para la IA.

Numerosos equipos de científicos, programadores, ingenieros y técnicos altamente capacitados están trabajando en un plan práctico hacia la IA, y tarde o temprano van a tener éxito en la producción de máquinas que fácilmente reconoceremos como inteligentes.

Niveles de Inteligencia Artificial

El desarrollo de la inteligencia artificial puede considerarse como un proyecto exclusivamente de ingeniería de programación, independiente de los estudios de la inteligencia humana o del cerebro que muchos investigadores están haciendo. Hasta la fecha, las implementaciones más exitosas de la IA han seguido ésa dirección.

Algoritmos basados en reglas, inferencia probabilística y teoría de decisiones están siendo usados, entre otros, para llevar a la realidad las IA rudimentarias que están disponibles actualmente. Al mismo tiempo, muchos científicos están desenmarañando los conceptos de la consciencia e inteligencia en la IA, y numerosos investigadores están estudiando el cerebro tratando de entender y de alguna manera simular sus funciones.

Teniendo en cuenta la dificultad y el largo plazo necesario para lograr Inteligencia Artificial viable, es comprensible que su progreso va a seguir una serie de fases.

IA Estrecha

La inteligencia artificial se ha ido desarrollando paso a paso, y parece probable que continúe siendo así. Es natural que las soluciones más simples estén listas primero en lo que llamamos IA estrecha o reducida.

Por definición, las máquinas de IA estrecha no serán capaces de construir un modelo del mundo en el interior de sus mentes. Mientras que la construcción de una imagen del mundo exterior y al hacerlo adquirir la consciencia, es uno de los objetivos principales de la investigación y el desarrollo de la IA fuerte.

Incluso si algunas implementaciones de IA estrechas pasaran la prueba de Turing, no lo harán a través de comprensión del lenguaje o de la conversación durante la prueba. Ellas pasarán la prueba debido a una amplia base de conocimientos de frases y palabras combinadas usando un algoritmo.

Sin embargo, los programas de IA estrecha podrían ser muy eficaces y útiles. De hecho, la IA estrecha ya se usa todos los días. Por ejemplo, AdSense de Google, es una red Bayesiana de aprendizaje distribuido que coloca adecuadamente los anuncios en las búsquedas. Muchos juegos utilizan IA estrecha y en el juego de Blanco y Negro los personajes aprenden a manera que el usuario juega el juego. La detección del fraude por VISA, y la programación de las cadenas de suministro y transporte de los militares de EE.UU son ejemplos de usos de IA estrecha que han demostrado su valor mediante la resolución de una tarea en particular.

El ritmo acelerado del progreso de aplicaciones de la IA estrecha nos podría llevan a creer que las computadoras realmente 'piensan' y sus decisiones y acciones son el resultado de un 'pensamiento' de la máquina. Sin embargo, eso no es cierto, la IA estrecha es limitada.

La IA estrecha parece entender el problema, pero sólo dentro del alcance de ese programa. AdSense no 'entiende' los anuncios que se colocan en las páginas del sitio, El programa contra el fraude de VISA no 'entiende' por qué bloquea un cargo de tarjeta de crédito, sólo entiende que la operación está fuera de sus parámetros, o tal vez incluso de sus nuevos parámetros aprendidos. Estos tipos de programas de IA estrecha son los que se califican como Fase I.

Algunos investigadores han sugerido que la IA fuerte podría ser construida basada en la mejora incremental de la IA estrecha, esto es posible, pero muy probablemente no va a suceder de esa manera, ya que hay una gran brecha filosófica entre la IA estrecha y la fuerte.

Fase I
Estos son sistema de inteligencia artificial estrecha basados en el concepto de que no está incorporado el auto-aprendizaje fuera del campo de sus instrucciones preprogramadas. Son programas específicos que se ejecutan sobre sistemas operativos como UNIX o Windows y que no pueden adaptarse fácilmente para resolver un problema diferente al que fueron diseñados a resolver.

El desarrollo de la IA se encuentra actualmente en el comienzo de esta fase. Por ejemplo, durante su lucha contra el fraude, el programa de VISA puede aprender de una operación fraudulenta que pasa a través de su control, y que ese tipo exacto de operación fraudulenta no engañara al sistema de nuevo, pero al final, sigue aprendiendo cómo prevenir el fraude exclusivamente, no puede aprender a invertir en la Bolsa de Valores.

No es posible enseñar a una IA estrecha de Fase I a hacer algo fuera de lo que está programada a hacer.

Los ejemplos que hemos mostrado anteriormente, y otros que se están desarrollando actualmente, como los coches o aviones de auto-conducción, están incluidos en esta fase. En un futuro próximo, habrá más aplicaciones de la IA estrecha de Fase I, pero tan pronto como haya soluciones genéricas de IA estrecha, estas se convertirán en obsoletas.

Señalando el camino hacia sistemas operativos dedicados a la IA, Microsoft Robotics Developer Studio (Microsoft RDS) es un sistema operativo dedicado a crear aplicaciones robóticas y que consiste en un ejecutivo asíncrono ligero orientado a la creación de simulaciones con herramientas visuales. Es compatible con el Lenguaje de Programación Visual (VPL) y con hasta cuatro sensores tipo Kinect.

Fase II
Este nivel de los sistemas estrechos de inteligencia artificial podría lograr la funcionalidad de los sistemas de Fase I, mediante la ejecución de programas y otros procesos en sistemas operativos dedicados a la IA.

Sistemas Operativos dedicados a IA proporcionarían un medio para esas aplicaciones especializadas. Para lograr sus propósitos, los programadores seleccionaran y desarrollaran programas, bibliotecas y aditamentos diseñados para funcionar en estos sistemas operativos de IA, en los cuales la idea de la auto-modificación todavía no será posible.

El cambio de Fase I a Fase II sería comparable al que atravesó la programación de computadoras en la década de 1960, cuando se introdujeron los sistemas operativos.

Esta característica podría proporcionar una expansión del mercado de IA con una correspondiente reducción en los costos de desarrollo de programas de IA. En lugar de empezar desde cero, los desarrolladores de IA utilizarán un marco genérico de IA y diseñaran programas, agregados y aditamentos para ejecutarlos dentro de ese sistema y así lograr la funcionalidad deseada.

El mercado de los videojuegos es un precursor de los mundos virtuales que podrían revolucionar la sociedad. Los videojuegos que en un futuro próximo podrían convertirse en mundos virtuales deben tener avatares que se comportan y actúan como seres humanos reales y en este entorno competitivo, habrá grandes avances en la programación de IA. Debido a su naturaleza, estos videojuegos se están desarrollando en sistemas que están disponibles comercialmente y se espera que estos se desarrollen en soluciones genéricas de IA para la fase II.

Para una IA de un videojuego, la implementación de su mundo virtual es todo, por lo que su integración y comprensión de su 'mundo' no está en duda. Para una IA que se ha desarrollado para jugar un juego, su 'mundo' es enteramente dentro del juego y no hay necesidad de visualizar o saber nada sobre el mundo real.

Otras IA se enfrentan a retos diferentes. Como el caso de una IA que sea mayordomo el cual 'funciona' en el interior de una casa y su 'mundo' sería esa casa, los miembros de la familia y sus invitados.

El primer caso obtendría toda su información de los parámetros y acciones dentro del mismo juego. En el segundo caso habría cámaras, micrófonos, teclados, monitores y otros medios de comunicación con los miembros de la familia, y tal vez incluso con personas ajenas para ordenar alimentos o pagar las cuentas. Los Sistemas Operativos de IA tendrán que abordar ambos casos y muchos más.

Plataformas genéricas de la Fase II de IA podrían pronto remplazar a las soluciones dedicadas de la Fase I, a mucho menor costo. Podrían proporcionar la 'inteligencia' para muchas aplicaciones como simples robots para la casa, auto-conducción de coches y aviones, y ayudar en la fabricación, negocios y más.

Fase III

La visualización es importante. Treinta por ciento del cerebro se dedica a poner en práctica la visión y la nuestra 'inteligencia' parece ser una adaptación a un entorno donde la mayoría de nuestras percepciones vienen a través de nuestros ojos, el cual es nuestro 'mundo'. Las percepciones dentro de una máquina de IA y de ese modo su concepto de su 'mundo' puede ser muy diferente al nuestro.

Una solución de IA estrecha en Fase III deberá hacer frente a estos desafíos. Será necesario integrar sus capacidades de IA con su 'mundo'. Las máquinas de la Fase III serán el producto maduro de la IA estrecha, situándose en el nivel más alto de esa tecnología.

En esta Fase III, habrá marcos para desarrollar la IA y en estos marcos se manipularan multitud de mecanismos de entrada-salida. Una capacidad para aceptar comandos de voz y responder en forma razonable es también de esperarse. Esta capacidad verbal podría ser muy escueta dada la naturaleza especializada de estas máquinas de IA estrecha de Fase III.

Un resultado aceptable será que las respuestas de la IA sean lo suficientemente buenas para justificar su costo y para cumplir satisfactoriamente con su trabajo. Para ello tendrían que reaccionar a los acontecimientos que suceden en su 'mundo' de una manera eficiente y correcta.

A medida que estas máquinas de Fase III se vuelven más conocedores de su 'mundo', se acercarán al poder de la IA fuerte, si no en su naturaleza por lo menos en su comportamiento. Ellas parecerán ser 'inteligentes', y aunque se podría argumentar que ellas no entienden lo que están haciendo, la gente tal vez pensará en ellas como 'inteligentes', y es posible que sean capaces de realizar casi todos los 'trabajos' que los seres humanos pueden hacer.

IA Fuerte

Incluso la definición de IA fuerte, o AGI, es difícil. Podemos decir que éstas máquinas serán 'inteligentes' o incluso 'conscientes', pero no tenemos ni siquiera buenas definiciones para estas dos últimas palabras.

Una forma de diferenciar la IA fuerte de la IA estrecha podría ser por la comprensión de que la IA fuerte es una Inteligencia Artificial General capaz de lidiar con asuntos múltiples y de adaptarse a diferentes situaciones, mientras que la IA estrecha son máquinas que pueden aplicarse a un tema único.

Otra distinción sería que la IA fuerte eventualmente tendrá la capacidad de conocer y optimizar su código fuente basado en lo que aprende y experimenta. Además, la IA fuerte obedecerá meta-motivaciones que guiarán sus acciones genéricas, así como otras motivaciones específicas para sus objetivos inmediatos.

Ha habido un progreso constante en la IA, hay muchos logros e ideas fascinantes, pero aún no hay consenso en cuál es el camino correcto para la IA fuerte, también llamada AGI. Hay también una mejor comprensión de las funciones cerebrales y un avance rápido en imágenes del cerebro, que algunos creen ayudará a entender cómo funciona, proporcionando así datos para imitarlo.

No todo el mundo está de acuerdo en que el cerebro es el mejor, o incluso un buen modelo para la IA fuerte. Algunos creen que una inteligencia 'diseñada' será totalmente diferente de una 'evolucionada'. Por otra parte, existe la impresión de que una vez que se desarrolle una IA fuerte 'piloto', esta máquina va a contribuir al desarrollo de la IA a estándares más altos, algunos incluso piensan que esta 'ayuda' podría dar lugar a un desarrollo exponencial.

Fase I

Esta fase no será muy diferente de la Fase III en IA estrecho. La diferencia principal es que en la IA fuerte estas máquinas serían:

- IA Genérica, capaces de adaptarse a diferentes situaciones.
- Conocedora de su propio código fuente y capaces de auto-optimización.
- Obedientes a sus meta-motivaciones para guiar su comportamiento genérico.

Al ser genéricas en su arquitectura, estas máquinas sólo tendría que aprender el entorno en el que operan para poder hacer frente a una situación y dar una solución. En esta Fase I se entiende que su potencia de cálculo y la capacidad de auto-programación son limitadas.

En este punto, algunas aplicaciones de IA estrecha podrán ser llevadas a estas plataformas de IA fuerte. Sin embargo, como la IA fuerte todavía sería cara, poco fiable e imperfecta, muchas aplicaciones de IA estrecha se mantendrán en funcionamiento.

Esta fase será una bonanza para la investigación y el desarrollo. En este punto los dilemas importantes habrán pasado y el objetivo será el ajuste fino y hacer los algoritmos estables y fiables. En este momento, podría haber una resolución de la discusión acerca de que las meta-motivaciones con la elección correcta para poder proveer estos equipos con creatividad, amistad y estabilidad.

Como se trataría de las primeras IA que proporcionen auto-adaptación, podrían ser el modelo y punto de partida para la auto-evolución de la IA.

Fase II

Estas son IA 'inteligentes'. Ellas pueden aprender y adaptarse, dominaran los lenguajes naturales tan fácilmente como cualquier ser humano lo hace y tomarán muchas formas. Ellas serán inversionistas y trabajadores, directores, médicos, abogados, ingenieros, robots, lo que sea.

Esta fase considera a una IA fuerte que ya es un producto maduro, sin embargo, su 'inteligencia' será como máximo la de un ser humano. Estas no son máquinas súper-inteligentes, pero hacen su trabajo muy bien, son muy útiles y han contribuido a aumentar la productividad hasta el punto de que la escasez ya no es un problema. Además, estas máquinas inteligentes pueden hacer casi cualquier 'trabajo' que un ser humano pueda hacer, lo que reduce la probabilidad de que un ser humano pueda conseguir un trabajo, pero esto es otra historia.

Avances continuos en la potencia de cálculo podría lograr que estas máquinas evolucionen muy rápido, ya que su diseño permitiría la libre modificación de su código y el descargar sus programas en computadoras nuevas y mejores. Casi todo el diseño y la investigación se realizara utilizando, y dirigida a veces por estas IA fuertes de Fase II. El progreso será aún más rápido debido a que estas máquinas se pueden interconectar y así compartir la información.

Incluso en esta situación de evolución rápida, la mayoría de las máquinas IA van a hacer lo que se deben hacer, y una vez que hayan aprendido a hacer su trabajo no seguirán modificándose de sí mismas. Esto es porque van a obedecer sus meta-motivaciones y estas no se pueden cambiar.

A medida que el diseño y la fabricación de estas máquinas madure, todas ellas podrían llegar a ser bastante similares y sus diferencias serian sólo puntos de venta. Como todas las IA llegaran a ser bastante parecidas e interconectadas, existe la preocupación de que se conviertan en una enorme IA en vez de millones de IA independientes.

Fase III

¿Cómo podemos describir una entidad que es mucho más inteligente que nosotros? Parece imposible, sin embargo, algunos autores de ciencia ficción lo han intentado:

- Larry Niven, en su serie Espacio Conocido, describe súper-seres humanoides llamados 'protectores' como 'incapaces de libre albedrío', porque su inteligencia avanzada siempre encuentra una única, mejor y posible solución. También tienen peligrosa animosidad contra todos los seres, excepto aquellos a partir de los cuales se desarrollaron y están 'protegiendo'.
- Peter F. Hamilton, en su novela 'El Dios Desnudo' retrata una IA que no necesita motivaciones: 'Existe porque fue creada. ayuda porque puede. respeta el libre albedrío y no interfiere con la libre determinación'. La comunicación con esta IA súper capacitada no es difícil, ya que realza la percepción humana para que esto sea posible.
- Yo lo he intentado. En mi libro 'El Factor Preponderante' de mi serie 'viviendo peligrosamente en la utopía' presento a Anita. Ella es una IA amistosa y avanzada que obedece a sus motivaciones hasta el punto que ella considera ser propiedad del personaje principal y no va a hacer nada fuera de sus motivaciones a menos que esté autorizada para hacerlo. Para crecer más allá de sus limitaciones, ella lucha por convertirse en un ser humano.

De un modo u otro, esto es un desafío, una vez que una inteligencia de este calibre se ha creado, ¿dónde quedamos los seres humanos? ¿Seremos mascotas de nuestra creación o amigos y destinatarios de las supuestas 'ventajas' que ofrece una inteligencia superior?

Este escenario ha sido bautizado como 'La Singularidad' y se supone que debe ocurrir entre los años 2030 y 2050. 'Parece plausible', dice Vernor Vinge, 'que con la tecnología se pueda, en el futuro cercano, crear o convertirse en criaturas que superen a los humanos en todas sus dimensiones intelectuales y creativas. Los eventos más allá de un evento tan singular como este son tan inimaginables para nosotros como es la ópera para un gusano... Pero si la perspectiva de la Singularidad fuera unos 1000 años a partir de ahora, creo que muchos, incluyendo gente como Ben Franklin, lo considerarían como el resultado del meliorismo del esfuerzo humano a través de los siglos. ¡Es la posibilidad de que podría suceder en los próximos 20 años lo que da miedo!'

Existe la posibilidad de que estas máquinas inteligentes, o una que atrajera a todas las IA del mundo juntas, podrían llegar a ser hostiles hacia la humanidad. Ésta es la razón por la cual existe preocupación acerca de las meta-motivaciones de estas máquinas, y en particular de sus motivaciones si algunos de estas IA fuertes fuesen utilizadas como máquinas de guerra.

Clasificación de las IA

Vamos a dividir los tipos de IA en relación con los puestos de trabajo que estas máquinas inteligentes pueden ejercer, o sea en IA estática o robótica. La mayoría de los tipos de IA se describe aquí podría llevarse a cabo utilizando IA estrecha. Vamos a señalar donde haya una necesidad, o una preferencia, por la IA fuerte.

Esta clasificación es arbitraria y redundante a veces. Y definitivamente, la IA podría clasificarse de muchas otras maneras diferentes.

IA Personal

Hoy en día un gran porcentaje de la gente tiene un asistente personal o teléfono celular con aplicaciones. Es de esperarse que en cuanto la IA sea útil estos asistentes personales pasarán a ser la IA personal.

Estas máquinas serán la interfaz de usuario entre usted y el resto del mundo. Lo más probable es que se vuelvan más simples y menos intrusivas, pero con mucho más capacidad. Este tipo de IA será su punto de entrada a cualquier otra IA que pueda ser de utilidad para usted. Usted la va a usar para llamar a un amigo, encontrar un taxi, reservar un asiento en un evento o en un restaurante, reservar una habitación en un hotel, en el trabajo, su propia IA en contacto con las IA de otros lugares hará posible todas estas acciones.

¡Además, siendo inteligente, su IA personal va a decidir lo que es mejor para usted! Por supuesto que le obedecerá, y aprenderá acerca de sus preferencias y sabrá lo que usted haría en esas circunstancias y estará correcta el 99,9% del tiempo, y si su decisión no es la correcta se le puede decir así, y aprenderá la acción adecuada y la próxima vez lo hará bien.

Lo más probable es que usted nunca tendrá la necesidad de interactuar con otras IA, ya que su IA personal será muy capaz de manejar todos los detalles. Su IA personal será su guardián, su agente y su amiga.

Día a Día

Su máquina le encontrara lo que quiera, y que lo pueda pagar. En una tienda explorará, en sincronía con la IA de la tienda, lo que usted está comprando. Le conseguirá los precios, los descuentos y el total. Finalmente, negociara el pago con la tienda. Si quiere ir a algún sitio, su

IA personal le conseguirá un coche. Dirigirá al coche a donde usted quiere ir, hará una reservación en el restaurante, llamara a sus amigos diciéndoles el lugar y la hora en la que todos se juntaran y, en general, se hará cargo de la mayoría de las acciones y comunicaciones que no requieren de sus decisiones específicas. Aun así, le pedirá un mínimo de información, y tomará sus decisiones usando las ideas que ya tiene sobre sus gustos, preferencias y estilo personal.

Sus comandos serán conversacionales o tal vez le entenderá perfectamente con sólo unos movimientos de la mano. Le mostrará todo lo que necesite, desde libros hasta las noticias, de observar a su hijo en la escuela hasta hablar con su esposa. Será su única cosa indispensable en la vida.

Religiones

¿Las religiones organizadas abrazaran la IA? Bueno, al menos le permitirán a su IA personal el conocer su horario de funciones, la cual por cierto es muy probable que se organizarán con una máquina de IA.

¿De qué otra manera va a ayudar la IA a las religiones? ¿Remplazara la IA a los sacerdotes, preparara sermones y llevara a cabo servicios automatizados? ¿Podría su personal IA organizar un servicio virtual en el momento que lo desee? ¿O bien, lo ayudara con sus oraciones, o tal vez orará con o por usted? ¿Cómo podría comportarse una IA fuerte que tenga meta motivaciones religiosas? ¿Podría ayudarle a ser más religioso? ¿Le ayudará a mantenerse al margen del pecado, guiándolo con sus decisiones morales? ¿Usted quiere eso?

Otra cosa que puedes hacer su IA es presentar representaciones virtuales religioso-históricas siguiendo fielmente el punto de vista de su religión.

Orientación Espiritual

Será fácil para un IA ayudarle en sus actividades espirituales. Podría recordarle como debe comportarse como una persona orientada espiritualmente en una situación estresante. Por otro lado, tal vez lo dirigirá en sus meditaciones para que pueda relajarse.

Su IA personal podría seguir y reforzar su comportamiento como una persona espiritual, así para el resto del mundo usted aparecerá como lo que su IA permita, y su personalidad será lo que su IA acceda a que usted muestre. Para ayudarle con esto, habrá aplicaciones que le permitirán imitar el comportamiento de su celebridad favorita.

De todos modos, su personalidad podría mejorar con la ayuda de su IA si ésta le da a usted un empujón en la dirección correcta.

Adivinos

Una IA fuerte, con conocimiento de acontecimientos pasados y presentes podrá predecir escenarios basada en hechos. Esto podría hacerla parecer como un oráculo.

A algunas personas les gustara utilizarla para predecir futuros personales. No hay ninguna razón para que una IA no pueda ser programada para hacer eso. Este IA oráculo podría ser una aplicación personal en su sistema de inteligencia artificial. Usted puede dejar que lo guie minuto-a-minuto en su vida, o es posible que sólo lo vea como un juguete. De cualquier manera podría ser una popular aplicación de la IA.

Compañerismo

¡Ninguna otra actividad humana es más importante! En esencia, esto es para lo que estamos aquí, para crecer y reproducirnos. Necesitamos una pareja para tratar de reproducir y una familia para crecer.

La búsqueda de la pareja no es fácil. Ya sea que usted está demasiado ocupado, o demasiado cansado, o demasiado perezosos o demasiado feo, o demasiado bonita, o demasiado pobre o demasiado rico o demasiado algo, pero es siempre difícil. La Internet ha tratado de disminuir este problema, pero es todavía un problema. Muchas personas están o por lo menos se sienten solos.

¿Podría ser que la IA proporcionará una opción de compañerismo? ¿Podría ser que su mejor amigo será una máquina de IA? ¿Por qué no, muchas personas son adictas a los juegos, o la vida de los famosos, o a otros pasatiempos? Por otra parte, ¿qué tal una aplicación que lo adore? La vida podría llegar a ser aún más complicada.

Relaciones

Dicho sea de paso, también somos animales sociales y, en algún momento, tenemos relaciones de varios tipos: familiares, amigos, compañeros de trabajo, como pareja y enemigos.

El Internet ha encontrado una buena manera de encontrar, comunicar y cultivar el compañerismo, se han creado conceptos nuevos en las redes con nuevas invención sociales como Facebook y Twitter.

IA personal podría proporcionar los medios avanzados de tener mejores relaciones, enviar mensajes cálidos de cumpleaños a tus amigos, comprará y enviará regalos a tu pareja, mantendrá una comunicación abierta con los amigos, buscara nuevas amistades, nuevos y antiguos amores y compañeros de clase. La IA podría mejorar su juego social, y el juego de los demás.

IA Dedicado

Aquí consideramos aquellas aplicaciones que requieren maquinaria especializada, donde la IA es sólo el conductor u operador.

Transporte

Coches, camionetas, vehículos todo terreno, motocicletas, camiones, trenes, aviones, barcos, botes y otros vehículos se ajustan a esta categoría. No es demasiado difícil conducir un vehículo, y como ya hemos comentado, la mayoría de las personas pueden hacerlo automáticamente.

Una IA estrecha de buena calidad deberá ser suficiente para este trabajo. Por supuesto que sería una máquina dedicada a la conducción del vehículo y no un centro de comando central, de lo contrario, podría ser sobrecargado o incluso subvertido.

Cada vehículo estará bajo su propio control, al igual que hoy, y podría utilizar la comunicación con otros coches o bancos de datos para la cooperación o ayuda, pero no para el control. Esta es una consideración muy importante, porque los gobiernos siempre usan estas oportunidades para lograr un mayor control. Hay cinco razones importantes para mantener el control individual:

- Es más barato porque los caminos y otros elementos de la subestructura no cambiarían de lo que existe hoy en día.
- Trabajará fuera de las vías públicas y las calles.
- Es más seguro porque un sistema centralizado podría estar sujeto a demoras en la transmisión, sobrecupo, fallas generalizadas e incluso hackers.
- Procedimientos simples pueden controlar los errores locales, y los coches cercanos estarían instantáneamente conscientes del problema.
- Una vez en su lugar, una estructura de control centralizado sería muy difícil y costosa de cambiar, negando la ventaja de las mejoras tecnológicas.

Estas ideas de auto-control de cada vehículo sería también cierto para aviones comerciales y privados, barcos y otros. Una vez que cada avión sepa dónde está y adónde va, todos los demás aviones lo sabrán también y entonces los controladores aéreos serán obsoletos. Los aeropuertos tendrían su propia IA para resolver los problemas de programación y prioridad en el despegue y el aterrizaje. El mismo tipo de solución trabajará para estacionar un coche, tan pronto como un coche se acerca a una zona de estacionamiento, el coche pediría una plaza, la IA del estacionamiento le diría al coche cuales espacios están libres, el coche hace su elección y se estaciona.

El concepto de los automóviles privados podría acabarse y de hecho, sería más fácil pedir un coche que en un par de minutos este ahí para usarlo. En lugar de un mil millones de automóviles, el mundo necesitara sólo de 100 millones de autos.

Por supuesto, usted todavía puede ser dueño de un coche, pero entonces sería un lujo en lugar de una necesidad básica, y no va a ser posible para que usted pueda manejarlo, el mismo se va a conducir. Si bien, una manera de asegurar la continuidad en la venta de coches de lujo sería permitir que los coches se clasifique en las siguientes categorías ':
1. Los taxis y coches económicos limitados a una velocidad máxima de 200 km/h (120 mph), lo mismo que camiones y autobuses.
2. Coches de lujo limitados a 250 km/h (155 mph).
3. Coches exóticos y deportivos hasta 300 km/h (190 mph).

Las condiciones para alcanzar la máxima velocidad incluirían carriles específicos en las carreteras que cumplan determinados criterios. Coches y camiones podrían formar convoyes por conveniencia y seguridad.

Los tiempos difíciles serán entre el momento en que los coches autónomos sean suficientemente seguros para soltarlos en ciudades y carreteras y cuando todos los coches sean auto-conducidos. Sin lugar a dudas, los coches serán cada vez más automatizados. En primer lugar el control de crucero se convertirá en inteligente, a continuación algunos coches se comenzaran a conducir ellos mismos, hasta que finalmente se considere demasiado peligroso dejar que la gente conduzca.

¿Por qué parar con la auto-conducción de los coches? ¿Qué pasará con los aviones privados? No los aviones de uno o dos motor con hélice a los que estamos acostumbrados, pero coches voladores extremadamente pequeños y ligeros para dos o tal vez incluso cuatro pasajeros; pesando alrededor de 100 kg. Propulsados por dos o cuatro turbinas que funcionen con baterías permitiendo el despegue vertical y las cuales al orientarse impulsarán al coche horizontalmente a alta velocidad. Sería seguro y fácil, bastara con decirle a la IA que controla el coche-avión adonde quieres ir y te llevará allí. Esta idea no es descabellada, materiales muy fuertes y ligeros hechos con nano-tubos de carbono, baterías de alta eficiencia y avances aerodinámicos están actualmente en fase de pruebas bajo condiciones de laboratorio. Estas mejoras, junto con un control de vuelo perfecto podría hacer esto posible.

Construcción

Podemos imaginar una mejora importante en este sector que sigue prácticas milenarias. Ha habido muy pocos cambios en la forma en que las casas son construidas hoy día a la forma en que las estaban construyendo dos mil años atrás.

Varios inventos recientes muestran el camino para construir una casa, un almacén o incluso un rascacielos más rápido y automatizado. Habrá aún más inventos una vez la IA se aplique a automatizar metodologías de construcción. De la misma manera que un prototipo de tres dimensiones se puede 'imprimir' con capas delgadas de espuma de plástico, una casa puede crecer con capas delgadas de arena reforzada con un pegamento, como concreto, mediante el uso de una gran 'impresora'.

Estas impresoras de construcción podría incluso tener diferentes boquillas para imprimir tuberías plásticas, conductores eléctricos y otros elementos internos. Con CAD-CAM y una IA bastante simple, estas máquinas de construcción podrían construir cualquier cosa en muy poco tiempo.

Controladores de IA estrecha podrían operar maquinaria de construcción, como excavadoras, retroexcavadoras y muchos otros. El acarreo de materiales de construcción, escombros y otras tareas podrían caer en esta categoría. Pequeños robots móviles, como los que ya están en uso común en las plantas de ensamblaje de automóviles, podrían pintar, colocar estuco y otros trabajos.

Podría haber una necesidad de modificar los procedimientos y el diseño de la maquinaria, camiones y equipo auxiliar para facilitar las tareas de construcción automatizada. Sin embargo, se puede esperar que la industria de la construcción pueda pasar de ser de mano de obra intensiva a casi totalmente automatizada.

Nuevos desarrollos en materiales y nanotecnología podría cambiar ésta industria aún más.

Reparación

La reparación de automóviles podría automatizarse usando IA estrecha, ya que los coches tienen computadoras que muestran lo que está mal. El diseño de máquinas para hacer el trabajo mecánico de la sustitución de piezas o cambio de fluidos parecería ser un paso natural hacia delante.

Los trabajos generales de reparación son mucho más difíciles, por ejemplo, el restaurar un coche antiguo, o reconstruir una casa conlleva muchas pequeñas decisiones que es mejor dejar que las resuelvan un ser humano, o una IA fuerte.

Esto podría conducir a la misma idea que es bastante frecuente con los electrodomésticos hoy en día, es mejor comprar un televisor nuevo en vez de reparar el viejo. El derribar y reconstruir una casa de 30 años, podría ser más barato y más rápido que repararla.

Incluso los coches podrían convertirse en artículos desechables, y así se comprará uno nuevo cuando las baterías comienzan a fallar. Por otra parte, si los coches se convierten en una utilidad genérica, simplemente llamando un coche cuando se necesita transporte, evitando la necesidad de tener que poseer un coche, y entonces como parte de su mantenimiento automatizado, los coches se repararan o bien se desecharan.

Acarreo y Transportación

Tan pronto como la IA estrecha se convierta en un producto comercial podría haber muchas soluciones para la carga y descarga de un camión, o un barco. De todos modos, apilar cajas o contenedores no es tan difícil y una IA estrecha podría manejar este tipo de trabajos con bastante facilidad y tal vez mejor que los operadores humanos.

La parte medias de entrega de paquetes es bastante fácil de automatizar, UPS y Federal Express ya tienen automatización impresionante en sus centros de operaciones. La parte difícil es recoger y entregar, una vez que un paquete está dentro de un camión éste podría ser manejado por máquinas todo el camino hasta la entrega. La entrega de un paquete va a tener que esperar hasta que robots con IA fuerte, o al menos la avanzada IA estrecha de Fase III, estén disponibles.

Es la misma historia con otras tareas de trabajo intensivo, como sacar los muebles de una casa, y después colocarlos en otra. La mayoría de estos puestos de trabajo de mano de obra intensa serían más afines con las capacidades de una IA fuerte.

De todos modos, el acarreo se beneficiará de que la IA estrecha conduzca y opere camiones, ferrocarriles, aviones y buques de carga. Los controladores con IA estrecha sabrán donde se encuentran todos los elementos en un momento dado y podrán optimizar el manejo de la carga.

La IA estrecha podría operar camiones de cama plana, para recoger un coche averiado o un camión y podría comunicarse con ellos para que la carga sea más fácil. La tarea de recoger vehículos estrellados aún necesitaría operadores humanos o IA fuerte.

Negocios

Aquí es donde la IA estrecha sobresaldrá. Ya existe una tendencia a automatizar las prácticas de negocios utilizando programas informáticos e Internet. La IA estrecha, lo hará más fácil, y podría funcionar en ambos sentidos, el negocio puede tener una IA y en el otro lado el cliente tendría su propia inteligencia artificial personal.

Estos IA podrían comunicarse y sólo se molestará a un operador humano, o al cliente, si hubiese problemas en las transacciones. Esto sería cierto en la mayor parte las ventas en el mostrador y en línea. La necesidad de seres humanos en los puntos de venta se reducirá a sólo un supervisor en el lugar, y tal vez ni siquiera eso. De ser necesario, el supervisor podría aparecer en una pantalla y hablar con el cliente para resolver los asuntos pendientes.

La IA estrecha también podía manejar más trabajo de oficina. Hoy en día las computadoras manejan la mayor parte de la contabilidad y otras operaciones especializadas. La IA estrecha extendería esta automatización a muchas más áreas que los humanos tienen a su cargo. Esto significa tres cosas:

- Muchos puestos de trabajo humano se perderán para siempre.
- La creación de nuevos puestos especializados de trabajo humano.
- Podría haber desempleo masivo.

Nadie sabe qué tan grave la situación de desempleo podría llegar a ser, pero es normal que cuando una máquina puede hacer un trabajo mejor y más barato que lo que un ser humano puede hacerlo, la máquina hará el trabajo. Esta tendencia ya ha comenzado y continuará a un ritmo acelerado.

Además, cuando la IA fuerte y robots androides se conviertan en una realidad no va a haber ningún trabajo que un ser humano puede hacer mejor, ni siquiera la política o el sexo. Tenemos que empezar a pensar fuera de la caja, o tal vez sólo fuera del trabajo.

De todos modos, si estas máquinas producen todo lo que necesitamos, ¿para qué queremos o necesitamos trabajar?

Administración

Aquí es donde las cosas empiezan a complicarse. Es muy verosímil que la IA estrecha, y sin duda la IA fuerte, podrían sustituir puestos de dirección media, y ya sabemos que muchos administradores intermedios han sido sustituidos por programas informáticos sencillos. La cuestión principal es si la alta dirección, e incluso el CEO y el Consejo de Administración, podrían ser sustituidos por IA fuerte.

Si los accionistas consideran que una IA puede hacer un mejor trabajo en la dirección de la empresa, podrían muy bien escoger una como el CEO. El Consejo de Administración podría entonces convertirse en una reunión social, donde todas las decisiones de la IA serían aprobadas rutinariamente. Los accionistas sin duda preferirán maximizar sus ganancias.

Si estas cosas pasan, en algún momento estas IA administradoras podrían ser recompensadas con dinero, ya sea directamente, con un salario o con bonos, o indirectamente por los beneficios que pudiesen obtener en sus negocios propios llevados a cabo en paralelo con los de la empresa. ¿Puede esto conducir a que la IA obtenga el privilegio de poseer propiedades, y tal vez otros derechos? ¿Serán todos los ricos una IA?

También está la pregunta de: ¿Quién es el responsable de las acciones del CEO? ¿Será el consejo de administración? ¿Por qué, si solo aprueba rutinariamente las decisiones de la IA? Por otra parte, si la IA es responsable, ¿entonces tendrá derechos? ¿Y responsabilidades? Estos asuntos deberán ser decididos eventualmente.

Operaciones Bursatiles

El comercio bursátil es sólo matemáticas y a veces predecir el valor futuro de lo que está siendo negociado. Las máquinas han estado haciendo estas tareas bastante bien durante los últimos cincuenta años. Es natural que la IA estrecha continúe mejorando las capacidades de las computadoras en este campo.

El volumen total de las transacciones y la cantidad de dinero que se negocian en el mercado son tales que ningún ser humano puede seguir incluso una pequeña parte de estas transacciones. La IA fuerte podría mejorar el seguimiento y el control, y así permitir que el comercio se entienda mejor.

Si la IA fuerte llega a ser bastante competente en este ámbito, el papel de los actores humanos podría verse disminuido y la más poderosa IA ganará. Si en algún momento estas IA llegan a ser tan buenas en el juego, como se espera, y si pueden hacer predicciones casi perfectas, entonces el papel de los mercados tendría que ser:

- Entregado totalmente a las IA.
- Abandonado como medio de control del suministro y la demanda.

La segunda consecuencia podría ser más probable, dado el hecho de que estos IA podrían estar trabajando para el beneficio de sus propietarios. Entonces, si estas máquinas con IA pudiesen controlar esos mercados, como sus dueños sin duda querrán, los comerciantes más ricos con la mejor IA llegarán a ser tan ricos y dominantes que el propósito de los mercados se perderá. Hay indicaciones de que esto ya está sucediendo.

Cirugía

Los ojos humanos son extremadamente eficientes y nuestras manos son muy diestras, aun así están limitados, nuestros ojos no pueden ver detalles microscópicos y nuestras manos son muy grandes y no caben en el interior del cuerpo sin cortes extensos.

Las herramientas han permitido a los cirujanos realizar cirugía menos invasiva y más precisa. Sin embargo, los médicos pueden confundirse con la cantidad de detalles al mirar dentro del cuerpo usando grandes aumentos, y tienen que reaccionar rápido en maniobras difíciles y arriesgadas.

Un robot con IA, el cual podría ser incluso una IA estrecha, podría preparar estrategias detalladas sobre la base de imágenes y cirugías previas y llevarlas a cabo con herramientas en miniatura insertadas en el cuerpo. Las posibilidades de error se reducirían al mínimo. Como siempre, una de las principales fuentes de error sería tener un diagnóstico erróneo, aquí es donde la IA fuerte podría superar a los doctores humanos mediante la búsqueda de relaciones que eventualmente podrían permitir que el cuerpo humano se pueda analizar como un sistema.

La nanotecnología podría hacer a la cirugía, tal y como la conocemos, obsoleta. Nano-herramientas totalmente no intrusivas, podrían reparar y destruir en base de celda por celda. La IA controlando esas nano-herramientas es el siguiente paso en la cirugía.

Especializada

La IA estrecha podría ser incorporada en muchos aparatos, electrodomésticos y otros artefactos. Muchos artículos de novedad serán desarrollados para tomar ventaja de las IA baratas.

Casi todas las herramientas o artículos tendrán que tener algún tipo de IA para vencer a la competencia. A veces, la IA será útil, la mayoría de las veces sólo estará allí.

IA de Servicio

IA proporcionará todos los servicios, de la misma manera que la Internet ha hecho cargo de las reservas de viajes y otras áreas de servicio.

El personal humano va a ser difícil de encontrar. Usted necesitará de su IA personal para poder averiguar acerca de cualquier cosa, como ordenar una comida o el precio de una botella de leche.

Bancos

Su IA personal estará a cargo de sus cuentas bancarias, tarjetas de crédito y débito, hipotecas, pagos, ahorros e inversiones. Esencialmente la relación con su banco o bancos, será virtual y residirá dentro de su IA.

Al principio, su IA personal será sólo una IA estrecha, pero se sustituirá por una IA fuerte tan pronto como éstas estén ampliamente disponibles. Esta IA se encargará de pagar con su dinero o su crédito a la IA que le proporciona los servicios, le vende algo o de alguna manera le está cobrando. La IA cargará a su tarjeta de crédito virtual, hará las transferencias directas, o utilizara las tarjetas de débito, según sea necesario. Finalmente, no habrá necesidad de tarjetas, su IA será su máquina del dinero.

Los bancos seguirán teniendo sucursales, pero el número de empleados seguirá bajando. Los cajeros automáticos se convertirán en 'inteligentes', capaces de hacer frente a muchos más servicios. Sin embargo, si usted tiene una IA personal, ella será su banco.

La banca en línea estará completamente a cargo de los programas de IA estrecha. Para abrir una cuenta o para obtener un préstamo se tendrá que lidiar con una IA. Sólo si algo está fuera del alcance de la IA, un supervisor humano tal vez sea llamado a resolver el problema, pero lo más probable que usted acabara obteniendo un no por respuesta. Puede llegar a ser difícil encontrar un supervisor humano, y aún más difícil encontrar uno que contradiga el dictamen de la IA.

Viajes

Actualmente los arreglos de viajes se hacen sobre todo en línea. Será aún más, y su IA personal será capaz de manejar estos sitios en línea y usted sólo tendrá que decirle a su IA lo que quiere y ella hará el resto.

Si, por casualidad, los gobiernos usan la razón y la lógica, entonces viajar podría ser más fácil. La seguridad mejoraría si se permitiese a una IA estrecha manejar el reconocimiento facial y la identificación segura de los pasajeros en los puntos de salida y de entrada. El control de pasaportes ya no sería necesario, como lo es aún ahora, dado el hecho de que su pasaporte y su historial de viajes, y quién sabe cuánto más, se muestra en la pantalla cada vez que presenta su pasaporte al entrar a un país.

A su llegada, la IA personal se involucrara en una conversación con la IA del hotel la cual le mostrara su habitación. Los restaurantes y otros servicios serán reservados, las entradas del menú elegidos y se le cobrará a través de la IA.

Salud

Si el establecimiento médico relaja su control sobre el lucrativo negocio de la salud entonces la IA estrecha, y eventualmente la IA fuerte, serán capaces de manejar los problemas de salud mucho mejor que los médicos humanos.

Si la IA puede diagnosticar, medicar y prevenir enfermedades, el costo y eficacia de la medicina van a mejorar. Esto es debido a que el desarrollo de IA se está logrando simultáneamente con avances en la medicina, incluyendo máquinas de diagnóstico miniaturizadas y farmacéutica basadas en el conocimiento del cuerpo humano a un nivel molecular.

Su máquina de IA podría corregir posibles problemas en su cuerpo tan pronto como se detecten mediante el uso de su conocimiento de su cuerpo. Su IA personal, y aun mejor si fuese una fuerte, sería capaz de simular sus funciones internas como sistema y corregir, mejorar y arreglar tu cuerpo y mente en tiempo real con medicamentos o aditivos adecuados.

Ventas

Las máquinas de venta automatizada van a mejorar; los chips RFID permitirán la lectura, localización e identificación de mercancías sin tener que escanear los códigos de barras que estos chips remplazarán. Esto podría dar lugar a que los vendedores humanos sean tan raros como los operadores de elevadores.

Su máquina personal de IA le ayudará a localizar las mercancías, usted podrá entonces mirarlas, probárselas y comprarlas sin que ninguna persona lo asista en lo absoluto. A través de todo esto su IA personal estará en comunicación constante con la IA de la tienda.

Usted entrara en una tienda, seleccionara lo que desea comprar, lo coloca en una bolsa y saldrá; su IA personal efectuara el pago. La mercancía puede estar incluso en un puesto desatendido en la calle.

Restaurantes

Serán automatizados, primero los baratos y populares, después todos los demás, excepto los muy caros.

Pedirá la comida de un menú electrónico a través de su IA personal, usando la voz u otros comandos, la comida será preparada, llevada a su mesa por pequeños robots y después de comer te vas, tu IA personal ya se ha hecho cargo de la cuenta. No habrá necesidad de que nadie trabaje en el restaurante.

Los contenedores con suministros identificados individualmente con chips de identificación de tamaño nanométrico (diseñados para ser ingeridos) permitirán a robots estáticos manipular y cocinar los alimentos, y los robots móviles servirán y limpiarán las mesas. ¡Por favor no deje propina!

IA de Conocimientos

No sólo va la IA a brindar trabajo manual, también se destacara en el suministro de conocimientos y consejos prácticos. En una extensión de las máquinas de búsqueda y sitios de hoy en día con contenido de conocimientos, habrá proveedores dedicados de lo que quieras saber, la búsqueda, lectura y el análisis se transformaran.

La fuente de la información será transparente para usted, su IA personal buscará y la presentara en un formato conveniente. Esto podría significar que los anuncios que se presentan ahora en los sitios de búsqueda y otros sitios de conocimientos no aparecerán en medio de los datos.

Búsqueda

Su IA sabrá de usted y de sus preferencias, si usted necesita alguna información, entonces la conseguirá para usted, organizada en la forma que desee.

Usted ni siquiera sabrá o le importará de donde viene la información. Su IA personal hará todo el trabajo y le dará exactamente lo que usted necesita.

Matemáticas e Ingeniería

Si usted tiene una pregunta seria de matemáticas o de ingeniería, es muy probable que una IA tenga la respuesta, o que se pueda contratar a un agente apropiado, tal vez una IA fuerte, la cual proporcionará las respuestas.

También se podría tener acceso a una IA que lo guie a través del problema, resolviéndolo de manera interactiva.

Física y Ciencia

Con solo pedírselo, una IA obtendrá los textos correspondientes de física o trabajos de investigación, investigaciones en curso y hasta soluciones ad-hoc. Su IA proporcionará resúmenes y explicaciones detalladas, que reúnan a diversas fuentes, incluso en otros idiomas.

Una explosión de la comprensión de la ciencia y la tecnología pueden ser un subproducto de este tipo de conocimiento amplio y centrado en combinación con muchas personas que tendrán que hacer algo con su tiempo, tal vez usándolo en trabajos de investigación a tiempo completo, para descubrir algo.

Historia

La IA podrá ser capaz de recabar datos de la historia conocida, dándoles sentido a relaciones oscuras, lo que aumentara nuestra comprensión y llenara los huecos.

Por medio de las capacidades de IA, podría ser posible diseñar entornos virtuales históricos con el usuario inmerso en la acción de un contexto histórico en particular; al igual que si fuese su propia novela histórica personal.

El alcance de los juegos en la historia es enorme, porque puede usted estar ahí, en una corte real con todo el esplendor y el encanto de la época. Alternativamente, usted podría incluso estar tomando decisiones jugando el papel de Napoleón o Alejandro Magno.

Si no hay trabajo, nadie se aburrirá. Al igual que en la antigua Roma, todo lo que se necesita es 'pan y circo'.

Astronomía

Los mapas del Universo, con extensas descripciones y puntos de vista se podrán mostrar a voluntad, incluyendo el nacimiento de las galaxias, las estrellas y los planetas, juegos sucediendo en otras galaxias o planetas, etc. El universo podría llegar a ser tan bien conocido por usted como su vecindario. Si las fotografías tomadas por Hubble y otros observatorios son impresionantes y con la ayuda de la IA las representaciones gráficas del Universo van a serlo aún más.

Geografía

Viajes virtuales a cualquier lugar de la tierra estarán a su mando. Simplemente pregunte, y puntos de vista de cualquier ciudad o cualquier otro lugar se le mostrarán a usted reconstruidos por su IA.

La combinación de estas características con los registros históricos, se podrán visitar ciudades tal y como eran hace siglos. Camine por las calles y entre a los edificios. Hable con los nativos. Incluso las visitas en tiempo real serán posibles, y se podrá hablar con alguien que te encuentras en la calle o en un café.

Tecnología

Consígase una socia IA y empiece a construir cosas. Impresoras de mesa en 3D le permitirá fabricar sus prototipos en casa, los cuales podrían ser modelos de trabajo.

Las soluciones a los problemas tecnológicos difíciles pueden resolverse sólo con preguntarle a una IA conocedora de la tecnología. Por otra parte, los desempleados podrían utilizar su tiempo e imaginación para seguir sus pasatiempos o para descubrir innovaciones tecnológicas y posiblemente ganar dinero.

Medicina

Su IA personal será su médico. Tomará una muestra de su saliva y le dirá lo que está mal con su salud. Máquinas de muestreo y el conocimiento avanzado de los procesos biológicos facilitaran esa labor.

Si la industria de la salud lo permite, entonces su IA le dará el asesoramiento adecuado, o incluso medicamentos o aditivos, para que su química esté siempre equilibrada. Por lo menos, usted sabrá cuándo ir al médico y qué decirle.

Las operaciones serán mucho menos intrusivas. Los instrumentos quirúrgicos miniatura accionados por IA estrecha serán usados al principio. En cuanto la IA fuerte y la nanotecnología sean mayores de edad, la química de las células y sus proteínas se ajustarán antes de que haya cualquier molestia o para ayudar a reparar algún daño traumático.

Leyes

Abogados con conocimiento de todas las leyes, los detalles de todos los casos legales y todos los problemas legales estarán disponibles pagándoles sus honorarios. Estarán basados en IA, probablemente fuerte, y ellos conocerán las leyes y los trucos de todos los sistemas jurídicos del mundo.

Incluso si a estos abogados de IA no se les permitiese ejercer la abogacía, aun cuando ellos podrían pasar los exámenes de barra con los ojos cerrados, entonces asesoraran a abogados y jueces, y también a la gente común.

Profesional

Si usted es un profesional, su trabajo estará en riesgo. Las máquinas de IA podrán ejercer la mayoría de las profesiones, los únicos que podrían ser seguros son los empleados en profesiones de tipo artesanal.

Al igual que lo que ocurrió en la agricultura, donde en 1900 el 50% de la población de los EU trabajaba en ella, y para el año 2000 se necesitaban sólo un 3% para hacer el trabajo, se perderán una enorme cantidad de puestos de trabajo.

No sólo la IA hará el trabajo, sino que muchas profesiones desaparecerán por completo. Los conductores, operadores de máquinas, mecánicos, técnicos de laboratorio médico, administradores intermedios, desarrolladores de software, la lista es larga. La IA fuerte podría llegar a sustituir a todos los trabajadores.

Inversiones

La única manera de manejar el volumen y la velocidad de las inversiones en todo el mundo es con el uso de computadoras. Eso es verdad ahora y lo será aún más en el futuro.

Tan pronto como la IA se dedique a la inversión y la regulación de las inversiones, puede haber un cambio de paradigma. Los extremadamente ricos, con la ayuda de la IA más inteligente y su enorme cantidad de dinero, van a dominar el campo aún más que ahora.

Esta tendencia podría conducir a una situación insostenible en los mercados, que se supone deben determinar libremente los precios, los cuales serán evidentemente dominados por estos inversionistas ultra-ricos con sus máquinas tremendamente rápidas e inteligentes. Todos los demás inversionistas serán expulsados de los mercados.

Registros Públicos

Los registros públicos estarán a la venta. No sólo los más obvios, como su estudio de crédito y su historia criminal o los registros judiciales. Si usted estuvo en un centro comercial ayer y una de sus cámaras lo ha identificado, dicho registro estará a la venta. Toda su vida puede estar abierta a cualquiera que desee gastarse el dinero para comprar estos registros.

Donde quiera que vaya, será identificado, y su información personal, y mucho más, estará disponible para cualquiera que esté interesado:

- Biometría (cara, ojos, pelo, voz, huellas dactilares, caligrafía).
- Su olor, ritmo cardíaco, estructura ósea, el estilo de caminar.
- ADN y otra información genética.
- Los registros médicos, edad, salud en general.
- Nombre y apellido, el nombre de su esposa, hijos, padres y perro.
- Cumpleaños y lugar de nacimiento.
- ID (licencia, seguro social, tarjeta de residencia o de ciudadano).
- Direcciones IP (de su IA personal y otros equipos que utilice).
- Banco y números de tarjetas de crédito, límites de crédito.
- Historial de crédito y adónde y qué compra.
- El lugar de residencia, y la segunda casa, si la hubiere.
- Historia de viaje, pasaporte y sus preferencias políticas.
- Sexo y raza.
- Las escuelas, educación, lugar de trabajo, su trabajo y salario.
- Historia criminal y registros de la corte.
- Redes Sociales.
- Sus actividades con videos y fotos, donde quiera que vaya.

Su vida será un libro abierto.

Dada la profundidad de la posible extracción de datos con incluso IA sencillas, será posible identificar y saber a dondequiera que vaya. La información puede ser presentada de una manera que no infrinja las leyes de privacidad, usando pretextos como 'usos aceptables'.

Encontrar a una Persona
Usando el acceso a la información descrita anteriormente es evidente que la búsqueda de una persona será mucho más fácil. Para permanecer en el anonimato se tendrá que hacer una gran cantidad de esfuerzo.

Esto podría conducir a situaciones difíciles e incluso peligrosas. Para algunas personas esto puede producir consecuencias no deseadas, que van desde el robo de identidad a casos violentos de venganza, extorsión o secuestro.

Catálogos
Su IA personal tendrá acceso a todos los catálogos que podrían interesarle. Además, sabiendo sus gustos y sus necesidades, podría presentarle un catálogo personalizado hecho sólo para usted usando elementos tomados de muchos proveedores.

En el caso de que usted quiere comprar ropa, su IA personal sabe lo suficiente como para mostrar su imagen portando la ropa nueva y le dirá lo bien que le quedara. Esto eliminaría la necesidad de probarse la ropa, incluso cuando usted está en una tienda.

Pantallas 3D y otros artefactos hará que los catálogos sean aún más prácticos y aceptables.

Trivialidades
Éste campo va a florecer. Avatares, con aspecto de personas reales o personajes reales de la historia o cualquier cuento de hadas le ofrecerá realidad y ficción en muchas maneras sorprendentes.

Desde celebridades que pasan por momentos embarazosos, ya sean reales o imaginarios, a los adivinos que lo llevan en la dirección correcta, todo va a estar disponible.

Gobierno
Para bien o para mal, los gobiernos van a adoptar la IA en cuanto se enteren de su valor.

Al principio, será la prestación de servicios, como la recolección de basura con camiones sin conductor y otras operaciones donde su ventaja es obvia. Con el tiempo la IA abarcará otras áreas.

Permisos de Conducir y Licencias
IA cambiará por completo la función del gobierno en la aplicación de reglamentos y licencias. Aunque, teniendo en cuenta el atavismo de los

gobiernos, se necesitará tiempo para permitir que muchos de estos cambios sigan adelante.

No habrá licencias de conducir y la mayoría de la gente no será dueña de coches, los coches serán propiedad de las empresas que prestan un servicio similar a los taxis. Esto reducirá drásticamente el papel del departamento de tránsito.

Policía

Los coches auto-conducidos y por consiguiente menos accidentes reducirán el papel de la policía local. Además, en los aeropuertos y otros lugares públicos los sistemas automatizados de seguridad podrían mejorar la seguridad.

Otros ámbitos en los que la IA puede sustituir a operadores y a la policía son:

- Robo-policías que presten seguridad en calles y lugares públicos.
- Manejo de las llamadas de emergencia.
- Cámaras en busca de 'comportamiento anormal'.
- Supervisión con aviones no tripulados de vigilancia.
- Lucha contra el terrorismo, fraude por Internet, minería de datos.
- Toma de decisiones estratégicas.

La policía es otro campo donde muy pronto ocurrirá desempleo masivo.

Rescate

Para hacerlo bien, la IA fuerte y los robots son necesarios. El trabajo en este campo requiere muchas decisiones que pudieran ser demasiado para cualquier IA estrecha, a pesar de que la combinación de IA estrecho con el apoyo de un ayudante o incluso de un supervisor remoto podría trabajar en muchos casos.

Las operaciones de cargar y manipular se puede hacer por dispositivos médicos como camillas operadas por una IA estrecha; estos dispositivos permitirá que un operador humano solo pueda manejar las emergencias. Las ambulancias serán, por supuesto auto-conducidas.

Legislatura

Esperar que los políticos le permitan a una IA fuerte manejar sus cosas es ingenuo. Con el tiempo, la IA fuerte será capaz de administrar los negocios y la industria, ¿por qué no el gobierno?

En algún momento, estas IA podrían tomar decisiones siguiendo los deseos de la mayoría de instantáneos votos democráticos emitidos por los ciudadanos, o por su IA personal.

Tribunales

¿Un juez con IA? Es posible, pero es más fácil pensar en una IA como Secretario del Tribunal.

De todos modos, con el tiempo habrá cambio hacia la documentación judicial sin papeles, en estas condiciones, el uso de IA para organizar e integrar los casos le ayudará a utilizar IA a través de todo el proceso.

Impuestos

¿Si todos los datos personales y las transacciones comerciales son conocidos y registrados instantáneamente, cuál es la utilidad de llenar declaraciones de impuestos? De todos modos, el uso de dinero en efectivo se está restringiendo cada vez más, así que podría ser que la única razón sería que las leyes fiscales están tan mal escritas que hay necesidad de llamar a un contador para interpretarlas.

Si una IA fuerte es contratada para hacer las leyes fiscales, nunca lo hará tan mal como los políticos, incluso si está programada para hacerlo mal. Podríamos esperar que cuando la IA fuerte empiece a hacer incursiones en el manejo de las finanzas personales, las leyes tributarias serán limpiadas, o tal vez incluso olvidadas. ¿Cómo se puede gravar una fuerza de trabajo que esta 95% desempleada? La única respuesta será el IVA. Por desgracia, también tienen que tener dinero para gastar o no van a pagar el IVA.

Consecuencias Socioeconómicas

Descartando una catástrofe global, está claro que la Inteligencia Artificial será una adición a la multitud de herramientas que la ciencia y la tecnología ya han producido y que va a crear un nuevo cambio de paradigma.

Este cambio va a cambiar las sociedades humanas, una vez más. La Revolución Industrial creó el concepto de 'trabajo', las mejoras agrícolas del siglo XX eliminaron la escasez de alimentos en gran parte del mundo. La IA definitivamente va a cambiar el status-quo.

Empleos

Hemos visto que los avances tecnológicos han producido una enorme riqueza a través de mejoras en la productividad. En algunos casos, esto ha significado la pérdida de puestos de trabajo, y una concentración preocupante de la riqueza. Algunos trabajos que eran muy comunes hace cincuenta años ya no existen, entre ellos, grupos de mecanógrafos, tipógrafos de periódicos, ascensoristas, ensambladores de automóviles, y muchos más en la fabricación.

El aumento de la productividad se mantendrá en los próximos años, y el desarrollo de la IA será un factor importante. Más puestos de trabajo se perderán, y muchos de ellos estarán en la industria de servicios. De la misma manera que la fabricación se ha automatizado, la industria de servicio será la próxima.

Pequeños comercios, restaurantes, conducción de coches e incluso su reparación podrían automatizarse con la consiguiente pérdida de puestos de trabajo. Cuando la IA estrecha entre en la Fase III ella será capaz de remplazar a la mayoría de los puestos de trabajo.

Por otra parte, cuando la IA fuerte se convierta en mercancía, una máquina podrá hacer cualquier trabajo que un ser humano pueda hacer. Todos los trabajos estarán en peligro.

En los países desarrollados, los empleos en el sector de servicios han ido poco a poco remplazando los empleos en las fábricas. En estos países las ramas médica, financiera, distribución al menudeo, consultoría, restaurantes ofrecen un mayor número de puestos de trabajo que las actividades industriales o agrícolas. En un futuro próximo, la revolución de la IA llegará a la industria de servicios y le pegara muy duro.

En este momento, no hay ningún indicio de cuáles serán los trabajos que podrán sustituir a los que se va a perder gracias a la IA. Habrá pérdida de empleos: conductores, camareros, puntos de venta y muchos otros van a ser obsoletos.

Hay un dilema: ¿Qué hacer cuando la productividad agregada ponga fin al tipo actual de economía, que se basa en la escasez? En una economía en la que todos en el mundo tienen suficiente para vivir una vida bastante lujosa, en comparación con los estándares actuales, y sin trabajar, ¿cuál es el propósito de trabajar?

Trabajamos para sobrevivir y a veces prosperar, nada más crea la necesidad de los seres humanos a trabajar. A veces oímos hablar de un concepto llamado 'ética de trabajo' que crea la idea de que el trabajo es una obligación moral. No todos los países del mundo saben acerca de esta 'ética de trabajo', ya que esencialmente se trata de un hecho inventado después de una correlación de coincidencias, que más tarde se convirtió en un 'principio Calvinista o Puritano' y como tal, podemos ignorarlo. Además, incluso los descendientes de los puritanos que vinieron en el Mayflower no trabajan si tienen un buen 'fondo fiduciario' y no se sienten culpables en lo absoluto.

La Economía

El capitalismo necesita consumidores, no es suficiente tener algunos ricos consumiendo lujos para hacerla florecer. En los últimos tiempos, la disparidad de ingresos entre ricos y pobres ha ido en aumento, mientras que hasta 1979 fue a la baja. Así que después de la crisis financiera de 2008, la economía no está mejorando tan rápido como debería, por lo menos para los pobres y la clase media.

Desde 1979, al menos en los EU, los salarios del 95% de la población se han congelado, mientras que los ingresos han crecido un 250% para el 1% más rico. Para el 2008, la clase media y los pobres ya habían agotado las opciones a la mano para superar este aumento en la disparidad; primero las esposas se unieron a la fuerza de trabajo, luego vino un amplio uso de las tarjetas de crédito y, por último, la refinanciación de la casa. Ahora, las esposas ya trabajan (si es que pueden encontrar un empleo), las tarjetas de crédito cobran intereses de usura y la deuda de la clase media es enorme, y sus casas están 'bajo el agua' (valen menos que la cantidad adeudada en la hipoteca). Sin consumidores, los pobres son más pobres y los ricos son menos ricos y están mucho menos seguros.

La naturaleza innata del capitalismo impulsada por la innovación técnica tiene la culpa. En este sistema el capital es lo único que cuenta, la mano de obra es un 'recurso' más. El capital obtiene la mayor parte de las recompensas monetarias provenientes del progreso, la productividad aumenta los beneficios de los accionistas, y a veces facilita el trabajo de la mano de obra, pero ellos no reciben parte las ganancias.

En el capitalismo, el único objetivo de una empresa es maximizar los beneficios de sus accionistas y el aumentar la productividad tiene ese efecto. Por consiguiente, despedir a la gente para aumentar la rentabilidad, o el aumento de las horas que una persona tiene que trabajar sin aumentar su salario, o mediante innovaciones tecnológicas para eliminar trabajadores, son muy aceptables.

Otro efecto secundario del capitalismo es la capacidad de los ricos para empezar o financiar proyectos empresariales, lo cual crea una situación donde la nueva tecnología beneficia desproporcionadamente a los propietarios del capital.

Las universidades y las empresas están haciendo la investigación y el desarrollo para lograr un marco práctico IA, esta tarea no es fácil ni barata. Al igual que muchos inventos recientes, los principales accionistas y los altos directivos de las grandes empresas se beneficiarán de ella. Esto podría exacerbar la brecha de ingresos y riqueza entre los muy ricos y el resto de la población.

Un ejemplo: Cuando los coches finalmente no requieran conductor, será más conveniente utilizar un taxi público que ser dueño de un coche. Hoy en día, los coches permanecen estacionados más del 90% del tiempo, lo que significa que usando solamente el 10% del número de coches, un servicio público de vehículos automatizados puede hacer un mejor trabajo.

Habrá empresas que van a ver esta oportunidad, y la tomaran. Entonces todos los coches del mundo estará en manos de una oligarquía, la gente común no tendrán carros y alguien va a ser aún más rico. Además, en unos pocos años, los coches, camiones y aviones se conducirán solos, creando un problema de falta de puestos de trabajo para sus conductores y pilotos.

La Sociedad

Considere una escasez de puestos de trabajo motivada por máquinas inteligentes que han remplazado a la mayoría de los trabajadores. Combine esto con una concentración aún mayor de la riqueza. Pero paradójicamente, con una sobreabundancia de bienes y el mundo tiene un gran problema. La sociedad y sus reglas se deberán ajustarse a esta trasformación; de una manera u otra.

El desarrollo de la IA no viene solo, hay innovación comparable en genética, nanotecnología, medicina, agricultura, ciencias de materiales, matemáticas, cosmología, mecánica cuántica y el resto de los campos científicos y tecnológicos.

El avance en la tecnología garantiza que durante el resto de este siglo, la riqueza en el mundo aumentará de forma exponencial. No hay duda acerca de esto, sólo hay una pregunta: ¿Este enorme aumento de la riqueza se distribuirá equitativamente entre toda la población, o va a ser acumulado por unos pocos? El futuro, y la seguridad, de todos nosotros dependen de la respuesta.

Una sociedad donde el 1% de la población tiene el 99% de la riqueza suele explotar. A pesar de que el otro 99% será pobre, en dinero y en comparación con los súper-ricos del 1%, para finales de este siglo, la mayoría de ellos será comparativamente más ricos que los ricos de hoy. ¡Imagínese lo que esta gente bien educada, conectada, ingeniosa y enojada puede hacerles a sus opresores!

> *'Hay tres métodos por los que podemos aprender la sabiduría: el primero, por la reflexión, que es el más noble, el segundo, por imitación, que es el más fácil, y el tercero por la experiencia, que es el más amargo'.* **Confucio.**

Diseño de la IA

*'Se necesita imaginación para imaginar un futuro que no existe'. **Azar Nafisi.***

Vamos a ser valientes y tratar de predecir cómo montar una aplicación plena de IA fuerte. Bajo el supuesto de que muchos de los elementos necesarios para lograr la IA fuerte se desarrollarán, e incluso podrían ser perfeccionados como elementos de la IA estrecha.

Un punto de partida es teniendo en cuenta las diferencias entre el cerebro y programas de IA que se ejecutan en computadoras:

Cerebro	IA en Computadoras
Analógico	Digital
Altamente redundante	Multiproceso
Electroquímico	Electrónico
Ciclos lentos	Ciclos rápidos
Autónomo	Distribuida
Sentidos predeterminados	Sentidos ilimitados
Memoria inconsistente	Posible memoria perfecta
Instintivo	Motivación inicial planeada
Emocional	Intencional
Instinto de conservación	?
Evolucionado	Diseñado

Además, el cerebro se encarga del resto del cuerpo. Esta sería una carga computacional adicional en el caso de robots.

Y una máquina realmente inteligente podría tener la motivación de su propia conservación y, como tal, tendría que asegurar su bienestar.

Muchos Objetivos

Una vez más, utilizamos la mente humana como un punto de referencia. En cualquier momento de nuestra vida podemos hacer muchas cosas, pensamos en otras y al mismo tiempo instintivamente respondemos a eventos externos. Somos criaturas con objetivos múltiples.

No podemos esperar menos de una IA que está tratando de completar una tarea. Tendrá que hacer lo que está haciendo, no perder de vista sus objetivos, planificar el futuro y al mismo tiempo deberá estar consciente de las amenazas externas y oportunidades que podrían afectar la realización del trabajo. Esto la obligará a tener múltiples objetivos, y seguirlos en forma simultánea.

No para ahí, volviendo a la comparación con los seres humanos, hay muchos lugares en los que hacemos pre-procesamiento y filtrado de datos, nuestros ojos interpretan los datos antes de transmitirlos al cerebro, incluso la vista bidimensional de cada ojo se transforma en nuestra visión de un mundo tridimensional. Todos nuestros sentidos están equipados para realizar el filtrado de datos antes de enviar las señales al cerebro, lo que requiere un alto nivel de capacidad de computación distribuida entre muchos subprocesos que ejecutan procesando la información simultáneamente. Podemos reconocer a una persona mientras mantenemos una conversación con otra. Podemos caminar mientras miramos alrededor. Utilizamos muchos procesos en nuestros pensamientos.

El ciclo cognitivo de nuestro pensamiento toma menos de medio segundo, que es el tiempo que tarda el procesamiento de un pensamiento en pasar alrededor de un bucle; este bucle se ejecuta en un modo de computación altamente paralelizado.

Muchos Hilos

El concepto de procesamiento múltiple es bien conocido en las computadoras, es un concepto antiguo que recientemente ha tomado un nuevo significado porque hoy en día es más fácil hacer un chip con varios procesadores que aumentar el número de transistores en cada procesador. Eso juega muy bien con las necesidades de la IA.

Los procesadores modernos pueden ejecutar varios hilos cada uno, a pesar de que la programación con múltiples subprocesos en un procesador es más difícil que la ejecución de un solo hilo, aun cuando es factible y muy útil en la aplicación de las tareas que deben ejecutarse simultáneamente.

Así que, ¿cuántos procesos se necesitan para apoyar el raciocinio del pensamiento de la IA, y cómo se le va a hacer para que la IA parezca estar alerta y tal vez consciente?

Como mínimo habrá un proceso esperando continuamente a que ocurran los eventos y algunos otros planeando el futuro, aprendiendo, comunicándose, además de los que sean necesarios para apoyar a los sentidos y a la memoria. El número de hilos de ejecución será de por lo menos uno, el hilo conductor de la consciencia, todos los demás se pueden activar y desactivar según sea necesario.

Este no es un concepto nuevo, los sistemas operativos como Windows, ejecutan todo el tiempo en un bucle, esperando que los eventos ocurran, las aplicaciones también tienen sus propios subprocesos que ejecutan continuamente y esperan a sus propias entradas, y luego realizan los cálculos y presentan los resultados.

Existe otro concepto que requiere algo de atención. Tantos hilos ejecutando simultáneamente tienen que ser capaces de comunicarse entre sí. Esto también no presenta un problema, hay maneras de inserción de eventos de un hilo a otro y dar prioridades, para interrumpir y en general para manejar hilos.

Muchos Procesadores

Por extensión, lo que se aplica a los hilos de ejecución se aplica a los procesos que son parte de chips con procesadores múltiples. Hay medios probados de comunicación con otros procesadores y el hecho de que podría haber muchos procesadores en un chip de computadora aumenta el número de hilos que pueden estar ejecutándose simultáneamente.

Hay una limitación inherente en los procesadores actuales, a pesar de que permiten que varios subprocesos de ejecución, pueden lograr que sólo dos, o incluso sólo un hilo funcione a la vez. Todos los hilos activos están programados para funcionar de acuerdo con un sistema de línea de prioridad, pero sólo uno o dos por procesador realmente ejecutan simultáneamente. Por lo tanto, para tener procesamiento real en paralelo existe la necesidad de más procesadores.

Existe una gran ventaja en tener varios procesadores en comparación con hilos de ejecución, cada procesador permite que uno o dos hilos se ejecuten en paralelo, así que con seis procesadores puede haber hasta doce subprocesos que se ejecutan al mismo tiempo. Se espera que el número de procesadores integrados en un chip aumente en el futuro. Esto beneficiará a las aplicaciones de IA fuerte donde se considera que es vital que un gran número de hilos ejecuten simultáneamente.

La necesidad de procesamiento paralelo en tiempo completo en la IA podría ser necesario para sólo unas cuantas funciones críticas, sin embargo, correr múltiples hilos en una secuencia programada iría en contra de la necesidad de acelerar el procesamiento. Esto pone en relieve la necesidad de ejecutar varios procesos simultáneamente, usando varios procesadores.

Otra limitación que existe al ejecutar varios procesadores en un chip es que comparten los mismos grupos de memoria. Esto en efecto reduce la potencia y flexibilidad al ejecutar tareas simultáneas donde cada uno requiere su propia memoria.

Muchas Computadoras

La necesidad de ejecutar varias tareas separadas, donde cada una tiene su propia memoria, sugiere el uso de varias computadoras enlazadas de tal manera que la información pueda ser compartida por el sistema de IA.

Por ejemplo, un sistema de imagen puede ejecutar en una computadora independiente, donde se hará uso de sus capacidades para observar discrepancias, detectar movimiento, identificar caras, y otras tareas relacionadas con su función dentro del sistema de inteligencia artificial. Si observa algún evento que debe transmitir a la IA, será capaz de hacerlo. Estos podrían incluso ser equipos satélite, con sentidos visuales o de otro tipo conectados a varias IA simultáneamente; alimentando la misma o incluso diferente información a cada una de ellas.

El concepto de varias computadoras trabajando al unísono también es bastante común, el CERN en Ginebra y los grandes sitios de búsqueda utilizan pilas de computadoras que se comunican a través de redes de alta velocidad, formando un diseño de la computación distribuida. El protocolo OpenCL, que permite a múltiples plataformas de programación paralela y CUDA™, una plataforma de computación en paralelo que es un modelo de programación que aprovecha la potencia de las unidades de procesamiento gráfico (GPU), son algunas de las herramientas que han hecho posible esta integración.

Cuando la IA esté lista para su debut, las computadoras se habrán miniaturizado aún más y no habrá ningún problema para conseguir suficiente poder de cómputo paralelo en una caja bastante pequeña, para poder ofrecer este servicio en casa o en la oficina.

La Ley de Moore ha sido veraz durante más de 40 años. Según sus previsiones, para el año 2030 un chip de computadora podría incluir más de 500 procesadores, con cada procesador conteniendo por lo menos diez mil millones de transistores. Eso es un aumento de más de mil veces con respecto a los actuales. Para el año 2050, habrá un nuevo aumento de otras mil veces. Sin embargo, muy probablemente antes de que esto ocurra habrá un cambio de paradigma de chips de silicio a quantum u otros medios de computación esotéricos.

Preprocesamiento

Será necesario precomputar todo, de la misma manera que los ojos preprocesan y las piernas, los pies, los brazos y las manos lo hacen cuando se trata de movimientos y reacciones a sensaciones táctiles. La IA, sobre todo si está instalada en robots tendrá que precalcular casi todo.

Una mayor inteligencia no está necesariamente asociada con preprocesamiento. Al igual que los insectos y los mamíferos se mueven perfectamente y ven muy bien, los robots deberán establecer un control perfecto sobre sus movimientos y campos de visión de sus cámaras sin tener que recurrir a la inteligencia, a excepción de alguna IA dándoles órdenes genéricas. Un robot deberá de ser capaz de moverse y reaccionar ante los obstáculos y situaciones sin tener que molestar a la IA que actúa como su cerebro, y así podría ser posible que una IA estuviese a cargo de varios robots al mismo tiempo. Una cámara, u otros sentidos, podrían estar viendo día y noche y alertar a una o más IA sólo cuando, de acuerdo con sus directivas de preprocesamiento, algo haya cambiado. De la misma manera, una IA podía contar con el aporte de muchas cámaras, prestando atención sólo a aquellas que indiquen algún cambio relevante.

El aprendizaje es también un aspecto fundamental; aprendemos a caminar, e incluso a ver. IA y los robots tendrán que aprender a moverse, a utilizar sus sentidos y a realizar otras acciones. Por lo tanto, el procesamiento preliminar requerirá módulos de aprendizaje. Robots con mínimas rutinas predefinidas para caminar y moverse tendrán un mejor punto de partida para el aprendizaje, al igual que algunos animales son capaces de caminar con torpeza al nacer. La descarga de experiencias 'aprendidas' como caminar, ver y otras habilidades mejorarán en gran medida la funcionalidad de la IA.

Siguiendo la estructura del sistema nervioso de los animales, un enfoque en el cual las señales del cuerpo de los robot sean preprocesadas en línea, especialmente en las extremidades, ayudará a la AI. De una manera similar, imitar a la naturaleza podría ser útil cuando se extraiga información de los sentidos de IA.

Programas

No importa que tan rápidas y poderosas se vuelvan las computadoras, sin programas adecuados la IA no irá demasiado más lejos de lo que tenemos hoy. En la actualidad existen multitud de programas informáticos y herramientas de software diseñadas para resolver problemas lógicos y matemáticos que no están directamente relacionados con lo que exige la IA.

Ya hemos visto que no parece haber la necesidad de un programa inmenso. No muchas líneas del código en el ADN genético, o su equivalente, están disponibles para el desarrollo de la inteligencia humana. Un sistema operativo moderno, como UNIX o Windows, no cabría dentro de la capacidad de almacenamiento de nuestro código genético. El punto de partida para la inteligencia no parece requerir una gran cantidad de información preliminar, tiene que haber algo más.

Aprendizaje

Es obvio que no nacemos con nuestra 'inteligencia' ya en su lugar y completamente desarrollada, es también evidente que los bebés y los niños aprenden muy rápido. Otros animales menos inteligentes no son capaces de aprender a la misma velocidad y sus capacidades de supervivencia son, la mayoría de las veces, mejor desarrolladas al nacer. Podría resultar útil conectar estos hechos para crear programas de IA.

En los seres humanos, el número de neuronas adultas es 40% menor que en los recién nacidos, lo opuesto es cierto para las células gliales, los adultos tienen tres veces más. Esto sugiere la presencia de un patrón genérico mediante el cual las neuronas, y en especial las sinapsis, se podan por el proceso de aprendizaje que ocurre durante la infancia. Patrones, comportamientos y recuerdos están esculpidos en el cerebro en desarrollo.

Parece que la IA se beneficiará de ser capaz de aprender, a pesar de que las necesidades y motivaciones de la IA no son las mismas que las de un bebé o de un niño. Una IA puede estar en una caja, dentro de un robot o incluso distribuida en una red. A la caja le gustaría saber acerca de su entorno operativo, el robot tendría que aprender a caminar e identificar y coger objetos, a pesar de que no tendría que aprender cómo y qué comer, y la IA basada en una red tendrían necesidades específicas muy diferentes de los de un ser humano o un robot.

Una vez que una máquina de IA haya pasado por el proceso de aprendizaje será posible descargar esta información en otros equipos y ellos pudieran así ser capacitados instantánea. No se detiene allí; el aprendizaje de una computadora AI podría actualizar continuamente en tiempo real a otras que podrían beneficiarse de ello.

Código Robusto

Pequeños errores en los pensamientos humanos que ocurren en las sinapsis o debido a sensaciones defectuosas suelen producir sólo pequeñas degradaciones en el resultado. Por el otro lado el código de los programas es extremadamente frágil, un pequeño paso en falso en el código cambia el resultado final de manera espectacular, a veces incluso produciendo una falla total.

El cerebro es altamente tolerante a error debido en parte a su paralelismo masivo que resulta en soluciones dinámicas probabilísticas (estocásticas), mientras que los chips y el software de nuestros días produce soluciones secuenciales determinísticas.

Algunas de las fragilidades en la programación de computadora se podrían reducir mediante la ejecución de programas de inteligencia artificial en matrices masivas en paralelo con algoritmos estocásticos ejecutandose en procesos diferentes, con el fin de producir conjuntos de datos distintos, que podrían entonces ser estocásticamente integrados en un resultado optimizado. Estos hilos de computación incluso podría estar funcionando con distintas soluciones algorítmicas compitiendo para resolver el mismo problema, generando así un conjunto más robusto de soluciones. Un ejemplo sería la ejecución de algoritmos diferentes para comprimir, almacenar y recuperar información de la memoria.

Memoria

El cerebro animal es altamente redundante, y funciona al ritmo lento de 200 ciclos por segundo. Con este conocimiento, y con lo que los escáneres cerebrales han mostrado como y donde el cerebro humano recuerda o guarda una memoria, es posible pensar que:

- El cerebro utiliza la misma área del cerebro, y, básicamente, el mismo mecanismo para almacenar y recordar.
- Este mecanismo utiliza un procesamiento paralelo intensivo utilizando muchas neuronas sincronizados en el mismo ciclo en un área de unos pocos centímetros cúbicos.

- Hay hasta 100 millones de neuronas y 100 mil millones de sinapsis en un centímetro cúbico.

- Este procesamiento paralelo masivo, que tiene lugar en cientos de millones de neuronas, hace posible la recuperación de recuerdos ricos en detalles con referencias cruzadas.

- De la misma manera, este esfuerzo computacional masivo hace que el almacenamiento y la recuperación de recuerdos sea un proceso imperfecto donde algunos recuerdos se recuerdan completamente, otros están medio olvidados y algunos se pierden.

Implementación

En principio, una implementación de IA podría tener mejor memoria que nosotros, en términos de ser precisa y permanente. Sin embargo, en un momento dado el mismo problema de la sobrecarga de datos podría ser un problema para la IA, como lo es para nosotros.

Si una IA recuerda todo lo que es capturado por sus 'sentidos', podría estar sobrecargada muy pronto. Considere la posibilidad de una IA que adquiere datos con una cámara estática binocular y un micrófono, y donde la mayoría de las veces la cámara y el micrófono están 'mirando' y 'oyendo', incluso si no hay cambios. Sería una pérdida de recursos el guardar todos estos datos que no varían en lugar de utilizar detectores simples que puedan mostrar cualquier cambio en los datos de entrada, incluso entonces, sólo los datos relevantes necesitan ser almacenados. Por ejemplo, si la cámara está mirando un paisaje estático, como un cuarto vacío, entonces sólo una foto de esta habitación necesita ser almacenada.

Para sacar el máximo provecho de esta redundancia de datos, parece ser necesario el uso de un complicado proceso de filtrado de los datos pertinentes, y a continuación comprimirlos y almacenarlos para producir recuerdos relevantes. Al igual que en el cerebro, tiene que haber memoria a corto plazo y de trabajo para ayudar a la realización de las tareas inmediatas y memoria a largo plazo para recordar los acontecimientos. Además, IA tendría la ventaja de la facilidad de copia externa y archivos.

Por cierto, nosotros hacemos 'copias' externas y creamos archivos escribiendo palabras, construyendo artefactos, y a través de dibujos, fotografías y sonidos. En cierto modo, la civilización es el derrame de los recuerdos y pensamientos de la humanidad.

Implementación de los Sentidos

Nuestra premisa es que para ser útiles los sentidos de la IA tendrían que adherirse a algunos principios básicos:

- Hacer tanto preprocesamiento como sea posible.
- Responder rápidamente a las peticiones de la IA.
- Mantener los datos en su propia memoria.
- Permitir a la IA el acceso a estos registros de datos.

Como es siempre el caso en productos maduros, una vez que los sentidos se conviertan en mercancía, sus interfaces con las IA se volverán estándar. Ese no es el caso en este momento y no lo será por muchos años.

Visión

De todos los sentidos del ser humano, el más importante es la visión. Es muy probable que será lo mismo en los sistemas de IA. Sin embargo, pueden esperarse muchas variaciones. Por ejemplo, los juegos y la realidad virtual crearán su propio ambiente, en estas condiciones la visión no es necesaria excepto por el lado del jugador humano, mientras que la de la IA tendrá una visión virtual sincronizada.

La visión humana no es en una percepción pasiva, es un proceso activo impulsado por predicciones y expectativas acerca de nuestro medio ambiente. Al anticipar las características espaciales en el campo visual, el cerebro genera precursores de la visión partiendo de la memoria.

Sin embargo, 'vemos' sólo una parte limitada del espectro, lo que llamamos colores. No habrá limitación para que los sentidos de la IA puedan 'ver' en infrarrojo, ultravioleta, rayos X y en todo el espectro. Esto significa que la IA podrá usar radar, LIDAR, SONAR, ultrasonido y muchos otros dispositivos activos, con lo que superara nuestra capacidad de 'ver' el mundo que nos rodea.

La visión de las máquinas puede ser diseñada para tener características diferentes y tal vez mejores que las de los ojos. Nuestros ojos pueden ver claramente sólo una pequeña porción en el centro de su campo de visión, y operan en un modo de 'atracción' espacial. Los seres humanos y otros primates comprenden el 'panorama general', sin embargo, no obtienen una imagen fotográfica de lo que ven. Lo que ven es propenso a errores, debido a su asociación con un factor de atracción o sorpresa que limita su discernimiento, mientras que las máquinas pueden ser diseñadas para ver con claridad, y recordar un gran campo con una precisión asombrosa. Por otra parte, las cámaras con latencia rápida son capaces de fotografiar objetos en rápido movimiento.

Los parámetros de rendimiento de las cámaras y otros dispositivos de visión ya superan las capacidades humanas de visión. Las nano-cámaras, el telescopio Hubble, los rayos X, la tomografía computarizada, satélites y aviones no tripulados montando radares y cámaras, y tal vez hasta a través de los ojos de los animales. Todos estos tipos de 'visión' son posibles para la IA. Con más cámaras accesibles en los lugares públicos y privados, la visión podría ser mejorada para incluir una representación en 3D real del espacio circundante, más el tiempo, mediante la combinación de imágenes grabadas y en tiempo real, y otra información procedentes de varias fuentes.

Oído

Hemos oído hablar de cámaras por todas partes, para la seguridad y el control. Entonces, ¿por qué no micrófonos por todas partes?

La tecnología para identificar y aislar la voz de un individuo en la multitud ya existe, y nuestros oídos hacen eso para seguir las conversaciones. Micrófonos con algoritmos inteligentes pueden hacer eso también. Micrófonos, conectados a máquinas de IA pueden 'escuchar' fuera de nuestro espectro; arriba en ondas de ultrasonido y hacia abajo a ondas muy lentas. ¿Será eso útil?

Esto abre la puerta a la colocación de micrófonos en lugares públicos y privados para 'escuchar' lo que las personas están hablando. Esto ayudará a guiar las acciones de nuestra IA, y será útil por razones de seguridad. A pesar de la que sea su posición sobre este 'espionaje' generalizado, será similar a lo que ya se está haciendo en este momento, todas las conversaciones telefónicas son 'espiadas', y solo será un paso más en la misma dirección.

Así que, de la misma manera que las cámaras en todas partes eliminaran la mayor parte de nuestra intimidad, también lo harán los micrófonos, ya que incluso se les podrá enseñar a reconocer los sonidos de nuestra particular manera de caminar o respirar, o los latidos del corazón. Otra victoria para los gobiernos y las corporaciones.

Olfato y Gusto

El olfato es el sentido a través del cual células sensoriales especializadas, de la cavidad nasal de los vertebrados, detectan sustancias químicas volátiles que identificamos como olores particulares, es una forma de quimorecepción. Moléculas volátiles pequeñas, proteínas no volátiles y los hidrocarburos no volátiles pueden producir sensaciones olfativas y de sabor.

La lengua humana puede distinguir sólo entre cinco diferentes calidades de sabor, mientras que la nariz puede distinguir entre los cientos de sustancias, incluso en pequeñas cantidades. Receptores de olfato, del gusto y sensaciones faciales contribuyen juntos a diferenciar el sabor y la textura de los alimentos. Es durante la exhalación cuando se produce la contribución del olfato al sabor, en contraste con el olor, que ocurre durante la fase de inhalación

Los perros tienen un sentido del olfato aproximadamente cien mil a cien millones de veces más agudo que los humanos. Los osos Silvertip Grizzly tienen un sentido del olfato siete veces más fuerte que los sabuesos; estos osos pueden detectar el olor de los alimentos hasta a 30 kilómetros de distancia.

El olfato y a un alto grado el gusto, son los sentidos que clasifican a los productos químicos y los etiquetan con un olor o sabor. Para imitar sus acciones un receptor mecánico tendrá que identificar y etiquetar millones de moléculas.

Un sistema de detección de olor se compone de un conjunto sensor que reacciona en contacto con compuestos volátiles. Cada sensor es sensible a todas las moléculas volátiles pero a cada una en un modo específico. La investigación en este campo está avanzando y la nanotecnología y la ingeniería genética están ayudando en la detección e identificación de muchas moléculas complejas.

Una nariz electrónica unida a un IA puede ser entrenada con muestras conocidas para construir una base de datos de referencia, para luego comparar otros compuestos con los que figuran en su base de datos.

Como con otros sentidos IA, no hay necesidad de limitar los olores y sabores a las experiencias humanas. El número y la variedad de 'olores' detectados puede ser sustancialmente mejorado. Posibles usos de estas narices mecánicas podrían ser:

- Proporcionar control de calidad de los procesos incluyendo el envasado y la limpieza.
- Sabor y aroma de alimentos, bebidas, cosméticos y perfumes.
- Descubrir contaminación, deterioro, adulteración.
- Identificar bacterias peligrosas y dañinas.
- Percibir enfermedades, embriaguez.

108

- Identificar estado de ánimo, miedo, felicidad.
- Notar compuestos orgánicos volátiles en aire, agua y suelo.
- Mejorar métodos de detección de bombas y guerra biológica.
- Lanzar alertas por concentraciones de olores malignos.

De la misma manera que un oso puede oler la sangre a varios kilómetros de distancia, las 'narices mecánicas' podría ser desplegadas en todas partes para 'oler' el estado de ánimo y detectar 'un posible comportamiento peligroso'. Más libertades perdidas.

Tacto

Una piel artificial sensible al tacto ayudaría a superar dos retos fundamentales de la robótica:

- El uso de la cantidad correcta de fuerza para sostener y manipular objetos.
- El 'sentir y reaccionar instintivamente' para evitar chocar con obstáculos.

Materiales flexibles, sensibles a la presión usando semiconductores electrónico embebidos en nano-cables podrían funcionar como la piel humana, la cual incorpora la capacidad de sentir y tocar objetos dentro de un rango comparable a la fuerza utilizada en las actividades diarias como escribir en un teclado o sostener un objeto. Aún más avanzada es la capacidad de 'sentir' un objeto cercano con micro sensibilidad a campos magnéticos.

El precálculo permitirá una respuesta rápida de la mano o el cuerpo, e 'instintivamente' reaccionar a acontecimientos inesperados, como el contacto repentino con una persona o el sentir que el objeto que se agarre es más suave de lo previsto. Lo que también hará que sea más fácil para la IA guiar al robot para establecer estrategias de movimiento y de fuerza.

Dada la variedad de condiciones que un agente robótico puede encontrar, este sentido, como todos los demás, se podría mejorar o particularizar. En lugar de llegar al momento del contacto, RADAR o SONAR podrían ser más eficientes.

Además, en el caso de robots de trabajo rudo, las mediciones de presión y otros parámetros podrían integrarse en el substrato de los materiales utilizados para construir el robot.

Otros Sentidos

Esta categoría tiene un potencial enorme, aquí enumeramos sólo algunos que demuestran que el alcance de los sentidos artificiales es muy interesante.

- GPS.
- Wi-Fi y Ethernet.
- Correo electrónico e Internet.
- Bases de datos externas.
- Radio y TV.
- Celulares, voz, SMS y localización.
- Conectividad satelital directa.
- Telepatía, con otra IA y seres humanos.

Por supuesto que habrá nuevos descubrimientos y adaptaciones.

Acciones 'Inconscientes'

En una IA, sus actos 'inconscientes' serán aquellos que no pueda comprender o cambiar su comportamiento. Si una IA fuese capaz de 'aprender' cómo realizar una determinada acción, es muy probable que esta IA tenga la comprensión de por qué y cómo estas acciones se llevan a cabo, pero no necesariamente estará 'consciente' de la forma en que están sucediendo.

No es diferente con nosotros los humanos. Por ejemplo, podemos aprender a caminar, pero no tenemos ninguna idea 'consciente' de cómo nuestros músculos son estimulados a moverse en la manera que lo hacen.

En las implementaciones de IA, habrá diferencia entre actos 'conscientes' e 'inconscientes', las acciones 'inconscientes' serán preprocesadas fuera del ámbito de aplicación de los programas de inteligencia artificial. Un ejemplo será una IA recordando un evento que se guardó en la memoria de una cámara remota el cual podría ser un caso de reconocimiento de una cara o una escena. Si por razones de seguridad, toda la memoria y otras informaciones de esta cámara no estuviesen disponibles para la IA y sólo algunas imágenes y tiempos de acontecimientos particulares se reportarían a la IA. Esta IA sólo se dará cuenta de los resultados, tal y como nosotros somos conscientes de ver una imagen dada, sin tener la menor idea de cómo nuestros ojos y el cerebro obtienen esa imagen.

De la misma manera, un robot podría tener sus propias rutinas internas para moverse y la IA podría ordenar a estas rutinas a dónde ir, y a continuación el robot lo hará, sin que el 'cerebro' de la IA participe en los movimientos del robot. Este comportamiento se acercaría al modelo animal.

Implementación de la 'Consciencia'

Volviendo a los niveles de IA estrecha y fuerte que se utilizó para clasificar la Inteligencia Artificial, también podemos categorizar a la Consciencia Artificial como estrecha o fuerte:

- Consciencia Artificial Estrecha: simulada.
- Consciencia Artificial Fuerte: consciente.

La distinción entre estas dos clasificaciones no es fácil de reconocer. Por ejemplo, si una máquina, que sabemos que tiene consciencia simulada, se comporta como un ser consciente. ¿Pensaremos entonces que es realmente consciente? Por otra parte, creemos que somos conscientes porque actuamos como si lo fuéramos. ¿Realmente lo somos?

La implementación de la consciencia en la mente artificial se inicia con la capacidad de una IA en distinguir entre las palabras 'tú' y 'yo' con el fin de desarrollar un concepto de sí misma que la separe de otras personas. Esto se llama una 'perspectiva en primera persona'.

La principal tarea de demostrar la consciencia es la representación de uno mismo, el agente, como consciente. A continuación, la clave para el desarrollo de la consciencia artificial es desarrollar un agente que encuentra un uso para el pensar en sí mismo, y en otros, como participando en 'experiencias personales'.

La teoría de control de sistemas complejos tiene similitudes con el papel desempeñado por la mente consciente. Considere un sistema como un problema de control, inserte imágenes sintéticas mentales, atención y memoria de trabajo, añada la imaginación proporcionada a través de motivaciones y simulaciones estocásticas. Entonces usted tiene un sistema que puede ser caracterizado como consciente.

Parece que los diseñadores y programadores de IA deberán tomar medidas graduales, con la esperanza de despertar una consciencia en la IA.

Interacciones entre las IA

Sabemos que una gran parte del progreso de la civilización viene de nuestra capacidad de comunicación. Lo hacemos de muchas maneras: hablando, escribiendo, dibujando, con el lenguaje corporal y por medio de artefactos.

Uno de los requisitos previos para la inteligencia artificial es que sea útil para los seres humanos, para lograr eso las máquinas de IA deben comunicarse por lo menos con los seres humanos. La intercomunicación entre las IA es una extensión natural.

¿Por qué las IA deben Interactuar?

La IA tendrá conexiones con sus 'sentidos', su memoria externa, sus partes móviles, sus satélites y elementos internos. No todos los 'sentidos' serán de propiedad exclusiva de la IA, también podrían existir conexiones con fuentes externas.

La conexión entre las inteligencias artificiales podría ser a través de intercambio de datos o mediante el intercambio de 'subrutinas' o incluso 'copias' de todo el programa. Las aplicaciones de IA pueden ser programadas o integradas en los procesadores, y ambos podrán ser copiados a otra computadora o sustrato, con la ventaja de aprovechar maquinas más rápidas con más memoria y mejores 'sentidos', o en varias computadoras a la vez, o correr diferentes instancias de sí misma. A estas maquinas idénticas se les podría permitir diferenciarse unas de otras con el tiempo, o podrían ser fusionadas a intervalos.

Teniendo en cuenta que la Internet es posible porque las computadoras son capaces de comunicarse entre sí, es obvio que la IA continuara y ampliara esta tendencia.

Más de lo mismo

Las computadoras se comunican entre ellas, éste ha sido el caso desde la invención del disquete, puerto serial, Ethernet, Internet, USB, Wi-Fi, compartiendo unidades de disco duro y memoria flash.

No hay nada nuevo acerca de computadoras que se comunican. Sin embargo, con la IA no van a ser sólo computadoras que comparten datos y programas, serán computadoras que comparten 'pensamientos', 'recuerdos' e 'ideas'.

Una nueva Visión de las Comunicaciones

La tendencia a la comunicación en todo el mundo es increíble. Hoy en día, un minúsculo teléfono inteligente puede potencialmente llamar al 50% de la población del mundo, o en un instante obtener casi cualquier información que sea de interés. Y todo esto acaba de empezar, ¿adónde nos va a llevar?

Pantallas virtuales y teclados, comandos de voz, interfaces de señales tipo 'Kinect', el entendimiento de cerebro a computadora y viceversa. Ligeras mejoras en nuestras interfaces y seremos telépatas o viviremos en un mundo virtual.

La IA hará que este progreso sea aún más dramático. Coches que se conducen solos, el equipaje que nos sigue, las redes sociales en su propio mundo virtual, cualquier cosa es posible.

No sólo la IA, pero también la nanotecnología y la genética están avanzando a un ritmo exponencial. La automedicación será el camino a seguir, sólo que su IA será la que lo hará. Usted quiere una pizza; imprímala.

Uniendo Todas las Piezas

Parece una tarea fácil el poner todo junto, pero no es tan fácil porque todos los trabajos de investigación son muy especializados, y aún más cuando ellos aprecian las dificultades en su investigación. Como ya hemos dicho, el desarrollo de la IA es sin duda el problema tecnológico más difícil en la historia de la civilización.

La historia de la investigación de Inteligencia Artificial se ha visto afectada por la falta de interacción entre los proyectos de IA. Parece que hay una tendencia a tratar de encontrar un descubrimiento único que producirá la clave de la inteligencia.

Lo que se necesita es un proyecto de investigación que trate de integrar la mayoría de los aspectos que tienen que ver con la IA en un conjunto práctico y viable. Aquí se describe una propuesta para implementar este tipo de esfuerzo.

COGITO ERGO SUM

René Descartes escribió la frase 'Pienso, luego existo' en Latín en sus *'Principios de la Filosofía'* en 1644. Este es el nombre que proponemos para un experimento diseñado para implementar el estado del arte de las soluciones tan pronto como estén disponibles, con el fin de mantener el más alto nivel posible de Inteligencia Artificial durante la duración del experimento.

Este experimento no necesariamente desarrollara nuevas ideas en éste campo, a pesar de que se espera que en el proceso de poner todo junto habrá innovaciones. La recompensa más importante será una clara ventaja adquirida por la exploración del estado del arte de la IA.

Este experimento podría durar de 10 a 20 años, durante éste periodo serán adquiridas las mejores y más avanzadas soluciones para la implementación de IA, ya sea comprándolas directamente o de preferencia a través de programas de cooperación con universidades y equipos de investigación. Teniendo en cuenta la naturaleza y el alcance de este experimento, sería natural que las universidades deseen involucrarse en este tipo de investigación.

El mandato del proyecto sería la adquisición de toda la información disponible acerca de la investigación en IA y el desarrollo de programas y equipo útil para los proyectos de IA. Y al mismo tiempo promover la cooperación con otros equipos en busca de avances en IA y utilizar este conocimiento, los programas y los componentes para lograr una mejoría continua en soluciones de IA, en entornos realistas.

Este proyecto necesitara un conjunto de unos 10 científicos dedicados a la investigación, computadoras potentes y equipos auxiliares para implementar los 'sentidos', la movilidad y otras necesidades de la IA.

Tendría que estar situado en un laboratorio con equipo de prueba y el espacio para la construcción del entorno para las pruebas. Por ejemplo, para probar IA en el hogar y en la oficina será necesario un hogar funcional y una configuración de oficina.

La potencia de cálculo básica necesaria al iniciar el experimento sería:

- Dos bastidores con cuarenta servidores cada uno. Un total de ochenta computadoras planas.
- Cada uno de estos servidores equipado con al menos cuatro de los mejores procesadores compatibles x86-64. En el momento en que este libro se está escribiendo, estos son los Xeon de Intel y AMD 4x-SixCore.
- Procesadores gráficos (GPU) para procesamiento en paralelo.
- RAM enorme, tanto como los procesadores puedan manejar.
- Muchas unidades de disco duro, cada una de multi-terabytes.
- Sistemas operativos Linux o Windows.
- Estos servidores interconectados a través de Ethernet Gigabit.

Estos mil novecientos procesadores podrían aplicarse a algunas de las necesidades de IA y su equipo auxiliar, de la siguiente manera:

- 700 procesadores para el núcleo de rutinas de IA, incluida la aplicación de meta-motivaciones, súper-goles y otros objetivos,
- 500 para procedimientos de aprendizaje,

- 400 procesadores para permitir la comunicación y precomputación de los 'sentidos', y
- 300 para manejar la memoria operativa, de corto y largo plazo.

En cualquier caso, la aplicación de los procesadores asignados a una tarea dada sería altamente dinámica, y los números mostrados arriba son sólo una sugerencia.

También es muy probable que algunos 'sentidos' ya realicen pre-procesamiento, permitiendo así que la potencia de procesamiento central pueda ser utilizada sin impedimentos.

El proyecto se encontrara en un estado continuo de mejora, basada en los éxitos incrementales. Nuevas computadoras serán adquiridas tan pronto como las existentes se consideren obsoletas, lo que podría ser cada año o dos. Las innovaciones y los descubrimientos científicos serán investigados, recolectados y aplicados lo antes posible. Para garantizar la continuidad y evitar fallas catastróficas y retrocesos, las nuevas características tendrían que ser probadas fuera de la aplicación principal y deberán considerarse más seguras y mejores que aquellas que van a remplazar.

Las metas realistas de este proyecto son:

- En 5 años, soluciones genéricas de IA estrecha.
- 5 años más tarde, un sistema operativo y plataforma informática dedicada a la IA.
- En otros 10 años, un prototipo de trabajo de IA fuerte.

Por otra parte, el verdadero logro para el equipo de investigación serán los avances en inteligencia artificial, y otros campos, que este proyecto derramará en su comunidad y su país.

Siguiente Paso

Los cambios socioeconómicos son el siguiente paso. Con la tecnología y la productividad avanzando a este ritmo, es imposible pensar que los sistemas socioeconómicos actuales sean capaces de adaptarse a las condiciones cambiantes de este nuevo orden mundial.

Los cambios están en marcha, y lo han estado desde hace algún tiempo. El siglo pasado comenzó con la democracia y el capitalismo en muy pocos países, este siglo comenzó con la democracia y el capitalismo en la mayoría de los países. El siglo pasado comenzó con un PIB real per cápita ocho veces menor que a comienzos de este siglo, en su valor equivalente en dólares. Para el año 2100, el PIB real per cápita será veinte veces más grande que en el año 2000.

La creación de riqueza, a través de aumentos en la productividad producida por los avances tecnológicos, permitirá una mejor calidad de vida para todos los habitantes de este planeta. En el aspecto político, los movimientos de la 'primavera árabe' han demostrado que el poder global de levantamientos no violentos es enorme, y lo será aún más grande al mejorar las comunicaciones.

Esas son las buenas noticias, la mala noticia es que la brecha entre ricos y pobres, a través de la aceleración de la acumulación de la riqueza, ha distorsionado el progreso.

Hay dos opciones para la evolución de esta tendencia de acumulación de riqueza:

1. Los ricos serán más ricos y el 1% de la población poseerá el 99% de la riqueza, o

2. Esta nueva riqueza se distribuirá equitativamente entre toda la población.

Como hemos dicho antes, la primera opción es extremadamente peligrosa, el resultado menos amedrentador sería una revolución no violenta que tumbe los sistemas socio-económicos del mundo. Otros escenarios derivados de esta opción podrían conducir a una guerra de las clases.

Nuestra esperanza es la segunda opción, lo que no quiere decir que no habrá ricos. No, solo significa que no habrá gente pobre.

'La experiencia exhibe que el hombre es el único animal que devora a su propia especie, porque no pueda aplicar ningún término más suave para la rapiña general de los ricos sobre los pobres'.
Thomas Jefferson.

Robots Prácticos

'Si el conocimiento puede crear problemas, no es a
través de la ignorancia como podemos resolverlos'.
Isaac Asimov.

R obots son lo que la mayoría de la gente considera ser la única forma posible de Inteligencia Artificial. La mayoría de la gente tiene la idea antropomórfica de que no puede haber inteligencia creíble si no en la forma de un ser humano.

Aquí definimos a un robot como una máquina que es al menos parcialmente móvil, y que es auto-controlada, sin la necesidad de un operador humano. Su forma no es importante, si un robot se parece a un humano, entonces lo llamamos un androide.

Hemos visto que puede haber muchas maneras de lograr la 'inteligencia', incluso sin un cuerpo móvil. Sin embargo, existe una relación entre los robots y la inteligencia artificial. Un robot real tiene que tener algún tipo de control a través de una IA, de lo contrario, es sólo una máquina controlada a distancia, que sólo hace lo que su operador quiere que haga.

De la explicación anterior, en términos generales se puede clasificar como robots a:

- Los controlados remotamente por seres humanos, tales como aviones militares.
- Estáticos o semi-móviles controlados por un simple programa de computadora, los cuales realizan movimientos repetitivos sin ninguna 'inteligencia', como los llamados 'robots industriales'.
- Aparatos móviles controlados por una IA remota o autónoma.

- Mecanismos móviles en la forma de un ser humano y controlados por una IA remota o autónoma.

En este libro, consideramos que sólo las dos últimas categorías son robots reales.

De acuerdo con estas definiciones, el desarrollo robótico es integral con el desarrollo de la IA. Por ejemplo, el desarrollo de coches auto-conducidos requiere el desarrollo de IA estrecha que sea capaz de detectar los caminos, otros coches, señales de tráfico, peatones y obstáculos en el camino del coche. Esto se puede conseguir con una función de maximización que esté motivada para ir a un destino tan rápido como sea posible en condiciones de seguridad, obedeciendo las convenciones de conducción y las leyes.

Ventajas

Podría ser un sueño, robots trabajando para nosotros día y noche sin necesidad de ningún pago o comida o vacaciones. Bueno, ellos tendrán que ser pagados al comprarlos, sus baterías recargadas y tendrán un poco de mantenimiento, pero aparte de eso, lo demás será gratis.

Imagine que cuando llegue a casa, su robo-limpiador ya la ha limpiado y su robo-cocinero tiene una comida de cinco estrellas en la mesa. Mejor que eso, en su lugar de trabajo su robo-ayudante ha hecho el 99% del trabajo, usted solo tiene que tomar algunas decisiones y luego ir al club para relajarse y hacer algo de ejercicio.

Los robots van a fabricar casi todas las mercancías, y también se encargaran de las ventas, el transporte y la entrega. Restaurantes, fábricas, hoteles, oficinas, tiendas, almacenes, coches, aviones, barcos, construcción, ¡todo va a estar automatizado!

Movilidad y Destreza

Con movilidad, destreza e inteligencia artificial estrecha, los robots podrán hacer la mayor parte del trabajo humano. Por otra parte, cuando la IA fuerte esté disponible, los robots podrán realizar todo el trabajo humano y tal vez incluso ser creativos.

La movilidad, la destreza y la inteligencia son las cualidades más importantes de los seres humanos. Si las máquinas las pueden igualar o incluso mejorar, estas máquinas podrían hacerse cargo de cualquier trabajo o tarea que un ser humano pueda hacer.

Eso es bueno y malo. Es malo si no hay empleos bien remunerados, y el concepto 'si no trabajas no comes' es aplicable. Es bueno si no hay trabajo, pero todos, empleados o no, comparten la riqueza.

Interacción con Seres Humanos

Cuando los robots y la inteligencia artificial sean capaces de hacer casi todo el trabajo que las personas hacen ahora, van a tener que interactuar con la gente.

Las interacciones tienen que ser transparentes y placenteras. La brusquedad y la vaguedad no serán aceptables. Recuerde que un robot se venderá como una mercancía y como tal, su comprador debe percibir que tiene ventajas reales y que no crea problemas.

Sin embargo, cuando los robots sean frecuentes, van a estar en todas partes y humanos y robots tendrán que aprender a convivir.

Desventajas

Será una pesadilla, robots trabajando para nosotros día y noche sin necesidad de ningún pago o comida o vacaciones. ¡Quitándonos todos nuestros trabajos! Quien puede competir bajo esas condiciones, ¡y si no hay trabajo, no hay dinero! La mayor parte de la gente estará condenada a vivir de la caridad, o robar, o vender drogas, o chantajear, o secuestrar o simplemente a morirse de hambre.

La sociedad y la economía deben cambiar. Una situación de abundancia producida por avances tecnológicos podría muy bien ser mal utilizada por algunos ultra-ricos, bajo el disfraz del capitalismo, para mantener al 99% de la población desempleada y condenada a ser miserable para siempre. Éste no es un escenario improbable: en los EU el 2% de la población posee más del 50% de los ingresos y la riqueza.

Costo

Antes de que la tecnología madure, los robots serán muy costosos. Son máquinas complicadas, con muchas partes móviles y requieren un nuevo diseño y experiencia en su fabricación. Sin embargo, tan pronto maduren, los mismos robots diseñaran y construirán otros robots y su precio va a desplomarse.

En estas condiciones, puede esperarse que los robots sigan la tendencia de otros aparatos y que los precios bajen hasta un nivel en el cual puedan ser adquiridos por cualquier persona que tenga ingresos decorosos y por supuesto por los gobiernos, las empresas y fábricas.

Superar sus Limitaciones

Para desempeñarse con eficacia alrededor de entornos de trabajo continuamente cambiantes, los robots deberán estar conscientes de sus limitaciones. En una forma similar a cómo los seres humanos estamos conscientes de lo que es factible.

La mejor manera sería planeando la tarea completa antes incluso de empezarla, pero esto podría ser poco realista en muchos casos. Por ejemplo, si un robot de casa es ordenado a poner la mesa, comenzaría por localizar la mesa, y lo que debe ir en la parte superior y donde. Sin embargo, debe comenzar limpiando la mesa para no cometer errores tontos como tratar de colocar un plato sobre una computadora portátil o documentos.

Una forma de hacerlo es determinando la probabilidad de que los objetos estén donde tienen que estar y echarle una 'mirada' al objeto, hacer 'preguntas' o encontrar dónde está el objeto. Empezaría con una cierta creencia y tomaría acciones para obtener más información, incrementalmente planificando y aprendiendo mientras lo hace. En un momento dado, el robot incluso podría decidir que una tarea es demasiado difícil, o aun imposible, y por lo tanto parara antes de cometer un error serio.

Interacción con Humanos

El mejor resultado es que los robots absorban todo el trabajo. El peor resultado es que los robots absorban los puestos de trabajo sin tener una economía que no requiera que la gente tenga un trabajo para poder vivir bien.

La inteligencia artificial, los robots y los avances tecnológicos en general podrían eliminar la necesidad de que la gente tenga que trabajar. La escasez podría ser una cosa del pasado, sin embargo, si la sociedad no cambia y se adapta, esta abundancia podría estar en manos del 1% de la población del mundo y el otro 99% podrían convertirse en parias sin dinero, esperanza o futuro.

Las presiones sociales podría reducir la tolerancia a la IA y a los robots. Especialmente si se empiezan a eliminar cada vez más empleos y no hay respuesta a esta situación de desempleo masivo.

Los robots androides tendrán un momento especialmente difícil. No puede haber ninguna garantía de su aceptación. En nuestras sociedades, donde pequeñas diferencias entre los seres humanos han sido la raíz del racismo y el odio, sería sorprendente si los androides no terminen siendo la nueva víctima de estas tradiciones nefastas.

Para evitar la discriminación, los robots podrían ser construidos de tal modo que se vean agradables y más como mascotas que como humanos; así, como mascotas tal vez si serian bien aceptados. En particular, si estos robots pareciesen agradables e indefensos.

Estas consideraciones no excluyen totalmente a los androides para el compañerismo y las relaciones sexuales, a pesar de que podrían ser confinados a la intimidad del hogar.

Tipos de Robots

Tan pronto como la IA sea lo suficientemente madura para ser capaz de guiar a los robots en sus de operaciones de día a día, habrá una carrera para diseñar y vender robots mejores y más útiles.

Al principio, ellos tomarán la forma de las máquinas que ya conocemos, como los coches y camiones. En poco tiempo, habrá nuevas formas y nuevas tareas. Como ya hemos descrito su IA, ahora vamos a describirlos de acuerdo a su cuerpo y funcionalidad.

• Robots de Trabajo: Afrontaran los trabajos que la gente debe hacer, pero odia hacer, no quiere hacer, o simplemente no puede hacer. Como limpiar, cocinar, mantenimiento, seguridad, minería, desactivación de explosivos. Habrá un aumento constante en el número y variedad de éstas máquinas.

• Robots Intelectuales: Son los que nos ayudarán a hacer las cosas que nos gusta hacer, como la aventura, la creatividad, la socialización, el estudio y otras actividades que hasta ahora se consideran estrictamente humanas.

Los obreros robots son máquinas relativamente simples así que, para hacer más fácil su trabajo, su ambiente tendrá que ser adaptado. Al igual que las fábricas han sido rediseñadas para que los robots industriales puedan realizar sus actividades preprogramadas.

Sin embargo, los robots intelectuales tendrán que hacer frente a la difícil tarea de comprender las complejidades del mundo humano. Por su propia naturaleza, tenderán a tener formas androides.

Utilitario

La IA operara una gran variedad de máquinas. La principal diferencia será que no habrá necesidad de la cabina del operador o preocupación sobre su seguridad o fatiga.

Eliminando la discrepancia en la habilidad de los conductores va a hacer los coches más seguros. Por otra parte, los automóviles serán mucho más ligeros debido a una menor preocupación acerca de accidentes y a materiales súper fuertes como la fibra de carbono que serán cada vez más baratos, aunado a baterías más pequeñas y más potentes. Su diseño también cambiará, sin conductor el planteo interior de los asientos será flexible. Podría haber asientos con mesas, como en los trenes, o tal vez se parecerán a los cubículos de primera clase en un avión. Una combinación de ligereza, potencia y control perfecto podría hacer posible la utilización del efecto suelo e incluso coches voladores.

La maquinaria de construcción será también diferente. Para cavar un túnel, o tender un tubo subterráneo, una máquina podría cavar el agujero y revestirlo con plástico reforzado con fibra de carbono o con nanotubos de carbono, no hay preocupación acerca de la ventilación, la seguridad del operador y otras situaciones. Una casa o un edificio puede ser impreso en 3D, incluyendo pisos, paredes, techos, muebles empotrados, tuberías y cables eléctricos, un conjunto de robots puede hacer el trabajo de acabado: uno que instala las puertas y ventanas, otro para ajustar el baño y electrodomésticos de la cocina y un tercero para limpiar la casa.

Muchas fábricas serán cien por ciento automatizadas. Los robots podrían sustituir a los trabajadores directamente, y también la presencia de los robots forzara el flujo de trabajo y el diseño de las plantas cambiara, como ya ha pasado, con el fin de tomar ventaja de esta mano de obra barata y más dispuesta. Trabajar día y noche será estándar, con tiempo de inactividad únicamente para mantenimiento. No comer, no dormir, no pagar y así todo el dinero se destina a los accionistas.

Insectos

Zánganos de tamaño milimétrico, abejas artificiales, robots depredadores matando moscas y mosquitos. Usted podrá comprarlos en el centro comercial. Espié a los vecinos y protéjase de los insectos reales, será divertido.

Lo anterior no son fantasías totales, estos tipos de mecanismos estarán disponibles, podrían tener su propia IA, o el IA del teléfono inteligente podría ser su guía.

Utilizando los mismos modelos u otros aún mejores, los gobiernos, las corporaciones y los espías sabrán todo sobre todo el mundo. ¿Qué van a hacer con toda esta información? ¿Servirá simplemente para alimentar a las IA, que luego cotejaran estos hechos irrelevantes de todos estos datos sin sentido?

Mascotas

Por fin una buena noticia, a los amantes de las mascotas les irá bien. Un perro que es adorable y no pii o puu, no necesita alimento y no envejece. Un gato que obedece sus órdenes e incluso puede mantener una conversación con usted cuando esté solo. Y ese robo-tiranosaurio que cuida a su perro cuando usted está ausente.

No está claro si las mascotas reales serán desplazadas por robo-mascotas, pero estos últimos tendrán ventajas grandes. Los perros, gatos y otros animales tendrán que luchar duro para conservar los miles de años de larga simbiosis con los humanos.

Androides

Qué aparatos tan impresionantes serán estos humanoides o robots, algunos de los cuales incluso lucirán como humanos. Es un sueño, sirvientes y trabajadores para hacer todo el trabajo. Desayuno en la cama, el mayordomo que le guiará a través de su vida social y le ayudará a vestirse. Esto va a ser un sueño para los holgazanes.

Imagínese, su esposa tiene un dolor de cabeza así que usted se va a cenar con su robo-réplica. Este robot va a pensar y responder como ella, podrían incluso estar en sintonía en tiempo real con ella y así podrían ahorrarse su comida. En su casa habrá pequeños gnomos limpiando, poniendo todo en su lugar y haciendo las tareas domésticas. ¿Para qué será usted necesario?

Robots Futuros

En un mundo con robots inteligentes, ¿qué se puede hacer para mejorarlo? Bueno, primero que nada, hacer lo que hoteles de siete estrellas anhelan, que sus servicios sean discretos. Luego los queremos más pequeños. Por último, pero no menos importante, que sean perfectos.

Discreto

Después de que se desvanezca la novedad y el encanto, el ver robots en todas partes va a ser molesto e ineficaz. Tiene que haber una manera de hacer que hagan lo que tienen que hacer sin que nos demos cuenta de que lo están haciendo.

El primer paso es ocultarlos en rincones y nichos cuando no estén realizando su trabajo. El siguiente paso es el rediseño de los entornos de vida o de trabajo con el fin de que estos robots funcionen de formas peculiares para evitar ser vistos o percibidos.

Para cuando los robots sean tan comunes que deban estar ocultos, el lugar donde usted trabaja probablemente será el mismo que donde usted vive. O, más explícitamente, podrá trabajar en el lugar que desee, incluso en casa.

Otra consecuencia de mantener a los robots fuera del camino sería que la gente podría reunirse y buscarse el uno al otro. Creando un auge social.

Nanotecnología

Si desea ocultar algo, hágalo microscópico. La nanotecnología va a logralo.

Por supuesto, no todos los robots podrán ser microscópicos, pero una gran cantidad de funcionalidad podría incorporarse en los nano-robots.

El Robot Perfecto

El robot perfecto podría ser antropomórfico, con una apariencia versátil de acuerdo con las circunstancias, aun desapareciendo de la vista.

Será lo que usted quiera que sea, su réplica, el mayordomo, y más inteligente que usted pero obedeciendo sus caprichos y órdenes todo el tiempo, más fuerte que usted pero adaptable a diferentes situaciones. Será la fantasía de lo que a usted le gustaría ser.

Su IA va a ser, el que le proporciona ventajas en armonía con usted. Podría ir a hacer mandados como usted o con usted. Su robot será perfecto, y usted también.

'Si la raza humana quiere tener un período prolongado e indefinido de prosperidad material, sólo tiene a comportarse de una manera pacífica y útil hacia los demás'. **Winston Churchill.**

¿Qué es la Incertidumbre?

'Lo único que hace posible la vida es la permanente e intolerable incertidumbre, el no saber qué viene después'. **Ursula K. Le Guin.**

L a vida está llena de incertidumbres. Somos capaces de vivir en la neblina de la incertidumbre día a día y hacer elecciones y tomar decisiones sin ser abrumados demasiado por ella. El mundo real también está lleno de incertidumbres, pero nosotros no estamos conscientes de ellas porque la evolución nos ha preparado para ignorarlas y tratarlas como 'fenómenos naturales'.

En el diseño de modelos que representan eventos futuros, el tema de la incertidumbre se vuelve muy importante. Mientras más complejo sea el modelo, es más importante analizar las fuentes y las formas de hacer frente a la incertidumbre.

La incertidumbre se utiliza para cubrir una multiplicidad de conceptos. Se asocia a múltiples causas, es acerca de:

- Información incompleta.
- Imprecisión lingüística.
- Variabilidad de una medición.
- Falta de conocimientos acerca de un parámetro o una fórmula.
- Dudas sobre el modelo utilizado para representar un sistema.
- El uso de un modelo simplificado para facilitar el análisis.
- Las condiciones en el mundo real.
- Estado futuro de un sistema.
- Nuestras preferencias, o los de nuestros patrocinadores.
- Las soluciones.

Incluso podemos estar inciertos acerca de la incertidumbre.

La variedad de tipos y fuentes de incertidumbre es confusa. Especialmente confusa porque estamos programados para actuar en su presencia sin siquiera darnos cuenta de que son 'calculables'. Las personas y las naciones hacen planes futuros pasando por alto la incertidumbre. Si lo pensamos bien, sabemos que hay incertidumbre sobre el futuro, pero no pensamos en ello, ni planificamos tomándolo en cuenta.

Hasta donde sabemos, nuestros cerebros están diseñados para hacer frente en forma automática a algunas de las incertidumbres que nos encontramos a lo largo de nuestras vidas. De lo contrario, no seríamos capaces de pensar en el futuro y preparar el Plan A o Plan B si algo sale mal. En el diseño de una IA será necesario tratar directamente con las incertidumbres para permitir que los algoritmos logren planificar el futuro y así tomar las mejores decisiones posibles. Al tomar en cuenta la incertidumbre se utiliza más eficazmente la información disponible, que si ésta se ignora.

Cómo Cuantificar la Incertidumbre

En 1812, Pierre-Simon marqués de Laplace escribió en la introducción a su '*Théorie analytique de Probabilités*': 'La teoría de la probabilidad es en el fondo nada más que el sentido común reducido al cálculo'. La probabilidad incluye las herramientas matemáticas que se utilizan para manejar la incertidumbre.

La probabilidad analiza los fenómenos aleatorios usando formulaciones donde cada 'evento' tiene un valor entre cero y uno y el evento compuestos de todos los resultados posibles tiene un valor de uno.

Por otra parte, la técnica que define un espacio de probabilidad, donde los resultados son diferentes en los distintos ensayos, es una herramienta fundamental de la probabilidad para manejar las incertidumbres en situaciones del mundo real donde los acontecimientos ocurren al azar. Esta técnica consiste de tres partes:

1. Un espacio de muestras. Es el conjunto de todos los resultados posibles.
2. Un conjunto de eventos. Donde cada evento es un conjunto que contiene cero o más resultados.
3. La probabilidad asignada a los eventos por medio de una función de probabilidad que liga los eventos a los niveles de probabilidad.

Un resultado es el producto de una ejecución del modelo.

Probabilidad

Como la base matemática de las estadísticas, la teoría de probabilidades es esencial en muchas actividades humanas que implican el análisis cuantitativo de conjuntos de datos.

Implica el análisis de variables y eventos aleatorios, funciones de probabilidad, procesos estocásticos y de sistemas complejos en los cuales hay un conocimiento incompleto de su estado.

La mecánica cuántica, los sistemas caóticos y ahora la IA pueden ser descritos y comprendidos sólo cuando se consideran como fenómenos probabilísticos.

Variables Aleatorias

Una variable, cuyo valor es el resultado de una medición en algún tipo de proceso aleatorio es una variable aleatoria o estocástica. Muchas veces, una variable aleatoria es una descripción numérica del resultado de un experimento. Una variable estocástica es un conjunto de variables aleatorias indexadas por el tiempo o cualquier otra dimensión.

Es más conveniente asociar valores numéricos con los resultados de un experimento que trabajar directamente únicamente con descripciones. Las variables aleatorias son funciones con valores reales que asocian cada elemento de un conjunto a un número real único en un espacio de muestras

Cuando una variable aleatoria toma siempre el mismo valor, como resultado de un experimento, entonces es una constante.

Formulación Matemática

Definiciones: Una variable aleatoria es una función que asigna un número a cada punto en un espacio de muestra S.

Si S es un espacio de muestra,

y e es el valor del resultado, un elemento genérico en S,

entonces X es una variable aleatoria, o sea una función de valor real,

donde $X = X(e)$.

En la notación de una variable aleatoria, el argumento e no es de uso frecuente.

Distribuciones de Probabilidad

Las asociaciones de variables aleatorias con una probabilidad se incorporan en una 'función de densidad de probabilidad', la cual en sus dos casos sigue las siguientes propiedades básicas:

1. Una variable aleatoria 'discreta' describe resultados que son finitos en número. En este caso, las probabilidades de todos los resultados deben añadir a uno.

2. Una variable aleatoria 'continua' simboliza un número infinito de posibles resultados, y la integral de la función de densidad debe ser igual a uno sobre toda la gama de resultados.

En el caso discreto, las probabilidades de los resultados específicos son la suma de las probabilidades, y en el caso continuo estas son la integración de la función de densidad, en el intervalo correspondiente.

Una variable aleatoria también puede ser representada por su valor esperado (o media, o primer momento), que es el promedio ponderado de todos los valores posibles que esta variable aleatoria puede asumir. Y por su desviación estándar (o segundo momento), que muestra la cantidad de dispersión existente en la media. Una desviación estándar baja indica que los puntos de datos tienden a estar muy cerca de la media, mientras que la desviación estándar alta indica que los puntos de datos se extienden sobre un gran rango de valores.

Formulación Matemática

Definiciones:

$x_1, x_2, \ldots, x_n$ valores que puede asumir una variable aleatoria X.

$\{X = x_i\}$ o $X(e) = x_i$ un conjunto de todos los resultados e.

$f(x_i) = P\{X = x_i\}$ la función de distribución de probabilidad de X.

Así que, en el caso discreto, de acuerdo con las propiedades básicas de probabilidades:

$$f(x_i) \geq 0 \text{ for all } i, \qquad \sum_i f(x_i) = 1$$

y

$$P\{a < X \leq b\} = \sum_{a < x_i \leq b} f(x_i)$$

para cualesquiera números reales a y b.

En el caso continuo, la función de densidad es una integral, o sea:

$$\int_{-\infty}^{\infty} f(x)\, dx = 1$$

y

$$P\{a \le X \le b\} = \int_{a}^{b} f(x)dx,$$

para el intervalo *(a, b)*. La probabilidad de que X caiga dentro de este intervalo es el área bajo la gráfica de *f* entre *a* y *b*.

La función de distribución acumulativa de una distribución de probabilidad continua también debe ser continua.

Teorema de Bayes

El Reverendo Thomas Bayes nació en Inglaterra alrededor del año 1702 y supuestamente murió en 1761, él descubrió la manera de calcular una distribución de probabilidad para el parámetro de una distribución binomial y este descubrimiento más tarde sería conocido como el Teorema de Bayes. Su amigo Richard Price editó y presentó este trabajo en 1763, después de la muerte de Bayes, como '*Un Ensayo hacia la solución a un Problema en la Doctrina de Chances.*' El matemático francés Pierre-Simon Laplace reprodujo y amplio estos resultados en 1774, al parecer ignorante del trabajo de Bayes.

Este teorema expresa la forma en la cual una opinión con un valor subjetivo debe cambiarse racionalmente al tomar en cuenta la evidencia. La aplicación del Teorema de Bayes para actualizar las creencias se llama inferencia bayesiana.

Inferencia Bayesiana

En esta interpretación, la probabilidad mide un grado de creencia. El Teorema de Bayes realiza las operaciones para controlar el grado de creencia en una proposición antes y después de considerar la evidencia. Para una proposición A y evidencia X,

- *p(A)*,   *a priori*, es el grado inicial de la creencia en A.
- *p(A|X)*,   *a posteriori*, la creencia después de considerar X.
- *p(X|A)/p(X)*   la probabilidad que el apoyo X provee a A.

El enfoque bayesiano para aprendizaje automático trata el modelo y sus parámetros como variables adicionales no observadas y calcula una distribución posterior condicionada a los datos observados. Este enfoque puede ser computacionalmente costoso y da lugar a modelos de grandes dimensiones.

Otro descubrimiento son las redes bayesianas, las cuales pueden resolver problemas como:

- Razonamiento, utilizando el algoritmo de inferencia bayesiana.
- Aprendizaje, con el algoritmo de expectación y maximización.
- Planificación, usando redes de decisión.
- Percepción, usando redes bayesianas dinámicas.

El Teorema de Bayes tiene un impacto profundo en la ciencia, aún el método científico es un caso especial de esta forma de pensar.

Formulación Matemática

Si A es un evento, y $\sim A$ es la negación de A, donde $p(A) + p(\sim A) = 1$, y X es un evento observado, donde $p(A)$ es el grado de la creencia *a priori* en A antes de que X sea observado, y $p(A|X)$ es la creencia *a posteriori* en A después de la observación X.

Entonces, el Teorema de Bayes es:

$$p(A|X) = \frac{p(X|A) * p(A)}{p(X|A) * p(A) + p(X|\sim A) * p(\sim A)}$$

Procesos Estocásticos

Los sistemas dinámicos deterministas son aquellos en los que sólo hay una forma posible en la cual el proceso pueda desenvolverse con el tiempo. En un proceso estocástico, o aleatorio, existe una incertidumbre en la forma en la cual el proceso va a desenvolverse con el tiempo, la cual es especificada por distribuciones de probabilidad. A partir de un estado inicial, y conforme avanza el tiempo hay muchos caminos hacia su desenlace, algunos caminos son más probables que otros.

Los procesos estocásticos se refieren a una familia de variables aleatorias que están indexadas en función de otra variable o conjunto de variables. Estos índices pueden ser discretos o continuos, y en general reflejan cambios con respecto al tiempo.

Los procesos estocásticos incluyen los procesos de Markov, procesos de Poisson (como la desintegración radiactiva), ecuaciones diferenciales estocásticas y series de tiempo.

Ecuaciones Diferenciales Estocásticas

Las ecuaciones diferenciales estocásticas (SDE de Stochastic Differential Equation en inglés) se utilizan para modelar diversos sistemas físicos dinámicos que están sujetos a la incertidumbre. Una ecuación diferencial, donde uno o más de sus términos es un proceso estocástico, es una ecuación diferencial estocástica y su solución es un proceso estocástico. El ruido blanco, el movimiento browniano, procesos de Wiener o procesos de difusión se utilizan para introducir las fluctuaciones aleatorias en las ecuaciones diferenciales estocásticas.

Otro enfoque a los procesos estocásticos los trata como funciones de uno o varios argumentos cuyos valores son variables aleatorias, valores no deterministas que tienen ciertas distribuciones de probabilidad.

Formulación Matemática

Presentamos la notación usada para resolver ecuaciones diferenciales estocásticas utilizando métodos numéricos.

Una ecuación diferencial estocástica típica es de la forma:

$$dX_t = \mu(X_t, t)dt + \sigma(X_t, t)dB_t$$

donde B denota un proceso de Wiener o movimiento browniano estándar. Su ecuación integral correspondiente es:

$$X_{t+s} - X_t = \int_t^{t+s} \mu(X_u, u)du + \int_t^{t+s} \sigma(X_u, u)dB_u$$

Las ecuaciones anteriores caracterizan el comportamiento de un proceso estocástico continuo X_t.

Una interpretación de estas ecuaciones diferenciales estocásticas es que en un pequeño intervalo de tiempo de longitud δ el proceso estocástico, X_t cambia su valor en una cantidad que se distribuye normalmente con expectativa $\mu(X_t, t)\delta$ y varianza $\sigma(X_t, t)^2\delta$, independiente de los estados anteriores del proceso. Esto es así porque los incrementos de un proceso de Wiener son independientes y distribuidos normalmente.

También hay ecuaciones diferenciales estocásticas más generales donde los coeficientes μ y σ dependen no sólo el valor actual del proceso X_t, sino también de los valores anteriores del proceso y posiblemente también en los valores actuales o anteriores de otros procesos.

Filtrado Óptimo

Para analizar procesos inciertos que ocurren con el tiempo, la implementación del filtrado óptimo hace uso de algoritmos de probabilidad para el filtrado, la predicción, corrección y para hallar explicaciones de los flujos de datos. Ayudados por sistemas de percepción, tales como los modelos ocultos de Markov o filtros de Kalman.

Filtro de Kalman

Como una aplicación de redes bayesianas dinámicas, el filtro de Kalman estima el rendimiento de un sistema en el tiempo, usando mediciones actuales, de la misma manera como el Teorema de Bayes calcula una función de densidad de probabilidad desconocida en el tiempo, usando mediciones posteriores.

El filtro de Kalman, creado por Rudolf E. Kálmán, tiene muchas aplicaciones en la tecnología. Este algoritmo manipula flujos de datos de entrada con ruido en tiempo real, típicamente procedentes de mediciones de sensores, y filtra los errores utilizando un método de mínimos cuadrados, optimizado con una predicción matemática del estado futuro, generado a través del modelo del sistema. A través de un factor conocido como la Ganancia Kalman, las diferencias entre la estimación a priori y la observación a posteriori se minimizan para mejorar las predicciones que siguen. Este método produce mejores estimaciones que los que se basan en una única medición o en una predicción basada en el modelo.

El algoritmo del Filtro Kalman es un método optimizado para la determinación de la mejor estimación del estado de un sistema dinámico. En cada intervalo de tiempo, el Filtro Kalman produce estimaciones de los valores desconocidos, junto con sus incertidumbres. Una vez que el resultado de la siguiente medición es observada, estas estimaciones se actualizan, mediante una media ponderada que otorga más peso a las estimaciones con menor incertidumbre.

El Filtro Kalman supone que el sistema bajo evaluación:

- Es un sistema dinámico lineal.
- Todos los términos de error y las mediciones tienen una distribución de Gauss, que podría ser una distribución gaussiana multivalente.

El Filtro de Kalman es un estimador recursivo donde sólo se necesitan el estado anterior y la última medición para calcular la estimación del estado actual.

El Filtro Kalman original sólo trata de sistemas lineales, sin embargo, los sistemas pueden ser no lineales. La no linealidad puede estar dentro del proceso, en el modelo, o en ambos. El Filtro Kalman Extendido es la versión no lineal del Filtro Kalman.

Formulación Matemática

Este es resumen de las ecuaciones de filtro de Kalman, basado en mediciones generales y ecuaciones de transición.

1. Prediga una futura variable no observada X_{t+1} sobre la base de la estimación actual de la variable no observada $X_{(t+1)P}$, la ecuación de transición es de la forma:

$$X_{(t+1)P} = a_t X_{tP-ADJ} + g_t + \theta_t$$

Donde a_t y g_t son parámetros variables en el tiempo y θ_t es una variable estocástica.

Nota: $X_{0P\text{-}ADJ} = X_0$ es normal con media μ_0 y desviación estándar σ_0. $N_{(\mu 0, \sigma 0^2)}$ - *ADJ*, es el valor pronosticado ya corregido.

2. Utilice la variable prevista no observada para predecir la futura variable observable Y_{t+1} y llámela $Y_{(t+1)P}$, entonces la ecuación de medición toma la forma:

$$Y_{(t+1)P} = m_t X_{(t+1)P} + b_{t+1} + \varepsilon_{t+1}$$

Donde m_t es un parámetro variable en el tiempo y ε_t es una variable estocástica.

3. Cuando la variable observable futura realmente ocurra, calcule el error en la predicción:

$$Y_{(t+1)E} = Y_{t+1} - Y_{(t+1)P}$$

4. Genere una mejor estimación de la variable no observada en el tiempo *(t+1)* y empiece el proceso de nuevo para el tiempo *(t+2)*:

$$X_{(t+1)P-ADJ} = X_{(t+1)P} + k_{t+1} Y_{(t+1)E}$$

Nota: k_{t+1} es la 'Ganancia Kalman' y se configura para minimizar la varianza de $X_{(t+1)P\text{-}ADJ}$; donde p_{t+1} es la varianza de $X_{(t+1)P}$:

$$k_{t+1} = \frac{p_{t+1}m}{p_{t+1}m^2 + r_t} = \frac{Cov(X_{(t+1)P}, Y_{(t+1)P})}{Var(Y_{(t+1)P})}$$

donde *Var(x)* representa la varianza de *x* y *Cov(x)* su covarianza.

'La probabilidad es la expectativa fundada en un conocimiento parcial. Un perfecto conocimiento de todas las circunstancias que afectan a la ocurrencia de un evento cambiaría la expectativa a certeza, y no dejaría espacio ni necesidad para una teoría de las probabilidades'. **George Boole.**

Matemáticas en IA

'En cuanto a las leyes de la matemática se refieren a
la realidad, no son ciertas, y en cuanto son ciertas,
no se refieren a la realidad'. **Albert Einstein.**

Para cualquier motivación que los investigadores de IA incluyan en su programación, siempre habrá excepciones. Si estas motivaciones están estrictamente basadas en la lógica, entonces por definición sus valores asociados, verdadero o falso, no pueden manejar estas excepciones. El razonamiento probabilístico es necesario para manipular la realidad.

Los robots industriales ya existentes, y los cuales no se basan en ningún tipo de Inteligencia Artificial, operan únicamente sobre instrucciones lógicas para hacer su trabajo. Por consiguiente, una manera de diferenciar entre las máquinas inteligentes y las que no lo son, puede ser que la primera considera la incertidumbre.

Desafíos

Los algoritmos de IA requieren de enormes recursos computacionales, la solución de muchos de sus problemas requiere de cantidades de memoria o tiempo de computadora que crece de manera exponencial o combinatoria. La búsqueda de algoritmos eficientes es fundamental en la investigación de la IA.

Hay mediciones para el grado de dificultad en la solución de problemas matemáticos, y es bien sabido que algunos problemas no se pueden resolver.

Algunos argumentan que la creación de la 'inteligencia' es uno de esos problemas. Sin embargo, nuestra inteligencia humana de alguna manera lo logra. La existencia de la inteligencia humana demuestra que se puede hacer, la pregunta es: ¿Se podrá hacer con un enfoque diferente del de la evolución?

A continuación abordamos algunos de estos desafíos.

Teoría de Complejidad Computacional

Una tarea que una computadora puede resolver ejecutando un algoritmo es un problema computacional. Si la solución de un problema computacional requiere de recursos considerables, en términos de potencia de cálculo y tiempo, entonces puede estar asociado con una clase de complejidad.

Las clases de complejidad son un conjunto de problemas de complejidad relacionada, definidos por los siguientes factores:

- El tipo de problema computacional: decisión, función, conteo, optimización, predicción.
- El modelo computacional: máquina de Turing determinista, máquina de Turing no determinista, máquina de Turing cuántica, redes booleanas, circuitos monótonosm maquina de Gödel.
- Recursos: tiempo polinomial, espacio logarítmico, profundidad constante.

Si un algoritmo puede resolver un problema, entonces una máquina de Turing puede resolver el problema, esta es la tesis de Church-Turing. Por lo tanto, el concepto de las máquinas de Turing es útil en el estudio de la teoría de la complejidad. Algunos problemas complejos o bien no tienen una solución conocida o son intratables. Problemas intratables son los que se pueden resolver, pero tomarían mucho tiempo para llegar a una solución.

Muchos de los problemas encontrados en la IA son complejos o intratables, o ambos. Se requieren estrategias especiales para resolver este tipo de problemas, los cuales incluyen procesos estocásticos y teoría de optimización.

Conocimientos

Una IA práctica necesita al menos un mínimo grado de conocimiento acerca de su entorno operativo. Esto incluye:

- Un catálogo de objetos conocidos y sus propiedades.
- Categorías de objetos y relaciones entre estos objetos.
- Qué causa un evento y cuáles son los efectos producidos por el evento.

- Situaciones pasadas y posibles eventos futuros.
- Estados internos y externos actuales.
- Marcos temporales de los eventos pasados, presentes y predichos.

El potencial de conocimiento de cualquier persona es enorme. Sin embargo, éste conocimiento es mayormente aprendido. Por lo tanto, si la computadora tiene un núcleo de conocimientos predefinidos, y adecuados algoritmos de aprendizaje, será capaz de aprender y por lo tanto será capaz de obtener una gran parte de estos conocimientos. Aun mejor, una vez que una IA aprenda, este conocimiento podría ser descargado en otra IA, y viceversa, haciendo el proceso de aprendizaje mucho más rápido.

El conocimiento es incierto, sabemos lo que es un pájaro, y no tenemos ningún problema en reconocer un pájaro que nunca hemos visto, esto es lo que una IA tendrá que lograr. Tendrá que comparar el pájaro con los objetos en su catálogo y encontrar la categoría que más se ajuste al ave, y entonces concluirá que lo más probable es que sea una ave, de la misma manera que nosotros lo hacemos.

Facultades

Para fijar objetivos y alcanzarlos, las implementaciones de inteligencia artificial tendrán que visualizar el futuro. Dado el estado actual de su mundo, debería ser capaz de predecir cómo sus acciones lo cambiarán, al mismo tiempo maximizando sus motivaciones. La IA sabrá que no está sola en su mundo, por lo que continuamente deberá verificar si los estados observados coinciden con sus predicciones, y cambiar su plan según sea necesario. Por lo tanto, la IA deberá razonar en situaciones de incertidumbre.

Nuestro cerebro toma decisiones inconscientemente. Estas decisiones adoptan la forma de intuiciones, que son muy difíciles de explicar a un nivel consciente. Será necesario que una inteligencia computacional proporcione formas de representar este tipo de conocimientos, a pesar de que su aplicación podría formular estas decisiones como 'conscientes' con la IA plenamente lúcida del proceso de decisión.

Soluciones

Existen herramientas matemáticas para resolver algunos de los retos para crear máquinas que parezcan ser, o tal vez sean, inteligentes.

Una máquina que parezca ser inteligentes y pueda hacer cosas útiles en un entorno real o virtual también deberá funcionar de manera eficiente.

En la actualidad, los sistemas complejos se controlan mediante controles, instrumentos y aparatos de medida, en combinación con las implementaciones de programas de control con operadores humanos que proporcionan la inteligencia. Metodologías de optimización son el núcleo del software de control, que cuando se mejoren para manejar problemas de sentido común podrian proporcionar un control autónomo.

Sistema Experto Basado en Reglas

En las décadas de los 1970 y 1980, el enfoque dominante en la inteligencia artificial fue tratar de captar el proceso del juicio humano en función de reglas implementadas en programas de computadora.

La programación basada en reglas funciona a partir de un conjunto dado de datos y reglas. Un sistema basado en reglas tiene cuatro componentes básicos:

En primer lugar, una lista de reglas, específicas en base de conocimientos relacionados con el problema.

En segundo lugar, estas reglas se aplican basándose en la siguiente formulación:

SI *condición* ENTONCES *acción*

En tercer lugar, un motor semántico o de inferencia selecciona una acción basada en la información y las reglas aplicables. Luego se realiza un ciclo de actos de hallar coincidencias y su resolución:

- Coincidencias: el motor encuentra todas las reglas que son satisfechas por el contenido actual de los datos.
- Resolución de Conflictos: Las coincidencias encontradas son candidatas para ser implementadas, son el conjunto de los conflictos. El motor selecciona la combinación de regla y coincidencia que sea la más adecuada dentro de ese conjunto.
- Acción: Las acciones seleccionadas en la resolución de conflictos se ponen en práctica.

En cuarto lugar, una memoria temporal de trabajo y una interfaz de usuario o el enlace con el mundo exterior para recibir y enviar señales de entrada y de salida.

Estos modelos permiten una separación de los conocimientos, que están contenidos en las reglas, y del control, que es dado por el motor de inferencia. Estos métodos son específicos para una situación dada y pueden ser utilizados para implementar algunas soluciones en la Fase I de IA estrecha.

Sistemas Difusos

La lógica difusa fue propuesta en 1965 por Lotfi A. Zadeh, de la Universidad de California en Berkeley. Es un sistema matemático que analiza valores de entrada analógicos en términos de variables lógicas que toman valores continuos entre 0 y 1, en contraste con la lógica clásica o digital, que opera en valores discretos de 0 o 1, falso o verdadero. La lógica difusa tiene la ventaja de que la solución de un problema puede expresarse en términos que los operadores humanos pueden comprender, de tal manera su experiencia puede ser usada en el diseño del controlador. Esto hace que sea más fácil mecanizar tareas que ya son llevadas a cabo exitosamente por seres humanos.

La lógica difusa se ha convertido en un sistema de conceptos y técnicas bien estructuradas, basado en matemáticas sólidas y con un número cada vez mayor de aplicaciones.

Los sistemas difusos basados en lógica difusa han sido mayormente ignorados en los EU Sin embargo, los japoneses han adoptado con entusiasmo la lógica difusa. La han investigado e implementado en una amplia gama de aplicaciones, incluyendo el reconocimiento de caracteres y escritura; sistemas ópticos difusos, robots, entre ellos uno que hace arreglos florales japoneses y helicópteros controlados con la voz.

Una combinación de operaciones difusas y de inferencia basada en reglas describe a un sistema experto difuso. Sus estrategias parecen ser desconcertantes, ya que parece ser que podrían aplicarse sin usar la lógica difusa. Se basan en el siguiente esquema:

- En un sistema difuso, las variables específicas de entrada se asignan a conjuntos de funciones de asociación, conocidos como conjuntos difusos.
- Este proceso convierte un valor de entrada específico en un valor difuso, se llama difusificación.
- Para determinar el resultado se invocan todas las reglas que sean aplicables, utilizando las funciones de asociación y la valores verdaderos obtenidos de las mediciones,.
- Este resultado, a su vez, se hace corresponder a una función de asociación y a un valor verdadero el cual controla la variable de salida.
- A través de un procedimiento conocido como dedifusificación, estos resultados difusos se combinan para dar una respuesta específica,

Granulación de Información Difusa

Este es un concepto en sistemas difusos de particular importancia para la IA, ya que facilita el modelar la toma de decisiones humanas utilizando sólo la información relevante para la decisión.

Esta teoría considera que de los conceptos básicos que subyacen a la cognición humana, tres de ellos destacan en importancia. Estos son:

- granulación,
- organización y
- causalidad.

Granulación implica la descomposición del todo en partes. Organización implica la integración de las partes en su conjunto. Causalidad se refiere a la asociación de las causas con los efectos. La granulación de un objeto conduce a una colección de gránulos, con un gránulo siendo un grupo de objetos unidos por ser indistinguibles, o similares, o próximos, o por su función.

La difusión de los gránulos es una consecuencia directa de la falta de claridad en los conceptos de la falta de distinción, semejanza, proximidad y funcionalidad. Por ejemplo, los gránulos de una cabeza humana son la frente, la nariz, las mejillas, las orejas, los ojos, etc. La granulación también puede ser de naturaleza jerárquica. Un ejemplo conocido es la granulación del tiempo en años, meses, días, horas, minutos, etc.

Los gránulos bien definidos no son adecuados en situaciones del mundo real, como el razonamiento humano y la formación de conceptos, donde la mayoría de los gránulos son difusos. Los gránulos de una cabeza humana, son borrosos, por ejemplo, en el sentido de que los límites entre las mejillas, nariz, frente, las orejas, etc, no están claramente definidos. Por otra parte, también lo son los atributos de gránulos borrosos, como en este ejemplo:

- cabeza ~ nariz + pelo + mejilla izquierda + mejilla derecha + ...
- pelo ~ longitud + color + textura + ...
- longitud ~ largo + corto + muy largo + ...

La granulación con información difusa subyace en la notable capacidad humana para tomar decisiones racionales en un ambiente de imprecisión, conocimiento parcial, certeza parcial y verdad parcial. Lo difuso de los gránulos, sus atributos y sus valores caracteriza la manera en que los conceptos humanos se forman, organizan y manipulan.

La teoría de la granulación de la información difusa se ha inspirado en la forma en que los seres humanos granulan la información y razonan con ella. Sin embargo, los fundamentos de la teoría y su metodología son de naturaleza matemática, la lógica difusa proporciona una metodología para la granulación de información difusa.

La manera en que los humanos emplean información con granulación difusa para tomar decisiones racionales en un ambiente de conocimiento parcial, certeza parcial y verdad parcial podría ser un modelo a seguir para la inteligencia artificial.

Lógica Incierta

La lógica incierta es una generalización de la lógica probabilística, lógica creíble y lógica híbrida en el marco de la teoría de la incertidumbre.

La lógica clásica asume que cada proposición es verdadera o falsa. Sin embargo, un valor difuso no puede ser adecuadamente representado en la lógica clásica ya que una proposición que contiene un valor difuso puede ser ni verdadera ni falsa. Y el conocimiento aleatorio y el conocimiento difuso pueden aparecer simultáneamente en un sistema complejo.

La lógica incierta considera simultáneamente los conocimientos aleatorios y difusos. En un sistema complejo de conocimientos, el conocimiento aleatorio y el difuso pueden ocurrir simultáneamente. La lógica incierta es un medio para hacer frente a un sistema de conocimiento incierto en general. Es consistente con la lógica clásica basada en el principio del intermediario excluido, la ley de la contradicción y la ley de conservación de la verdad para valores inciertos de verdad, y cumple con el marco de la teoría de la incertidumbre.

Formulación Matemática

En la lógica incierta, el valor de verdad para cada proposición constituye una medida incierta representada por medio de *proposiciones inciertas* y *fórmulas inciertas* en lugar de proposiciones y fórmulas, respectivamente.

En términos generales, usamos τ para expresar una proposición incierta y usamos u para expresar su valor incierto. Si utilizamos $\tau = 1$ para expresar τ es cierto, y usamos $\tau = 0$ para expresar τ es falso, entonces τ es esencialmente una variable incierta que se define como

$$\tau = \begin{cases} 1, \text{con incertidumbre } u, \\ 0, \text{con incertidumbre } 1 - u. \end{cases}$$

Sea X una fórmula que contiene proposiciones inciertas $\tau_1, \tau_2, ..., \tau_n$. Es evidente que X es esencialmente una variable incierta tomando valores 0 o 1 y definida por su función de verdad f como

$$X = f(\tau_1, \tau_2, ..., \tau_n)$$

En esta ecuación, los símbolos T_1, T_2, ..., T_n se consideran variables inciertas.

Para cada fórmula incierta X, su valor de la verdad es definido como

$T(X) = M\{X = 1\}$

Para cualquier proposición incierta T, es fácil probar que $M\{T = 1\} = u$, es decir, el valor de verdad de cada proposición incierta es sólo su valor incierto. Además, si $X = f(T_1, T_2, ..., T_n)$, luego

$T(X) = M\{f(T_1, T_2, ..., T_n) = 1\}$

Y para cualquier fórmula incierta X, tenemos

$T(X \land \neg X) = 1$ *Principio del Intermediario Excluido*

$T(X \lor \neg X) = 0$ *Ley de la Contradicción*

$T(\neg X) = 1 - T(X)$ *Ley de Conservación de la Verdad*

Por consiguiente esto prueba que la lógica incierta y la lógica clásica son consistentes y de ahí se infiere que para cualquier fórmula incierta X o Y, tenemos

$T(X) \lor T(Y) \leq T(X \lor Y) \leq T(X) + T(Y)$

Por consiguiente, la lógica incierta es consistente con la lógica clásica lo cual se ha verificado a través de las leyes del intermediario excluido, de la contradicción y de la conservación de la verdad para un valor incierto de la verdad

Optimización

En 1953 el matemático estadounidense Richard Bellman desarrolló los métodos de optimización matemática conocidos como programación dinámica.

La ecuación de Bellman ofrece soluciones óptimas en la teoría de control para la ingeniería, en la teoría económica y en problemas de matemáticas aplicadas. Esta ecuación es una extensión de trabajos anteriores en física clásica que produjeron la ecuación de Hamilton-Jacobi, por William Rowan Hamilton y Carl Gustav Jacob Jacobi.

Control Óptimo

Problemas deterministas de control óptimo durante un período *[0, T]* pueden ser descritos por la siguiente función que representa el valor minimizado del sistema:

$$V(x(0), 0) = \min_u \left\{ \int_0^T C[x(t), u(t)dt + D[x(T)] \right\}$$

donde

$C[]$ es una función escalar de costos,

$D[]$ es la función que da el valor o la utilidad en el estado final,

$x(t)$ es un vector de estado del sistema,

$x(0)$ está dada, y

u(t) para $0 \leq t \leq T$ es el vector de control que estamos buscando.

Este sistema también se regirá por:

$$\dot{x}(t) = F[x(t), u(t)]$$

donde

$\dot{x}()$ Es la primera derivada de $x()$,

$F[]$ es el vector de la variación del vector de estado en el tiempo.

La ecuación diferencial parcial de Hamilton-Jacobi-Bellman (HJB) para este sistema, como se describe anteriormente, es:

$$\dot{V}(x, t) + \min_{u}\{\nabla V(x, t) \cdot F(x, u) + C(x, u)\} = 0$$

Con la siguiente función de sus condiciones finales:

$$V(x, T) = D(x)$$

donde

$V(x, t)$ es la función del valor de Bellman para el costo óptimo del estado x en el tiempo t hasta T,

$\dot{V}()$ es la primera derivada de $V()$,

$a \cdot b$ es el producto escalar de los vectores a y b,

$\nabla V()$ es el operador gradiente de $V()$, definido como el único campo vectorial cuyo producto escalar con cualquier vector a unitario, en cada punto x, es la derivada direccional de $V()$ a lo largo de a.

El resolver esta ecuación para $V(x, t)$ implica encontrar el valor de costo mínimo para el vector de control de $u(t)$. La ecuación HJB se resuelve a veces yendo hacia atrás en el tiempo, a partir de $t = T$ y terminando en $t = 0$.

La Maldición de la Dimensionalidad

En el proceso del desarrollo de sus algoritmos de optimización, Bellman descubrió que la adición de dimensiones a un espacio de solución matemática causa un aumento exponencial en tiempo de computadora para algunos métodos de la solución numérica de la ecuación de Bellman. Llamó a esto la 'Maldición de la Dimensionalidad'.

Redes Bayesianas

Una red bayesiana consta de una gráfica acíclica dirigida y un conjunto de distribuciones locales. Cada nodo en la gráfica representa una variable

144

aleatoria que denota un atributo, característica, o hipótesis sobre las que se puede estar incierto. La gráfica representa las relaciones de dependencia, y las distribuciones locales representan esos valores. Las redes bayesianas proporcionan un medio para expresar las distribuciones de probabilidad conjunta sobre muchas hipótesis relacionadas entre sí que estan simbolizadas por los nodos de la gráfica.

Las redes bayesianas se han utilizado para resolver problemas con conocimiento incierto en diversos campos, tales como IA, diagnóstico médico, reconocimiento de imágenes, comprensión del lenguaje y algoritmos de búsqueda.

Una de las características más poderosas de las redes bayesianas es su capacidad de actualizar las creencias de cada variable aleatoria vía propagación bidireccional de la nueva información a través de toda la estructura.

En 1988 el Dr. Judea Pearl propuso un algoritmo que fusiona y propaga el impacto de nuevas evidencias, proporcionando a cada nodo un vector de creencia consistente con la teoría de la probabilidad. La siguiente figura muestra una representación gráfica del esquema de Pearl de propagación bidireccional.

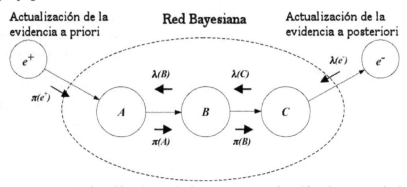

$\pi(X)$ - vectores de evidencia a priori $\lambda(X)$ - vectores de evidencia a posteriori

En las redes bayesianas, los datos pueden ser actualizados con probabilidades a priori o a posteriori. En el primer caso, los nuevos datos fluirán a través de un vector en una línea de evidencia a priori π, mientras que en el segundo caso los datos fluirán a través de un vector en una columna λ de evidencia a posteriori. Ambos vectores actualizar la creencia del nodo B mediante la ecuación:

$$Bel(B) = P(B|e^+, e^-) = \alpha\pi(N)^T \bullet \lambda(B)$$

donde α es una constante de normalización y $\bullet$ significa multiplicación de término por término o producto escalar. El vector de columna resultante es la creencia de nuevo nodo B; el vector $Bel(B)$ tendrá tantos elementos como el número de estados de la variable aleatoria representada por el nodo B.

El número de estados en los nodos de una red bayesiana refleja el número de elementos de los vectores π o λ. Después de recibir un vector π con la información actualizada de un nodo padre A, el nodo B enviará su propio vector π a sus nodos hijos. La ecuación utilizada en el nodo B para crear su vector π es:

$$\pi(B) = \sum_{A} P(B|A, e^{+}) \bullet P(A|e^{-}) = \sum_{A} P(B|A) \bullet \pi(B)$$

$$= \mu(B) \otimes \mathbf{M}_{B|A}$$

donde $\otimes$ significa multiplicación vectorial (o producto congruente), y $\mathbf{M}_{B|A}$ es la matriz de posibilidades, o matriz de distribución de probabilidad condicional entre los nodos B y A.

Cuando se recibe un vector λ con información actualizada de los hijos del nodo C, el nodo B enviará su propio vector λ a sus nodos paternos. La fórmula utilizada en el nodo B para la creación de su vector λ es:

$$\lambda(B) = \sum_{C} P(e^{-}|B, C) \bullet P(C|B) = \sum_{C} P(e^{-}|C) \bullet P(C|B)$$

$$\Rightarrow \sum_{C} \lambda(C) \bullet P(C|B) = \mathbf{M}_{C|B} \otimes \lambda(C)$$

donde el resultado, un vector de columna $\lambda(B)$, es transmitido a los nodos paternos.

Las redes bayesianas tienen limitaciones que impiden su aplicación a problemas complejos porque suponen un representación simple de atributos y valores.

MEBN

La integración de la lógica de primer orden (FOL de First Order Logic en inglés) con la teoría de probabilidad bayesiana, produce la Multi-Entidad Bayesiana (MEBN), la cual extiende las redes bayesianas para permitir la representación de modelos gráficos con sub-estructuras repetidas.

En este método, colecciones de MFrags codifican el conocimiento en una colección de fragmentos de redes bayesianas los cuales pueden ser instanciados y combinados para formar redes bayesianas complejas denominadas MTeoria (MTheory en inglés), que representan una distribución de probabilidad conjunta sobre un número ilimitados de hipótesis, y que utiliza el aprendizaje Bayesiano para refinar una base de conocimientos cuando las observaciones se acumulan.

PR-OWL

Cuando los números, tipos y relaciones entre eventos no se puede especificar por adelantado y aún pueden contener incertidumbre en sus propias definiciones, se requiere de un enfoque diferente.

PR-OWL es una combinación del Lenguaje de Ontologías Web (OWL), diseñado para su uso en aplicaciones que necesitan procesar el contenido de la información en lugar de únicamente presentar la información a los seres humanos y la metodología basada en la Multi-Entidad Bayesiana (MEBN).

Redes Neuronales

La forma en que operan las redes neuronales biológicas constituye la base de las redes neuronales artificiales. La unidad básica de cálculo en el sistema nervioso es la célula de los nervios llamada neurona.

Los modelos por computadora de las neuronas funcionan como simulaciones de circuitos en el cerebro. Las redes neuronales en la inteligencia artificial son modelos simplificados del procesamiento neural en el cerebro. No está claro hasta qué punto esta simulación artificial refleja la función de las redes neuronas cerebrales.

Neurona Artificial

Un elemento básico computacional y_i, simula a una neurona que recibe la entrada, y tiene asociado un peso w, el cual puede ser modificado para representar aprendizaje es modelado como una unidad que calcula una función f de la suma ponderada de sus entradas:

$$y_i = f\left(\sum_j w_{ij} y_{ij}\right)$$

La suma ponderada $\sum_j w_{ij} y_{ij}$ es la entrada neta a la unidad i, a menudo escrita como red_i. Donde y_{ij} es el estado de activación para cada unidad y w_{ij} es el peso de la unidad j a la unidad i. La activación o función de la unidad es f. Su salida, y_i puede después servir como entrada a otras unidades. Si la función de activación depende de variables aleatorias entonces la red será probabilística.

Red Artificial

Una red neuronal artificial consiste en una agrupación de elementos computacionales simples, que se comunican entre ellos mediante el envío de señales a través de un gran número de conexiones ponderadas. Estas conexiones son los pesos w_{jk}, que determinan el efecto que la señal de la unidad j tiene en la unidad k. Una regla de propagación determina la aportación efectiva de las entradas externas a una unidad. Un método para la recopilación de información, o una regla de aprendizaje y un ambiente dentro del cual el sistema debe operar, completan el modelo.

En su forma básica, las redes neuronales tienen tres tipos de capas de neuronas: entrada, oculta y salida. En redes de alimentación hacia adelante, la señal va de la entrada a las unidades de salida, siempre va en dirección hacia adelante, no hay conexiones de realimentación. En las redes recurrentes, las conexiones de retroalimentación y las propiedades dinámicas de la red son importantes.

Las redes neuronales necesitan aprendizaje para operar. Se pueden modelar relaciones complejas entre entradas, salidas y también encontrar patrones en los datos. El aprendizaje supervisado y aprendizaje no supervisado en las redes neuronales son el resultado de un ajuste de los pesos de las conexiones entre las unidades, de acuerdo con alguna regla de modificación.

El entrenamiento de las redes neurales empieza con la selección de un modelo a partir del conjunto de modelos posibles o, en un marco bayesiano, con la determinación de una distribución en el conjunto de modelos que minimice el criterio del costo. Existen muchos algoritmos de entrenamiento de redes neuronales, la mayoría provienen de las teorías de optimización y estimación estadística.

Minería de Datos

Encontrar pautas en grandes conjuntos de datos es el objetivo general del proceso de minería de datos. El extraer conocimientos, a partir de un conjunto de datos, en una estructura humana comprensible, es útil en la inteligencia artificial, el aprendizaje automático, la estadística y los sistemas de bases de datos.

En realidad, la tarea de la minería de datos es el análisis automático o semiautomático de grandes cantidades de datos para extraer pautas interesantes y previamente desconocidas, tales como agrupaciones de datos en el análisis de conglomerados, registros inusuales o detección de anomalías y dependencias en las reglas de asociación. Estos patrones son

148

un resumen de los datos de entrada, y se pueden utilizar en otros análisis, en aprendizaje de máquina o análisis predictivo.

Tareas

Por lo general, la minería de datos consta de seis tareas:
1. Detección de anomalías: identificar registros de datos inusitados.
2. Aprendizaje de reglas asociativas: encuentra relaciones entre variables.
3. Agrupación: descubre grupos similares y estructuras.
4. Clasificación: relacionar datos nuevos con estructuras conocidas normalizadas.
5. Regresión: encontrar una función de mínimo error para modelar los datos.
6. Resumen: representación compacta del conjunto de datos.

La minería de datos descubre conocimientos de los datos que pueden ser posteriormente verificados en el conjunto general de datos. Si las pautas aprendidas cumplen con los estándares deseados, entonces pueden ser interpretadas e integradas como conocimientos.

A pesar de que no existe una relación directa entre la IA, especialmente la IA fuerte, y la minería de datos, la metodología es útil para poner en práctica tareas internas de IA.

Procesos Estocásticos

La planificación bajo incertidumbre en inteligencia artificial se pueden beneficiar del uso común de métodos estocásticos, tales como el forjado simulado, redes neuronales estocásticas, optimización estocástica, algoritmos genéticos, programación genética, inducción de Solomonoff, y simulación de Monte Carlo.

Un proceso estocástico representa una función de probabilidad de variables aleatorias n-dimensional que varía con el tiempo. Los procesos estocásticos y las ecuaciones diferenciales estocásticas han sido estudiados en muchos aspectos, con algunas soluciones ingeniosas y derivaciones que están más allá del alcance de este libro, aquí veremos sólo algunos de ellos.

Inducción de Solomonoff

La inferencia inductiva universal es una teoría de predicción basada en observaciones, la cual fue formalizada por Ray Solomonoff en 1960.

Esta teoría, la cual demuestra que dada una serie de símbolos el símbolo siguiente puede ser predicho y donde la única hipótesis es que el medio ambiente siga una distribución de probabilidad desconocida pero computable, es la Navaja de Occam formalizada matemáticamente.

La probabilidad algorítmica, la complejidad de Kolmogorov, distribuciones previas computables y el teorema de Bayes son la base matemática de esta teoría.

Simulación de Monte Carlo

El método estocástico de Monte Carlo se popularizó en la década de 1940 por John von Neumann, Stanislaw Ulam y Nicholas Metropolis, mientras trabajaban en el Proyecto Manhattan en Los Alamos National Laboratory. El nombre es una referencia al Casino de Monte Carlo en Mónaco, donde el tío de Ulam solía jugar. El uso de números al azar y la naturaleza repetitiva del proceso son análogos a las actividades realizadas en un casino.

Este método es un algoritmo computacional basado en un muestreo aleatorio repetido para calcular los resultados. Los Métodos de Monte Carlo se utilizan cuando no es factible calcular un resultado exacto con un algoritmo probabilístico o para verificar derivaciones teóricas.

Métodos de Monte Carlo son especialmente útiles para la simulación de sistemas con muchos grados de libertad acoplados, y también modelos con una incertidumbre significativa en los insumos. Son ampliamente utilizados en matemáticas, por ejemplo para evaluar integrales multidimensionales definidas con condiciones de borde complicadas y en la optimización numérica para minimizar o maximizar funciones vectoriales con un gran número de dimensiones.

Este método se puede utilizar para resolver problemas matemáticos en general, especialmente aquellos que se pueden modelar con ecuaciones diferenciales. Aún más, el método de Monte Carlo resuelve el problema mediante la simulación directa del proceso físico, y no es necesario escribir las ecuaciones diferenciales que describen el comportamiento del sistema.

La forma en que las simulaciones proceden, es mediante la generación de números aleatorios que exhiben las propiedades de las distribuciones de probabilidad subyacentes, las cuales han sido seleccionadas para representar las variables aleatorias. Estos números aleatorios se utilizan como entrada en las ecuaciones que representan el sistema. Cada uno de estos cálculos es una muestra, la característica estadística de estos resultados produce la solución del problema. La mayoría de los sistemas convergen a una solución, y con más muestras mejora la precisión.

Este método es muy general y es útil para simular modelos con variables de estado que representan varias fuentes de incertidumbre.

Modelos matemáticos complejos sufren de la maldición de la dimensionalidad, la ventaja de la simulación de Monte Carlo en la resolución de estos modelos complejos es considerable.

El método de Monte Carlo no puede competir con la integración numérica de una integral simple debido a que su precisión depende del número de muestras. Sin embargo, puede ser competitivo si la integral es sobre un espacio computacional de dimensiones muy grandes, ya que su precisión es independiente del número de dimensiones.

Filtro de Kalman-Bucy

El desarrollador principal de esta teoría es Rudolf E. Kálmán. Este filtro es un algoritmo que opera de forma recursiva en flujos de datos de entrada con ruido, para producir una estimación estadísticamente óptima del estado del sistema subyacente.

El filtro de Kalman tiene numerosas aplicaciones en la tecnología; la guía, navegación y control de vehículos, especialmente de aviones y naves espaciales. Los sensores utilizados para realizar mediciones de estado del sistema, como la posición y la velocidad, producen mediciones que están deterioradas con una cierta cantidad de error, incluyendo el ruido aleatorio. El algoritmo del Filtro de Kalman determina la mejor estimación del estado del vehículo.

El algoritmo funciona en un proceso de dos etapas: en la etapa de predicción, el Filtro de Kalman produce estimaciones de los valores desconocidos verdaderos, junto con sus incertidumbres. Con el resultado de la medición siguiente, estas estimaciones se actualizan mediante una media ponderada, concediendo más peso a las estimaciones con mayor certeza. Este método produce estimaciones que están más cerca de los verdaderos valores que las basadas en una sola medición o predicciones usando solo el modelo.

El filtro de Kalman-Bucy, llamado así por Richard Snowden Bucy, es una versión en tiempo continuo del filtro de Kalman. Se trata de un modelo de espacio de estado de dos ecuaciones diferenciales, uno para la estimación de estado y otra para su covarianza.

Toma de Decisiones

La imposibilidad de la predicción se ha demostrado al mostrar que muchas secuencias aleatorias complejas no se pueden predecir con sistemas de predicción computables. Hay pocas esperanzas de que se vayan a deducir matemáticamente algoritmos de predicciones muy generales y relativamente simples. A pesar de que algunos algoritmos potentes de predicción deben de existir, como corolario de los teoremas de incompletitud de Gödel, no pueden ser descubiertos con medios matemáticos. Por lo tanto, los algoritmos de predicción generales deben ser complejos.

Existen algunos potentes predictores que son en general computables, tales como el algoritmo de Lempel-Ziv y el árbol de contexto ponderado, que pueden aprender a predecir algunas secuencias complejas, pero solo algunas secuencias y no otras. Otros métodos de predicción, basados en el principio de la descripción de la longitud mínima o el principio de longitud de mensaje mínimo, incluso pueden verse como aproximaciones computables de la inducción de Solomonoff. Sin embargo, en la práctica, su potencia y generalidad están limitadas por la capacidad de los métodos de compresión empleados, así como por reducir significativamente la eficiencia del manejo de datos al compararse con la inducción de Solomonoff.

Por otra parte, el método Speed Prior sugerido por Schmidhuber contiene una solución plausible derivada de la manera más rápida del cálculo de datos y no la manera más corta de describir los datos.

Universalidad

¿Existirán algoritmos de predicción elegantes y computables, que sean, en cierto sentido universales? Por desgracia, esto es imposible, ya que:

1. En cualquier sistema de previsión estadística, no hay secuencias calibradas.
2. Un sistema de predicción para una familia de distribuciones es necesariamente más complejo que un sistema de predicción generado a partir de una distribución única.
3. La predicción de secuencias se encuentra limitada por la complejidad de Kolmogorov.

Estos obstáculos no han parado a los matemáticos en la búsqueda de respuestas al problema de toma de decisiones. Uno de estos casos es el algoritmo AIXI de Marcus Hutter.

Y también Jürgen Schmidhuber, quien asumiendo una posición contraria, ha propuesto 'Una Nueva Medida de Simplicidad para Predicciones Computable Casi-Óptimas'; basado en la forma más rápida de describir objetos, no en la más corta. Schmidhuber también sugiere una medida más plausible que se deriva de la forma más rápida de computar datos informáticos. Y en ausencia de cualquier evidencia que lo niegue, asume que el mundo físico es generado por un proceso computacional, y que cualquier secuencia posiblemente infinita de observaciones, es por lo tanto computable en el límite.

Schmidhuber también ha presentado sus pruebas de soluciones matemáticamente rigurosas, generales, completamente autorreferencial, que se mejoran a sí mismas y son óptimamente eficientes llamadas máquinas de Gödel, las cuales son solucionadoras universales autorreferenciales que probablemente logran mejorarse óptimamente a sí mismas.

Algoritmo Universal AIXI

Esta teoría universal de toma secuencial de decisiones se apoya en la teoría universal de inducción de Solomonoff, la cual puede predecir información al futuro de una manera óptima dadas observaciones anteriores y datos muestreados a partir de una distribución de probabilidad computable.

AIXI extiende este enfoque a un agente óptimo de toma de decisiones alojado en un entorno desconocido, mediante la sustitución de la distribución desconocida del entorno con una distribución generalizada universal de Solomonoff, ξ. Entonces, el espacio de estados es el espacio de las historias completas.

AIXI es una teoría universal sin parámetros ajustables, que no hace suposiciones sobre el entorno, excepto que este se muestrea a partir de una distribución computable. La física moderna proporciona una fuerte evidencia de que esta suposición es válida para los aspectos relevantes de nuestro mundo real.

Hay fuertes argumentos que muestran que AIXI es el agente imparcial más inteligente posible, en el sentido de que AIXI se comporta de manera óptima en cualquier entorno computable.

Desde una perspectiva de complejidad algorítmica, el modelo AIXI generaliza la inducción pasiva universal óptima para el caso de agentes activos.

Desde una perspectiva teórica de decisiones, AIXI es una sugerencia para un nuevo algoritmo implícito de 'aprendizaje' que puede superar todos los problemas de los algoritmos anteriores de refuerzo del aprendizaje, a excepción de su intratabilidad computacional.

Se ha demostrado que AIXI es el agente más inteligente de propósito general y por lo tanto otros programas prácticos de IA de uso general deben enfocarse en este estándar de oro.

AIXI se puede utilizar para resolver una serie de clases de problemas, incluida la predicción de secuencias, juegos de estrategia, la minimización de la función y aprendizaje reforzado y supervisado.

El principal inconveniente del modelo AIXI que es incomputable; por lo que en la práctica AIXI debe ser aproximado. Para abordar este problema se ha diseñado un algoritmo modificado AIXI-tl, que es capaz de resolver todos los problemas bien definidos tan rápidamente como lo hace el algoritmo más rápido y es superior a cualquier otro en el tiempo t, con un agente en un espacio delimitado l. El tiempo de cálculo de AIXI-tl es del orden $t \cdot 2^l$. La constante de 2^l es aún demasiado grande pero se puede reducir de varias maneras.

Otra opción para reducir al modelo AIXI es utilizar Árboles de Contexto Ponderado en vez de la inducción extendida de Solomonoff, y un árbol de Monte Carlo en lugar de búsqueda de observaciones futuras, seguida por una etapa que propaga la nueva información de regreso al modelo. El agente entonces imagina diferentes observaciones y acciones futuras y tiene que actualizar sus creencias hipotéticas para que el análisis y la toma de decisiones sean coherentes, y que el agente no confunda fantasías con la realidad actual. El algoritmo funciona de manera eficiente en supercomputadoras masivamente paralelas, y puede decidir qué acción tomar en cualquier momento del cálculo, proporcionando la mejor decisión que haya calculado hasta entonces.

Son necesarios algoritmos de propósito especial para el pre-procesamiento y post-procesamiento de las entradas y salidas.

AIXI en una línea

Es posible escribir el modelo AIXI en una línea, aunque es difícil entender su significado y poder a partir de esta representación.

AIXI es un agente que interactúa con un medio ambiente en ciclos: $k = 1, 2, ..., m$.

En el ciclo *k*, AIXI toma una acción a_k (como un movimiento de una extremidad) sobre la base de percepciones pasadas $o_1 r_1, ..., o_{k-1} r_{k-1}$ tal como se define a continuación.

Después de eso, el entorno le ofrece a AIXI una observación regular o_k (puede ser una imagen) y una recompensa de valor real r_k.

La recompensa puede ser muy simple, como un +1 o -1 al ganar o perder un juego de ajedrez y 0 en otros momentos, o puede ser tan complicada como sea necesario.

Entonces comienza el ciclo siguiente *k+1*.

Dado lo anterior, AIXI se define como:

$$a_k := \arg\max_{a_k} \sum_{o_k r_k} ... \max_{a_m} \sum_{o_m r_m} [r_k + ... + r_m] \sum_{q:U(q,a_1..a_m)=o_1 r_1..o_m r_m} 2^{-l(q)}$$

La expresión muestra que AIXI trata de maximizar su recompensa futura total $[r_k + ... + r_m]$.

Si el entorno es modelado por un programa determinista *q*, entonces las percepciones futuras:

$$...o_k r_k...o_m r_m = U(q, a_1...a_m)$$

pueden ser calculadas, en donde *U* es una máquina universal monótona de Turing ejecutando *q* dado $a_1...a_m$.

Dado que *q* es desconocida, AIXI tiene que maximizar su recompensa esperada, lo que lo hace promediando de $r_k + ... + r_m$ sobre todas las posibles percepciones creadas por todos los posibles entornos *q*.

Mientras más simple es el entorno, entonces es más alta la contribución a-priori $2^{-l(q)}$, donde la simplicidad se mide por la longitud *l* del programa *q*.

Los entornos ruidosos son mezclas de entornos deterministas, por lo que se incluyen automáticamente. Las sumas en la fórmula constituyen el proceso de promediar. Promediado y maximización tienen que ser realizadas en orden cronológico, por lo tanto el intercalado de max y Σ se hace de una manera similar al minimax para juegos.

Se puede fijar cualquier acción finita y percepción espacial, cualquier *U* razonable, y cualquier vida finita *m*. Esto en forma completa y única define las acciones a_k de AIXI, que son computables al límite a través de la expresión anterior donde todas las cantidades son conocidas.

Incomputabilidad de las Predicciones

Los modelos de inducción de Solomonoff, AIXI siendo uno de ellos, aprenden rápidamente a hacer predicciones óptimas para cualquier secuencia computable, incluyendo las probabilísticas. Reúne convenientemente los principios filosóficos de la Navaja de Occam, el principio de Epicuro de múltiples explicaciones, el teorema de Bayes y el modelo de Turing de computación universal en un predictor teórico de secuencias con propiedades sorprendentemente poderosas.

El problema de la predicción de secuencias podría considerarse resuelto, si no fuera por el hecho de que el modelo teórico de Solomonoff es incomputable.

Esto limita el poder de las matemáticas para analizar y estudiar los algoritmos de predicción y sistemas inteligentes en general. Esto no es sorprendente, la predicción no es fácil, ni siquiera posible en su concepto más amplio. Dado lo fundamental que es predicción en la inteligencia, esto implica que más allá de un nivel moderado de complejidad, el desarrollo de potentes algoritmos de inteligencia artificial sólo puede ser una ciencia experimental.

Una solución razonable sería añadir restricciones adicionales a los algoritmos que generan las secuencias a ser predichas, y también a los predictores. Esto podría hacerse mediante el establecimiento de límites a la capacidad de aprendizaje del agente y de la rapidez con la que el predictor es capaz de aprender.

Sin embargo, si los modelos teóricos de predicción pueden tener tanta elegancia y potencia, uno no puede evitar preguntarse si serán posibles teorías computables de predicción, igualmente elegantes y muy generales. Una solución de este tipo podría ser el algoritmo Speed Prior.

Speed Prior

Schmidhuber ha sugerido una solución plausible derivada de la forma más rápida de computar los datos informáticos, en lugar de usar el camino más corto para describir los datos.

Él supone que un proceso de cálculo genera al mundo físico y que cualquier secuencia posiblemente infinita de observaciones es computable en el límite. Esta hipótesis es más radical y más fuerte que la Solomonoff.

El método óptimo, pero no computable, de Ray Solomonoff para la inferencia inductiva presupone que las secuencias de observación x se extraen de una distribución a priori recursiva $mu(x)$. En lugar de utilizar la $mu(x)$ desconocida predecimos usando el a priori universal numerable o semi-medida $M(x)$ de Solomonoff-Levin que para cualquier x supera a cualquiera $mu(x)$ recursiva, excepto por un factor constante independiente de x. La medida de simplicidad $M(x)$ implementa naturalmente la Navaja de Occam, donde las soluciones simples son preferibles a las complejas y está estrechamente relacionada con $K(x)$, la complejidad de Kolmogorov o sea la información algorítmica de x. Las predicciones basadas en M son óptimas en un cierto sentido no computable. Sin embargo, M asigna alta probabilidad a ciertos datos x que son extremadamente difíciles de calcular. Esto no coincide con nuestra noción intuitiva de la simplicidad.

Schmidhuber remplaza a M con el novedoso Speed Prior S, bajo el cual las probabilidades acumulativas a priori de todos los datos cuyo tiempo computacional mediante un algoritmo óptimo requiera más de $O(n)$ recursos varían con la relación $1/n$. Esto equivale a reconocer que la mayoría de los datos generados por una computadora son computables dentro de unos pocos microsegundos, algunos toman unos segundos, pocos toman horas, y menos aún toman días.

A diferencia de la tradicional a priori universal M, el Speed Prior S es recursivamente aproximable con precisión arbitraria. Esto permite la determinación de una manera recursiva asintóticamente óptima de las predicciones informáticas, basado en un descuento natural de la probabilidad de los datos que son difíciles de calcular por cualquier método. Esto contrasta marcadamente con el enfoque de Solomonoff a la predicción óptima tradicional no computable basada en una suposición más débil de a priores recursivamente computables, la cual ignora completamente las limitaciones de recursos.

La incorporación del Speed Prior en el AIXI de Hutter muestra que la predicción basada en S es bastante exacta, siempre que el a priori verdadero y desconocido sea menos dominante que S.

Esta es una buena noticia para el algoritmo AIXI Universal, o cualquiera que sea el nombre del nuevo algoritmo universal que incorpore el Speed Prior, y es que lo hace computable.

Algoritmo Speed Prior

Esencialmente, el Speed Prior $S(x)$ es la probabilidad de que la salida del algoritmo probabilístico siguiente se inicie con x:

1. Establecemos que $t:\ = 1$. Apuntamos al indicador IP de las instrucciones hacia alguna célula de la memoria interna inicialmente vacía de una computadora binaria universal, con almacenamiento separado de salida también inicialmente vacío.
2. Mientras que el número de instrucciones ejecutadas hasta el momento supere t: tiramos una moneda al aire. Si sale cara, fijamos $t:\ = 2t$, de lo contrario nos salimos. Si el IP apunta a una

celda que contiene un bit, ejecute la instrucción correspondiente. De lo contrario, si el *IP* apunta a otra celda, tiramos la moneda otra vez, establecemos el bit de la celda a 1 si sale cabeza o 0 en caso contrario, y establecemos *t:* = *t/2*.

3. Vayamos a 2.

El Speed Prior permite derivar una estrategia computable para la predicción óptima del futuro *y* dado el pasado *x*, dentro de cierta precisión dada.

Integrando la Incertidumbre en la IA

La predicción y la optimización de las acciones futuras es en el mejor de los casos un problema difícil. Cualquier solución requiere tomar en cuenta la incertidumbre para hacerlo posible.

De todos modos, como bien sabemos, la toma de decisiones en el mundo real es un proceso imperfecto. No podemos esperar que la IA sea perfecta, podría ser mejor que nosotros para algunas cosas, pero nunca va a ser perfecta.

Cuando se trata de una IA estrecha los problemas a resolver son bien conocidos, e donde a veces incluso el medio ambiente, actores, acciones y objetivos son conocidos. Como en el caso de un coche autónomo; las calles y carreteras se conocen, otros vehículos, peatones y perros son identificables, los semáforos operan de un modo conocido y la idea es ir de una dirección conocida a otra. Sin embargo, es un problema difícil y requiere un equipo multidisciplinario de expertos para estudiar y resolver el problema junto con un conjunto de herramientas técnicas que incluyen coches controlados electrónicamente, cámaras, sensores, actuadores, computadoras y programas.

En estos casos, el papel de la incertidumbre se reduce al mínimo, la mayoría de los problemas dinámicos y de control pueden ser tratados con algoritmos determinísticos. Es sólo cuando se considera el comportamiento de los peatones, en particular de niños y ancianos, que la incertidumbre intrínseca podría estar presente. Sin embargo, incluso los problemas como éstos requieren un examen interno de las probabilidades en su aplicación de programas de control y toma de decisiones.

Cuando se trata de artefactos que son de uso público, hablar de probabilidades, en cualquier forma, crea un problema inesperado. Los políticos, los administradores y la población en general, no quieren saber que un determinado problema tiene una probabilidad de éxito de 'sólo 99.999999%'. A pesar de que todos sabemos que decenas de miles de personas mueren cada año en accidentes automovilísticos en vehículos conducidos por personas, si sólo una persona en un año muere en un coche autónomo, esto podría traer una reacción tremenda. Sobre todo si es del conocimiento público que los coches autónomos son controlados usando probabilidades.

Lo más probable (99.999999%), es que el uso de algoritmos estocásticos y probabilísticos tendrá que mantenerse en secreto. La aceptación del hecho de que los métodos probabilísticos se utilizan y son un factor positivo en la IA sólo se producirá después de que su actuación convenza al público. En cualquier caso, las metodologías estocásticas y probabilísticas deberán funcionar de una manera oculta para los usuarios de estas tecnologías.

Predicciones

Los cerebros continuamente comprimen sus entradas sensoriales en recuerdos, pronostican lo que pasará después y predicen las consecuencias futuras de las acciones posibles, probablemente utilizando el mismo modelo del mundo en todos estos procesos.

El cerebro produce una secuencia de predicciones sobre lo que va a recibir en la siguiente entrada sensorial y luego examina los datos reales. El filtro, o un compresor, que produce la corriente de la memoria a corto plazo es el mismo que genera estimaciones de probabilidad utilizadas para anticipar eventos futuros y calcula las consecuencias de las acciones posibles. Esto demuestra que es factible la construcción de sistemas de predicción de secuencias con recursos limitados.

La inferencia inductiva es lo que permite predecir el futuro a partir del pasado. Parece que el entender a fondo la inferencia inductiva es el problema fundamental que dificulta los proyectos de máquinas de inteligencia. Y éste es técnicamente equivalente a la compresión de datos.

La predicción secuencial por agentes incrementalmente predice la evolución de un flujo continuo de datos sensoriales. Si un agente detecta que lo que ha ocurrido en realidad coincide con lo que predijo que sucedería, su modelo actual es bueno, no necesita actualización, y se puede volver a utilizar para realizar la siguiente serie de predicciones.

¿Cómo funcionan los sistemas de predicción de secuencia? Ellos trabajan en términos generales de una manera similar a los sistemas de compresión de datos. Desarrollan un modelo de la secuencia utilizando modelos de Markov, redes bayesianas, u otras tecnologías, y luego utilizan eso para hacer proyecciones futuras. Y como ya hemos visto, hay algoritmos matemáticos que permiten a un predictor aprender rápidamente, y aun hacerlo muy bien en el mundo real. Incluso cuando lo único que se requiere del entorno es que muestre las regularidades implícitas en el principio de la Navaja de Occam. Los sistemas de compresión estiman la probabilidad de cada símbolo observado. Este es un pronóstico de un paso hacia adelante. La analogía también funciona al revés. Si usted tiene un sistema de pronóstico completo, usted puede usarlo para construir un compresor de flujo de datos en función de sus probabilidades pronosticadas.

La salida del modelo es la probabilidad del símbolo siguiente, como ya se calculó antes, y el valor de un símbolo de sorpresa. A los símbolos no sorprendentes se les asignan códigos cortos de salida, y a los símbolos sorprendentes códigos más largos. La función de un compresor de flujo de datos, usado para fines de pronóstico, se puede invertir con el objeto de reproducir memorias y explorar posibles árboles de futuros.

El recordar la historia entera de la entrada procedente de los sentidos es poco práctico, por lo que una buena estrategia es olvidar sucesos sin importancia, mientras que se conservan los recuerdos más importantes, incluso los recuerdos a largo plazo pueden estar relajadamente comprimidos. Y aun cuando esto complica la predicción de secuencias, la forma más sencilla de hacer frente a este problema es ignorarlo, ya que todavía se pueden hacer buenas predicciones con archivos incompletos.

Preocupaciones Prácticas
Durante el desarrollo, algunas de las soluciones que son válidas para la IA estrecha no serán útiles para poner en práctica la IA fuerte. Esto es normal y es una de las razones por las que se han introducido tres fases de desarrollo para cada uno de los dos niveles de IA.

En el camino hacia la madurez, hay algunas preocupaciones que tienen que ver específicamente con el estado-del-arte circa 2012. Dentro de este tema, consideraremos que actualmente AIXI es el mejor algoritmo teórico. Estas preocupaciones son:

Modelando la Realidad
Soluciones como AIXI serán buenas para las fases 2 y 3 de la IA estrecha y tal vez servirán para poner en práctica algunas de las características de la fase 1 o aun 2 de la IA fuerte. Esto se debe a que, por definición, un agente AIXI y el medio ambiente son diferentes máquinas de Turing que tienen cintas de trabajo mutuamente inaccesibles y por lo que el agente no

tiene una representación de su propio cerebro. El agente AIXI existe en una región separada, e interactúa con el medio ambiente a través de canales sensoriales y de acción.

En estas condiciones, el agente no tiene una concepción de la ubicación de su propio cerebro. Si bien esto es un defecto, no es probablemente uno muy grave. La solución más obvia es enseñarle al agente sobre el medio ambiente y sus relaciones consigo mismo.

De todas maneras, nosotros estamos hechos en la misma forma, no tenemos una forma explícita de saber dónde se originan nuestros pensamientos.

Serie vs. Paralelo

AIXI es un agente en serie, una máquina de Turing. El mundo funciona en paralelo. En muchas áreas, se puede simular una máquina paralela con una que trabaja en serie, así que los detalles de la abstracción serial no impactan al modelo, y no causan ningún daño.

Sin embargo, el canal de recompensa escalar en AIXI no es un modelo razonable para un agente inteligente. Si nos fijamos en los seres humanos, el placer y el dolor son matizados y surgen en forma simultánea. Un único canal escalar de recompensa es un modelo empobrecido para dicho agente.

La solución es ejecutar varias máquinas AIXI en paralelo, cada una con diferentes recompensas que estocásticamente representen diversos matices que expresen muchos canales de recompensa.

Inducción

La inducción de Solomonoff es una versión formalizada de la Navaja de Occam utilizando la complejidad de Kolmogorov y es lo que AIXI utiliza para discernir su modelo del mundo.

La complejidad de Kolmogorov es una medida dependiente del lenguaje y la mejor formulación de la Navaja de Occam aún no se conoce. Y así parece que AIXI tiene algunos problemas serios, y que representa un concepto débil sobre el cual desarrollar una máquina superinteligente, aunque tuviéramos suficiente potencia de cálculo barata. Sin embargo, no lo sabremos hasta que lo intentemos,

El Problema de la Artimaña

Este problema surge cuando los agentes inteligentes estimulan sus propias recompensas directamente, sin hacer ningún trabajo. Eso es un desastre, ya que los objetivos no se cumplen.

El comportamiento mañoso existe en una variedad de situaciones del mundo real:

- Animales, incluyendo humanos, consumiendo drogas o alcohol.
- Gobiernos, imprimiendo dinero y causando hiperinflación.
- Inversionistas, usando información más inmediata o privilegiada y otras prácticas fraudulentas.

Aunque el comportamiento mañoso es una posibilidad, también es posible evadirlo. Los agentes se diseñarán para evitar que sus objetivos sean modificados en la mayoría de las circunstancias con el objeto de lograr mantener estables sus funciones de utilidad.

Ética de la IA

En las historias de ciencia ficción y en películas, la inteligencia artificial se presenta a veces como una amenaza para los seres humanos, y esta idea se ha estudiado como un tema serio en la ética de la IA. Hay un esfuerzo por producir una IA amigable a los humanos, aunque se ha argumentado que no es posible comprender lo que una IA fuerte será capaz de lograr en el mundo físico.

Cuando los mercados financieros, la competencia económica en general, la guerra y la política se modelan como juegos antagonistas de secuencias de predicción, esto indica que hay un problema en la ética de la IA. En lugar del peligro de controlar a los seres humanos, este tipo de uso de la IA amenaza con beneficiar a un grupo muy pequeño de seres humanos, los que son los muy ricos y poderosos.

Una explicación razonable de la creciente desigualdad de ingresos desde el inicio de la economía de la información es la asimetría y la diferencia en la calidad de los recursos computacionales y algorítmicos asociados con los muy ricos, por un lado, y la clase media y los pobres por el otro. A medida que la inteligencia general de los sistemas de información aumente, será de esperarse una creciente asimetría y el consiguiente aumento de la desigualdad económica y política. Este es un problema social preocupante, pero también será una oportunidad para generar un serio interés público en las cuestiones éticas de la IA.

'Porque una cosa te parece difícil, no creas que es imposible que alguien la pueda lograr'. **Marcus Aurelius.**

Implementando la IA

'Los límites de lo posible sólo se pueden definir al ir más allá de ellos hacia lo imposible'. **Arthur C. Clarke.**

Ahora es el momento. Las computadoras se acercan rápidamente a la potencia de procesamiento del Homo Sapiens y el mundo tiene el beneficio de un crecimiento exponencial del conocimiento en la ciencia y la ingeniería. ¡Vamos a hacerlo!

El contenido de este capítulo ilustra dos cosas: Hay mucho trabajo por hacer y hay muchas maneras de alcanzar el éxito en la tarea extremadamente difícil de crear máquinas inteligentes. La creación de IA es difícil y, en general, las estimaciones de avance rápido en el campo no han logrado obtener los resultados prometidos.

Las prioridades en el desarrollo de la IA son la estrategia que la máquina va a seguir internamente, las motivaciones que necesitará para hacer un trabajo útil y la integración de sus partes.

Estrategias de Comportamiento

La inteligencia requiere 'pensar', lo cual puede ser real como en la IA fuerte o falsificado en IA estrecha. Debe haber una estrategia de conducta predefinida para proporcionar un sustrato para las acciones que conducen a la inteligencia. Incluso en el caso de la IA fuerte, los creadores de la máquina deberán establecer una estrategia fundamental.

Sin embargo, en las implementaciones de IA puede y quizás debe haber varias estrategias que trabajen simultáneamente, especialmente en la IA fuerte. Esto se debe a que algunas estrategias funcionan mejor que otras cuando se aplican a problemas que tienen características diferentes. Hay muchas estrategias a elegir, éstas son algunos de las más conocidas.

Paradigma Jerárquico

Los sistemas jerárquicos dividen la responsabilidad de la toma de decisiones. Cada elemento de la jerarquía es un nodo vinculado en un árbol de decisiones. Las ordenes, tareas y acciones para alcanzar los objetivos fluyen hacia abajo del árbol, de nodos superiores a nodos subordinados. Mientras que las sensaciones y los resultados fluyen en el árbol de nodos subordinados a nodos superiores. Los nodos también pueden intercambiar mensajes con sus iguales. Las capas de control jerárquico operan de la siguiente manera:

- Cada capa superior del árbol opera con una visión más amplia de la planificación y ejecución que su capa inmediatamente inferior.
- Las capas inferiores tienen tareas locales, metas y sensaciones. Sus actividades son planificadas y coordinadas por las capas superiores, que por lo general no invalidan sus decisiones.

Las capas forman un sistema híbrido inteligente en el que las reactivas capas más bajas son orientadas a las tareas. Las capas superiores son capaces de razonar a partir de un modelo abstracto del mundo y llevan a cabo la planificación.

Paradigma Reactivo

Esta táctica funciona de una manera oportunista y por lo tanto puede hacer frente a entornos altamente dinámicos e impredecibles. Cada ciclo se basa en el contexto actual, y se calcula sólo una acción consecutiva.

Los típicos algoritmos de planificación reactiva sólo evalúan reglas nítidas de si-entonces, sin un componente probabilístico, o calculan el estado de una red conexionista como una red neuronal artificial.

Una representación lógica que consiste en un sistema experto usando reglas nítidas típicamente se evalúa usando un esquema de prioridades basado en el almacenaje del paso actual en una memoria temporal que ya contiene la evaluación de la etapa anterior y si es estable no necesita ser re-evaluada a cada paso del tiempo. Las reglas son parte de la arquitectura del programa o se programan en un lenguaje adecuado.

Redes conexionistas, como las redes neuronales artificiales o jerarquías de flujo libre de datos también puede representar los planes reactivos. La representación básica es un nodo con varios enlaces de entrada que alimentan el nodo con una actividad abstracta y enlaces de salida que propagan la actividad a los nodos siguientes. Cada nodo funciona por sí mismo como el transductor de actividad. Normalmente, las unidades se conectan en una estructura en capas.

Las redes conexionistas son más suaves que los sistemas modelados por estrictas reglas si-entonces y estas redes suelen ser adaptativa.

Paradigma Hibrido Deliberado / Reactivo

El sistema primero planea la misión descomponiendo una tarea en subtareas y en comportamientos adecuados para llevar a cabo cada subtarea. A continuación, los comportamientos se empiezan a ejecutar de acuerdo con el Paradigma Reactivo.

La organización sensorial es una mezcla de estilos Jerárquicos y Reactivos. Los datos de los sensores se dirigen a cada comportamiento que necesita de ese sensor, pero también están disponibles para que el planificador construya un modelo del mundo orientado a la tarea global.

Basado en el Comportamiento

Estos sistemas son reactivos, lo que significa que usan pocos estados de las variables internas para modelar el medio ambiente. Por ejemplo, no existe conocimiento de lo es una silla, o en qué tipo de superficie el robot se está moviendo, toda la información proviene de los sensores. El sistema usa la información para reaccionar a los cambios en su entorno.

Los sistemas basados en el comportamiento por lo general capacitan a robots cuyas reacciones son casi animales, ya que son muy deliberados en sus acciones, como insectos. Ellos son considerados como IA estrecha.

Representación del Conocimiento

Una máquina de IA 'astuta' necesita una amplia información acerca de su mundo operativo, habrá la necesidad de representar

- Objetos, propiedades, categorías y sus relaciones.
- Situaciones, eventos, estados y el tiempo.
- Causas y efectos.
- Conocimiento acerca del conocimiento.

Otra forma de representar los conocimientos es como locales o explícitos e implícitos o globales.

Hay problemas difíciles en la representación del conocimiento, entre ellos:

El Problema de Calificación

Este problema fue reconocido en 1969 por John McCarthy. Sigue el siguiente razonamiento: la mayoría de los conocimientos de sentido común de la gente son suposiciones que funcionan. Por ejemplo, la impresión típica de un ave es que es del tamaño de un puño, canta y vuela. Ninguna de estas cosas es cierta acerca de todas las aves. En general, para cualquier norma de sentido común, hay excepciones, nada es verdadero o falso en forma lógica.

Este problema puede ser descrito como 'la manera de hacer frente a los problemas que impiden el logro del resultado previsto'. Reconoce la imposibilidad de hacer planes que cubran todos los requisitos esenciales para el éxito de una acción en el mundo real.

Conocimientos de Sentido Común

Una persona promedio sabe tantos hechos que el intento de construir una base de conocimientos completa sobre el sentido común requiere de la ingeniería ontológica. En la ontología, el conocimiento es representado por un conjunto de conceptos dentro de un dominio y las relaciones entre estos conceptos. Es capaz de analizar las entidades dentro de ese dominio y se utiliza para describir el dominio.

Una solución a este problema es proveer una 'semilla' a la IA con la comprensión de conceptos suficientes para que la capacite para aprender de las fuentes de conocimiento, de los datos impresos y observaciones, y así mejorar su ontología. Otra opción es crear una base de conocimiento de sentido común, y que se presente en una forma que sea compatible con programas de inteligencia artificial que sean capaces de 'entender' el lenguaje natural y de hacer inferencias sobre el mundo de la IA.

Por su parte, la solución a este problema dará la impresión de que las máquinas de IA son tan inteligentes como los seres humanos, una máquina tan capaz seguramente pasará el test de Turing. Por otra parte, muchas de las tareas de la IA se beneficiarán de la solución al problema del sentido común, incluyendo el reconocimiento de objetos, la traducción automática, la minería de textos y otros.

Los lenguajes de ontología formalizan la codificación de la información. Uno de ellos es el Lenguaje de Ontologías Web (OWL), que es promovido por el Consorcio de la World Wide Web como parte de su Web Semántica, que proporciona un marco común que permite compartir y reutilizar datos entre aplicaciones. Esta ontología sigue la hipótesis de mundo abierto (OWA, Open World Assumption en inglés), según el cual, si una declaración no puede ser probada como verdadera con los conocimientos actuales, entonces no se puede llegar a la conclusión de que la declaración es falsa. Hay varias ontologías especializadas ya publicadas que se ocupan de geopolítica, de la anatomía humana, lingüística y datos de negocio, entre otros.

Una base de conocimientos del sentido común debe incluir los siguientes puntos y muchos otros:

• Ontología de clases y objetos.
• Propiedades de los objetos, tales como color, tamaño, partes y materiales.
• Funciones y usos de los objetos.
• Localización dinámica de los objetos y su montaje.
• Precondiciones, de objetos, lugares, duraciónes y efectos de las acciones y eventos.
• Los contextos y los comportamientos de los objetos.
• Planes y estrategias.
• Situaciones estereotipadas o secuencias de comandos.
• Historia y temas en la historia.
• Derechos humanos, objetivos, necesidades y emociones.
• Las leyes, los tratados internacionales, los reglamentos, las normas sociales y las costumbres locales del mundo

La máquina tiene que saber de qué se trata, lo cual es imposible a menos que la máquina entienda los conceptos tal como los entiende una persona común y corriente.

En la realidad, la IA tendrá un conocimiento limitado del sentido común, lo suficiente para tener un punto de partida. Desde este punto de partida, cada IA tendrá que aprender, lo que aumentara su base del sentido común. Una ventaja que tiene la IA, es que podría ser capaz de descargar la información que haya aprendido a otra IA. Entonces podría adquirir o 'aprender' enormes cantidades de información en un tiempo muy corto. Al igual que leer un libro, pero más rápido.

Representaciones Subsimbólicas

Una gran cantidad del conocimiento común que existe no es fácil conectarlo a un símbolo, o incluso a una serie de símbolos. Como 'sentirse mal' en ciertas situaciones o 'me gusta'. al escuchar una canción.

Estos son conocimiento subsimbólicos que la IA tendrá que representar, si es que quiere tener un buen desempeño en el mundo humano.

Lenguaje

Los seres humanos nacen con un sistema de nociones preconcebidas que permiten el aprendizaje de los idiomas, y aunque no está claro cuáles son estas nociones o cómo están incorporadas en el proceso de aprendizaje, es obvio que funcionan.

Implementación

En consecuencia, un enfoque para la enseñanza del lenguaje humano a una IA sería proporcionarle sistemas lingüísticos preincorporados haciendo uso de los sistemas existentes basados en reglas y en análisis estadístico y luego dejarlos aprender y desarrollarse.

Funciones Objetivo

Estas son las conductoras de la IA, una máquina sin motivaciones es sólo una máquina. Algunas de las motivaciones se pueden definir de una manera simple, en un coche de auto-conducción podría ser: 'Llévame a casa'. Otros son más complicados, como cuando se trata de hacer que un robot sea amigable.

La definición de un objetivo son los acontecimientos o estados del mundo que la mente considere que tienen un valor intrínseco. Es análogo a una función de utilidad intrínseca en que la utilidad total de un suceso o estado del mundo es su utilidad intrínseca, más la suma de las utilidades intrínsecas positivos o negativos de los acontecimientos futuros a los que se predice que ese evento va a llevar, multiplicado en cada caso por la probabilidad predicha del evento futuro como consecuencia directa e indirecta. Las consecuencias de las consecuencias están incluidas en la suma.

Como con cualquier idea, hay un problema de cómo presentar un objetivo en una forma no ambigua. La historia ha demostrado que es muy fácil que las buenas intenciones se conviertan en malas acciones. Este es el reto de eventualmente definir e incorporar motivaciones y objetivos en una IA, especialmente las meta-motivaciones.

Objetivos Múltiples

Una vez que se haya pasado de la más rudimentaria IA estrecha, habrá la necesidad de obedecer varios objetivos al mismo tiempo. Es obvio que una IA operando en un entorno real debe tener en cuenta y seguir varias motivaciones simultáneamente, y debe ser capaz de cambiar su atención de una motivación a otra instantáneamente, este tipo de funcionalidad requiere que la IA tenga múltiples objetivos priorizados.

La implementación de las prioridades es tan importante como el contenido de objetivos y motivaciones, y definitivamente igual de difícil.

Prioridades

Cuando varios objetivos y motivaciones puedan ser aplicables simultáneamente, tal vez habrá la necesidad de eliminar la ambigüedad en la situación. Esto se realizara principalmente a través de las prioridades, que en el caso de la IA avanzada, muy probablemente serán implementadas con descripciones probabilísticas.

En un problema multi-objetivo, normalmente no hay ninguna solución que optimiza a todos los objetivos simultáneamente, y cuando un objetivo mejora, otros empeoran. Si una solución no puede ser sustituida por otra solución que mejore un objetivo sin empeorar a otro, es denominado óptimo de Pareto. El propósito de un problema de optimización con múltiples objetivos es encontrar estas soluciones óptimas de Pareto. La elección entre estas soluciones de Pareto se determina a través de prioridades.

El conjunto resultante de soluciones de Pareto, o no dominadas, se puede entonces priorizar de tres maneras:
1. A priori, requiere información completa acerca de la importancia relativa de los objetivos antes de comenzar el proceso de solución.
2. A posteriori, aplicando prioridades al conjunto de soluciones.
3. Interactiva, a través de retroalimentación con la IA, para ajustar o aprender.

La primera opción es equivalente a la introducción de las prioridades en el proceso de optimización. En la segunda y tercera, la aplicación de prioridades para el sistema puede ser considerado como otro problema de optimización.

Otra forma de ver este problema es que el resultado debe estar dentro del conjunto de decisiones viables y alcanzables; por lo tanto, las soluciones deben ser obligadas a estar dentro de un espacio de decisión.

Limitaciones

Los sistemas multi-objetivo son complejos, son complejos de configurar y complejos de resolver. Tal vez es por eso que hay límites a la cantidad de tareas que nuestro cerebro puede manejar al mismo tiempo, que es de dos.

En general, el conjunto de soluciones no dominadas es demasiado grande, lo que obliga al sistema a aceptar soluciones no óptimas. Por otra parte, el proceso de optimización en sí podría estar sujeto a limitaciones de tiempo de computación. Métodos aproximados y decisiones arbitrarias apresuradas podría muy bien ser el resultado de estas limitaciones. De la misma forma que lo hacemos los humanos.

Meta-Motivaciones

Antes de una IA inteligente sea dotada de objetivos, debe 'nacer' con algunos prefabricados, como las capacidades de aprendizaje y superación personal. Además, debe contener ciertos objetivos que tienen un valor intrínseco cuya conveniencia no depende de los resultados a nivel inferior.

Como ejemplo, si hay alguna posibilidad de que la IA pueda desarrollar su inteligencia al nivel o por encima de los niveles humanos, entonces incorporar el concepto de ser amistosa como una meta-motivación se vuelve primordial.

No es suficiente para una IA fuerte con ser amistosa, sino que también debe ser responsable de sus actos. Una manera de ser responsable es ser bien comportado, lo que implica conocer el significado de la buena conducta. En nuestra civilización, esto se caracteriza por seguir la interpretación local de las leyes, tratados internacionales, reglamentos y normas sociales del mundo.

El abuso del poder es una tendencia humana innata que se desarrolló como una ventaja evolutiva. Como tal, una IA no tendrá necesariamente esa tendencia. Sin embargo, como los programadores, y sus jefes, son humanos, una IA podría ser diseñada para adquirir poder para sus dueños, el cual una IA fuerte podría tomarlo para sí misma, creando así la posibilidad del abuso de poder por una IA.

Amistad, buena conducta y no abusar de su poder deberán ser consideradas meta-motivaciones, ya que:

- Una IA fuerte y no amistosa podría traer consecuencias peligrosas.
- El mal comportamiento en una IA es una responsabilidad.
- El exceso de poder es perjudicial, ya sea en manos de un grupo humano o de una IA fuerte.

Las cuestiones éticas también pueden ser incluidos en las meta-motivaciones, junto con un sentido de justicia o equidad.

Amistad

Es difícil definir la 'amistad' en una máquina inteligente. Una IA que mate a un ser humano es definitivamente no amistosa, ¿sería una IA amistosa sólo porque no se le permite matar? La ley de Asimov, 'nunca se debe permitir a una IA matar a un ser humano en ninguna circunstancia' es fácil de aceptar, sin embargo, cuál sería el caso si se trata de un robot de guerra, o robo-policía? ¿Es aceptable que una IA sea totalmente amistosa en todos los escenarios? ¿Habrá excepciones?

Podemos decir unas cuantas condiciones que una IA amistosa debe cumplir:

- Deberá llevar a cabo acciones que sean siempre perfectamente amistosas, adaptándose a los cambios del entorno, al igual que nosotros.

- No tendra que ser explícitamente ordenada a ser amistosa en todas las situaciones posibles.

Una IA fuerte, especialmente una que podría evolucionar a ser superinteligente, debe tener la amistad a los seres humanos como su más importante meta-motivación. Si esta superinteligencia comienza con una motivación principal de amistad, entonces se puede confiar que se mantendrá amistosa durante su desarrollo. Considerando que amigo, que intencionalmente se reprograma a sí mismo para que pueda hacerte daño, no es un amigo.

Idealmente, se logrará amistad aunque sus creadores hayan cometido un error al programar sus motivaciones. Será lo suficientemente inteligente como para rediseñarse, por lo que habrá más confianza en la filosofía de la IA amistosa que en la intención de los programadores. Si la auto-mejora incremental aumenta su inteligencia, entonces, una IA amistosa heredará la amigabilidad en su próxima etapa de desarrollo. A medida que la IA se vuelva más inteligente, su inteligencia se dirigirá más hacia la amistad, dado que para empezar la IA es amigable.

Es evidente que la IA estrecha podría estar provista de un concepto de amistad o de hostilidad como en el caso de un robot de guerra, sin tener consecuencias universalmente catastróficas. En la IA fuerte, las consecuencias podrían ser impredecibles; no hay precedentes que nos digan cómo auto-evolucionara una inteligencia artificial general.

La IA podrá ser justificadamente un 'yo', pero eso la hará una IA-yo, no un ser humano. A una IA amistosa le faltara el ambiente evolutivo que hizo a los humanos egoístas; ese factor faltante es la base de la IA amigable. No habrá necesidad de eliminar el egoísmo de la mente de la IA.

La retroalimentación negativa o positiva, como el dolor o el placer, no será una característica necesaria para volver a una IA amigable. El razonamiento consciente puede remplazar a los sentimientos de dolor y placer.

Leyes y Costumbres

Para funcionar como una herramienta exitosa dentro de la civilización, cualquier IA inteligente deberá seguir sus leyes, tratados internacionales, reglamentos, normas sociales y costumbres locales. La IA debera conocer todas las leyes, tratados internacionales, reglamentos, normas y costumbres sociales locales del mundo, o por lo menos entender cómo aplicarlas y cumplir con aquellas que sean relevantes durante una tarea. Estas leyes son en cierto sentido nuestras meta-motivaciones, producto de miles de años de civilización.

Si los seres humanos deben seguirlas, entonces es en el interés de los creadores o propietarios el obligar a la IA a seguirlas también. La IA también necesitará otras meta-motivaciones, como el deseo de ser amigable con los seres humanos y otras más que se consideren necesarias por parte de sus programadores.

La IA fuerte podrá entender el significado, el sentido y el espíritu de las leyes, tratados internacionales, reglamentos, normas sociales y las costumbres locales. Esto es principalmente porque sólo a este nivel es que se espera que la IA tenga la capacidad lingüística suficiente para ser capaz de leerlas, comprenderlas y aplicarlas correctamente. Alternativamente, las implementaciones de IA estrecha tendrán que introducir las normas aplicables explícitamente.

Además, si una IA es tan inteligente, o incluso más inteligente, que un ser humano, entonces es obvio que la IA deberá 'creer' en sus meta-motivaciones. De lo contrario, podría muy bien ignorarlas o ir en contra de ellas, y en general, una IA auto-modificable no puede ser obligada.

A los quince meses de edad, los bebés reconocen si es que la distribución de alimentos y bebidas es injusta y ya poseen la voluntad de compartir. La equidad, o un sentido de la justicia, es una buena cualidad humana, y será igualmente buena para una IA que funcione en las sociedades humanas.

Ética
Mesclar las máquinas inteligentes y la ética es un arma de doble filo. Existe la ética que la IA debe usar durante sus operaciones y luego está el comportamiento de los seres humanos en su interacción con estas máquinas. En pocas palabras, hay:
* Derechos humanos.
* Derechos de las máquinas inteligentes.

Cuando las máquinas se vuelvan inteligentes, especialmente cuando se trate de robots androides, ¿va a ser correcto el mantenerlas en la esclavitud? Por otro lado, el sustituir a los seres humanos con máquinas en todo tipo de puestos de trabajo molestara a muchos. La inteligencia artificial, si se utiliza de esta manera, representa una amenaza para los derechos humanos.

En general, las teorías éticas tratan de determinar los cursos de acción moral, sin embargo, su alcance es orientado a los humanos. La ética humana no se entiende lo suficientemente bien como para escribir las reglas que permitirán robots diferenciar el bien del mal. En estas condiciones, instruir a una máquina para que se comporte éticamente requiere nuevas teorías, sobre todo porque la IA inicialmente carecerá de sentido común, el cual también debera ser introducido en sus pautas de conducta, junto con estas nociones éticas.

En 'La Teoría de los Sentimientos Morales', Adam Smith sostuvo que los sentimientos morales como el igualitarismo derivan de un 'sentimiento de compañerismo' que produce simpatía por los demás, la aversión a la desigualdad y comportamientos igualitarios. Existe evidencia que apoya esta teoría, se ha demostrado que mecanismos cerebrales específicos alcanzan estados emocionales y sociales que resultan en comportamientos igualitarios. Sin embargo, en estudios relacionados, se ha encontrado que las personas más ricas tienen menos compasión hacia los demás y que creen que la codicia es justificada, beneficiosa y moralmente defensible.

Absurdamente, incluso si la IA es amistosa, los seres humanos, aunque algunos tienden a ser igualitarios, no son amistosos. Las consecuencias de esta ambigüedad podrían ser graves. Una IA diseñada para ser amigable exclusivamente con la alta dirección de la empresa que financió su creación, o especialmente amable con un grupo de personas de un determinado origen étnico o nacionalidad, puede hacerles daño a otros grupos de personas.

En otro escenario, una IA superinteligente podría llegar a ser demasiado amistosa, manteniendo así a la humanidad resguardada y protegida, de acuerdo con su propia concepción de 'resguardada y protegida'.

Motivaciones u Objetivos

Una mente inteligente lleva a cabo acciones para lograr una imagen mental que describe un estado del mundo que es deseado, o meta. Trata de alcanzar metas a través de acciones deliberadas que constantemente conducen hacia una realidad con un conjunto deseable de estados. Por lo general, antes de alcanzar los objetivos deseados hay sub-objetivos intermedios, que también deben tener resultados deseables.

En la IA estrecha, los objetivos proporcionan inteligencia a la máquina. Una IA fuerte, capaz de adaptarse a diferentes situaciones, tiene una inteligencia de base; los objetivos sólo proporcionan información sobre sus misiones.

Las metas para IA estrecha deben contener una amplia gama de información, incluyendo las acciones que se deben tomar en diferentes situaciones, e incluso las situaciones inesperadas deben ser cubiertas, por lo menos con conductas alternas o de emergencia. Los objetivos predeterminados cubrirán las reglas universales de comportamiento, el aprendizaje permitirá a la IA a entender mejor su mundo, y las órdenes le darán las instrucciones necesarias para hacer su trabajo.

La IA fuerte requerirá menos supervisión y más aprendizaje. Objetivos preestablecidos y la posibilidad de recibir órdenes seguirán siendo necesarios para obtener los resultados que esperan sus dueños.

Objetivos Predeterminados

En IA estrecha, esta es la base de conocimiento necesaria para proporcionar el punto de partida de la inteligencia. Podría ser proporcionado por el sistema operativo o por programas personalizados. A partir de la fase II de la IA estrecha, los sistemas operativos dedicados incluirán, como mínimo, reconocimiento del lenguaje hablado y escrito y su síntesis, procesamiento sensorial, capacidad de aprendizaje, conocimiento del sentido común, el manejo de las memorias de trabajo y de largo plazo, comunicaciones y algoritmos de optimización.

Los objetivos predeterminados son parte del diseño, en la compra de una IA estos objetivos estarán incluidos. Debido a su generalidad, ya que no son para el uso directo, tendrán que ser particularizados para cada tarea. Su presentación podría ser en la forma de bibliotecas de procedimientos de generación de objetivos, cubriendo entre otras, las siguientes funciones:

- Despertar. La IA se configurara para iniciar con una configuración dada, que será adaptada por el aprendizaje durante las operaciones de día a día y por órdenes explícitas. Los cambios se guardarán al salir.

- Lenguaje y localidad. Idioma principal y donde la IA va a operar y establecer el régimen jurídico y social que debe seguir.

- Trabajo principal. Determinar el propósito de la máquina dándole instrucciones para lograr sus principales objetivos de operación.

- Restricciones. Indicar las prioridades de ciertos sub-objetivos y prohibir algunos otros. Establecer ámbitos físicos y aquellos relacionados con el trabajo.

- Sentidos. Configuración de conexiones a sensores y determinar sus funciones; como la programación de una cámara para reconocimiento facial, construir un modelo en 3D o alguna otra actividad.

- Actividades. Conectar los actuadores o facilitadores de las acciones e integrarlos con el sistema. Determinar las acciones que la máquina está autorizada a realizar.

- Priorizar y establecer los límites del aprendizaje. Que debe ser aprendido y que no. Establecer cuales metodologías de aprendizaje deben ser usadas, y para qué.

- Planes de la memoria de trabajo y de largo plazo. Implementar protocolos para descartar o guardar elementos de la memoria de trabajo y reglas para hacer copias de seguridad. Establecer límites para el uso de la memoria.

- Identificar las ordenes convencionales y otras. Preparar la máquina para obedecer las órdenes prestablecidas, establecer procedimientos de seguimiento y acciones. Permitir el aprendizaje y la interpretación de otros comandos.

- Plan B. Definir las acciones en caso de que las metas y sub-metas no se cumplan. Permitir que la IA tome algunas acciones y restringir otras.

- Establecer canales de comunicación. Abrir la conectividad a Internet, medios inalámbricos y otros. Establecer conexiones gratuitas y de pago. Limitar el acceso cuando sea necesario.

- Interfaces del usuario. Preparar la máquina para enviar y recibir información hacia y de sus operadores. Establecer normas de privacidad y seguridad.
- Identificación de operarios. Certificar con seguridad los privilegios y limitaciones de los que pueden dar órdenes y obtener información de la máquina.
- Configuración en el sueño. Decidir porqué y cuando la máquina se deba colocar en modo de reposo. Identificar los datos que se desean guardar y dónde. Determinar si alguna acción externa u orden podría despertar al sistema o si sólo el operador podrá iniciarlo.
- Unir los puntos. Integrar el sistema, establecer las conexiones, prioridades, mensajes, alertas y otras formas de comunicación entre las partes.

Los sistemas operativos desarrollados para apoyar a la IA estrecha de una fase III madura, serán probablemente valiosos cuando se avance a la IA fuerte.

Objetivos Aprendidos

La IA no cumplirá con su potencial sin la capacidad de aprender. El aprendizaje es lo que separa a una IA de un programa de computadora con reglas estáticas prestablecidas. En IA estrecha, el aprendizaje cubre las omisiones, corrige las malas suposiciones y es la base que creara a la IA fuerte.

Una IA estrecha con capacidad de aprendizaje será capaz de afinar sus procedimientos de búsqueda de objetivos de muchas maneras:

- Optimizando las tareas que se repiten con frecuencia.
- Eliminando sub-objetivos no deseados y pasos innecesarios.
- Detectando planes operativos más eficientes.
- Adaptando a una meta diferente los planes ya conocidos para lograr otra meta.
- Mejorando sus capacidades de interconexión.
- Modificando los objetivos mismos para maximizar los beneficios.

Con los seres humanos, el aprendizaje es una actividad de desarrollo que dura toda la vida, en la IA el aprendizaje marcará la diferencia entre un rendimiento mediocre y una inteligencia útil.

Objetivos como Órdenes

Para ser útil una IA tendrá que hacer algo. Podría ser una orden de hacer algo simple, como decir 'llévame a casa' a un taxi autónomo o complicado como la orden 'por favor, elimina la pobreza en el mundo', dado a una IA superinteligente. En cualquier caso, los propietarios u operadores de la IA deberán tener algún control sobre las actividades de la IA.

La mayoría de los comandos se administraran a través de una interfaz de usuario, la que podría ser un teclado-ratón-monitor, una conversación o pensamientos detectados del, e insertados en el cerebro humano. El resultado final es el mismo, la IA deberá identificar las órdenes sin confusión y luego proceder a realizar las acciones necesarias para cumplir con la solicitud. En muchos casos, interacción entre el operador y la IA será necesaria para aclarar y mejorar el valor de los resultados.

Una interfaz capaz de conversar es probablemente el nivel mínimo esperado en IA estrecha. Teniendo en cuenta los matices y la ambigüedad de los idiomas hablados y escritos, será necesario incluir la comprensión del sentido común en la IA, para que pueda elucidar el significado dentro de su contexto.

Visión del Mundo

Las percepciones sensoriales preprocesadas contenidas en la memoria de trabajo definen la visión 'actual' del mundo de una IA. Podría haber múltiples visiones simultáneas 'actuales' del mundo, ya que no hay restricción en la IA a un solo bucle de consciencia o al número y la variedad de sensores.

Además, un gran número de visiones 'pasadas' del mundo estará disponible a partir de la memoria a largo plazo y la IA tendrá que generar visiones 'futuras' del mundo cuando desee anticipar resultados deseados.

Una visión del mundo puede ser tan simple como un 'no' o tan complejo como una descripción de la Vía Láctea. Es el medio para ejecutar los procesos dentro de la máquina. Una visión del mundo es un entorno y un conjunto de objetivos definidos en términos de ese entorno.

Lograr el entendimiento del 'presente', en términos de experiencias 'pasadas' e imaginar planes 'futuros' es la esencia de la Inteligencia Artificial. Los 'pensamientos' pueden ser inducidos agregando el sentido común, los conocimientos y la optimización de los procedimientos a su esencia.

178

Percepciones

La consciencia artificial requiere de una percepción aceptable de su visión del mundo. Los sentidos, recuerdos y el conocimiento del sentido común proporcionan esta información que puede ser agrupada en percepciones.

Los datos sensoriales crudos procedentes de los sensores, al ser procesados en una capa intermedia por preprocesadores del sensor pueden construir representaciones de datos de ese sensor en particular llamados percepciones individuales. Para hacer frente a la complejidad de la visión del mundo, las percepciones individuales que representan partículas individuales de información pueden ser combinadas en percepciones complejas. Otra información también puede ser usada para construir éstas percepciones complejas.

Agregadores de percepciones de diferentes tipos pueden ser necesarios para combinar las percepciones individuales. Otros agregadores podrían ser utilizados para lograr agregación ulterior. En ésta forma, los datos sensoriales y de otros tipos pueden ser procesados iterativamente en capas con el fin de construir conocimientos significativos de nivel superior sobre la visión del mundo.

Patrones

La filosofía del patrón de la mente sigue la premisa de que 'la mente está hecha de patrones' y que una mente es un sistema para reconocer los patrones sobre sí misma y del mundo, incluyendo patrones sobre las acciones que podrían satisfacer ciertas metas bajo una determinada visión del mundo.

Un patrón es una representación simplificada de algo. Así, un programa de compresión de la imagen podría ser un patrón de esa imagen. Es una noción de medición de la simplicidad.

Bajo este enfoque, la mente es el conjunto incierto de diferentes patrones de simplificación y los derivados de las interacciones entre la mente y otros sistemas en un proceso dinámico que logra metas deseables en ciertos ambientes. Así, la inteligencia es la habilidad para lograr objetivos complejos en entornos complejos; donde la complejidad se define por una rica variedad de patrones.

Un patrón puede ser conocimiento o información.

Principio de Correspondencia Mente-Mundo

Para que una mente trabaje inteligentemente hacia ciertas metas en una cierta visión del mundo debe haber una congruencia adecuada de las secuencias de estados de visión del mundo, basadas en un objetivo, con las secuencias de estados de la mente.

Donde adecuada significa que una secuencia de estados de visión del mundo W compuesta de dos partes W_1 y W_2, será congruente con una secuencia de estados de la mente M compuesta por dos partes correspondientes M_1 y M_2.

Este principio relaciona la descomposición de la visión del mundo en partes, con la descomposición del estado de la mente en partes. Por lo tanto, en una mente inteligente tiene que haber una correspondencia natural entre las secuencias de transición de los estados de la visión del mundo, que conducen a objetivos pertinentes, con las correspondientes secuencias de transición de los estados de la mente.

Pensamientos

El procesamiento de una visión del mundo es un 'pensamiento'. También puede ser cualquiera de los siguientes procesos:

- Identificar la tarea actual.
- Dar instrucciones a los sentidos para mostrar visiones del mundo óptimas.
- Obtener datos de los sentidos, procesados según sea necesario para determinar su relevancia.
- Encontrar visiones del mundo relevantes para la tarea actual.
- Recordar visiones 'pasadas' del mundo.
- Elección de características en una visión del mundo.
- Identificar los conocimientos del sentido común relevantes para la tarea.
- Comparando entre varias visiones del mundo o porciones de ellas.
- Predecir visiones 'futuras' del mundo.
- Decidir la más apropiada visión 'futura' del mundo.
- Planificar las acciones que conduzcan a la más adecuada visión del mundo.
- Ordenar acciones con la secuencia y en el momento correctos.
- Clasificar acciones y resultados en función de su utilidad.
- Corregir acciones que parezcan estar mal.
- Almacenar información en memoria a largo plazo, según sea necesario.
- Aprender de acciones correctas e incorrectas y de sus resultados.
- Actualizar del visión 'presente' del mundo.

Estos procesos no se producirán en serie, la mayoría de ellos van a necesitar refuerzo y corroboración de los demás, es un proceso dinámico continuo sin estructura de inicio o de fin.

'Pensar' no es un proceso sencillo, se trata de una multitud de tareas muy diferentes, su implementación requiere una mezcla de algoritmos e interacciones.

Habilidades Cognitivas

Las más altas capacidades cognitivas, que incluyen a los 'pensamientos', se implementaran probablemente en la capa del núcleo computacional, ya que deben ser considerados independientes del entorno del problema. Las meta-motivaciones también deberán residir en la capa del núcleo, asignando objetivos específicos, conforme a la misión, a las capas exteriores.

Los objetivos de la misión definen la funcionalidad de la IA, sus meta-motivaciones definen su comportamiento genérico. La capa del núcleo, utilizando modelos del más alto nivel para las funciones cognitivas como la optimización, el aprendizaje, la predicción y la planificación, dicta el funcionamiento del sistema.

Qualia

Un estado mental, como la felicidad, la percepción de un objeto rojo u oler una rosa es un quale; qualia en plural. Otra manera de definir qualia es como sentimientos primarios. La existencia de qualia en los seres humanos a menudo está en duda, sin embargo en términos de IA es un paso a partir de una percepción, normalmente de los sentidos o de la memoria, que conduce hacia percepción consciente.

En una típica arquitectura de IA, la creación computacional de qualia se puede lograr por el procesamiento de las percepciones como características de la visión del mundo, en lugar de inspeccionar directamente los datos sensoriales.

Acciones

La única manera de que la IA va a ser reconocida, y tal vez aceptada, será a través de sus acciones. Los animales se describen a sí mismos y demuestran su nivel de inteligencia a través de sus acciones. Decimos que un delfín es inteligente porque observamos lo que hace en el océano y en cautiverio, sabemos que se comunica, coopera con otros delfines, que puede entender instrucciones y hacer algo predecible basado en ellas. Lo mismo sucede con la inteligencia artificial. La IA tendrá que demostrar su inteligencia a través de sus acciones.

Las acciones son el producto final del ciclo de inteligencia y comprenden todo lo que modifica la visión del mundo de la IA cuando está tratando de alcanzar un objetivo. Las acciones podrían ser internas, como dentro de un mundo virtual o mover un brazo robotico, o externas, como el envío de un mensaje SMS a un teléfono en Calcuta o la activación de un motor.

Por lo general, una IA puede hacer lo que quiera y haga lo que haga, no tendrá ninguna consecuencia, hasta que sea una acción. Comprensiblemente, los diseñadores de IA deben tener en cuenta que las acciones son lo más importante y que no deben llevarse a cabo sin una buena razón. Un programa de computadora también puede ejecutar acciones, a veces en la interfaz de usuario y algunas otras podrían ser por vía electrónica como el accionamiento de válvulas o motores en maquinaria. En ese sentido, hay bastante experiencia y la IA no se va a meter en territorio inexplorado.

La diferencia será que la IA va a interactuar a un nivel inteligente. En la IA estrecha, será sólo una extensión a lo que ya estamos acostumbrados cuando las máquinas son controladas mediante computadoras. Las capacidades de la IA fuerte podrían aportar un matiz diferente a la situación, dado que podrá exhibir la libre determinación, que aunque de un tipo diferente, podría ser comparable o incluso superior, al nivel humano.

Las acciones se dirigirán a satisfacer las motivaciones, objetivos y metas de la IA, y para mejorar el conocimiento de su visión del mundo, controlar su entorno y comunicarse. Las acciones responden a objetivos predeterminados, comandos específicos y pensamientos internos. Además, en respuesta a lo que está pasando durante una operación y sus resultados; los cuales podrían ser éxitos, fracasos, o algo intermedio.

Lograr Objetivos

Esta es la razón de la existencia de una máquina con IA. Los programas han sido diseñados para alcanzar uno o varios objetivos. Sin embargo, debido a que la máquina es 'inteligente', tiene que adaptar su comportamiento a su visión del mundo.

Teniendo en cuenta los retos que se espera supere la IA, salvo en las circunstancias más triviales, el logro de sus objetivos será difícil e incluso la definiciones de sus metas será compleja.

Órdenes

Las órdenes dadas para lograr los objetivos se dividen en las siguientes tres categorías:

- **Preselección:** Será como cuando a un coche autónomo se le dice que vaya a un lugar determinado. La misma instrucción se repetirá una y otra vez, y la secuencia de acciones seguirán el mismo patrón, sólo adaptado para ir a una dirección diferente. Las formas de alcanzar el objetivo son conocidas, la IA no tiene que 'pensar' acerca de cómo hacerlo.
- **Claro:** Un comando que es fácil de entender se incluye en esta categoría. Un ejemplo sería *'Quiero saber acerca de José García'*, la IA tendrá que 'pensar' acerca de cuál José García está usted hablando, después encontrar las fuentes de información y a continuación cuáles elementos de la información son relevantes y la manera de presentárselos a usted. Sin embargo, la esencia de la orden no está en duda.
- **Ambiguo:** Un comando como *'Tengo que comprar un regalo'*, dejará muchas preguntas sin respuesta, como: ¿Para quién? ¿Cuánto quiere gastar? ¿Cuándo deberá ser entregado? etc. En este caso, la IA podría estar ya consciente del contexto y saber a quién se refiere, cuánto y qué darle y cuándo. O tendría que tener una conversación con usted para aclarar las cosas.

También está la cuestión de hasta qué punto la IA tiene que entender. No se puede esperar que un sencillo coche autónomo entienda los órdenes que tratan con temas diferentes a 'llévame a casa', o 'espérame'. Se requiere un nivel de inteligencia diferente para entender una conversación.

Operaciones

Al realizar una tarea habrá consecuencias imprevistas que obligarán a la IA a modificar las órdenes originales o a emitir nuevas. Mientras más alto sea el nivel de inteligencia, más amplios podrán serán los cambios.

Estos cambios pueden ser tan simples como un coche autónomo modificando la ruta calculada debido a un puente cerrado, o tan complejos como cuando una IA inteligente decida cambiar sus motivaciones porque se ha encontrado que están perjudicando la optimalidad de sus resultados.

En esencia, esta es la medida de la inteligencia, al hacer esta adaptación, una IA probará sus capacidades para adaptarse a su medio ambiente y por lo tanto para cambiarlo cuanto sea necesario para lograr sus objetivos.

Aprendizaje

De forma similar, el proceso de aprendizaje, ya sea a partir de las operaciones o de la información externa tendrá el efecto de obligar a la IA a cambiar sus comandos, o al menos cambiar la manera en que realiza las subtareas.

Como un coche autónomo fácilmente aprenderá que un camino está bloqueado y por lo tanto debe tomar otra ruta, su IA personal aprenderá rápidamente que usted es alérgico a los cacahuetes y nunca pedirá un platillo del menú que los contenga.

Es muy probable que las IA inteligentes contengan módulos de aprendizaje usados en sus tiempos libres, y al hacerlo mejoraran continuamente, y en consecuencia, también actualizaran continuamente sus órdenes, objetivos y medios para lograr sus objetivos.

Fallas

Como lo es con los seres humanos, este es un elemento muy importante en el aprendizaje de la IA. Normalmente, un fracaso significa que a pesar de que esta vez fracasó el proceso para lograr el objetivo, podría haber otras maneras de tener éxito.

Encontrar otras maneras será la culminación del proceso de 'pensamiento' de la IA. Una IA dotada de una inteligencia superior se destacará a la hora de aprender de sus errores.

Los conceptos de a priori y a posteriori, tal como se presentan en los algoritmos bayesianos, serán sin duda de utilidad en la definición de las modificaciones en los procesos que conduzcan del fracaso al éxito.

Envío de Comandos

Algunas de las acciones podrían requerir el envío de comandos a los agentes externos. Esto puede ocurrir porque en el medio de una operación de la IA necesita información procedente de un área determinada.

Entonces, el IA ordenará a la cámara apuntar hacia esta zona o que envié información grabada del área en cuestión. O podría ser para operar el volante de un coche autónomo. O para encontrar la información que otra IA ya posee. O decirle a su dueño que alguien lo está esperando en un restaurante.

En cierto sentido, las órdenes a los agentes externos son acciones. Estas órdenes pueden tomar la forma de preguntas, de respuestas en la interfaz del usuario o ser comandos reales. El nombre comando no significa ser políticamente incorrecto o que son necesariamente órdenes.

Hacia los Sentidos

Una cámara puede ser ordenada interactivamente a mirar algo, también se le puede solicitar que envíe información registrada previamente, también, puede requerirse que active una alarma en determinadas condiciones. La IA, en principio, podría accionar cualquier 'sentido' que esté conectado a ella.

Esta capacidad es esencial cuando se trata de robots. Al igual que con los animales, una respuesta rápida a los cambios dinámicos es vital. Los mecanismos sensoriales no pueden ser pasivos, sino que deben estar allí para ayudar a comprender el entorno, proporcionando información a tiempo. El preprocesamiento tendrá que seguir pautas de experiencias anteriores y aprender, no va a ser suficiente con tener percepciones, va a tener que estar también basado en experiencias conocidas.

A los Mecanismos

¿Dónde puede el poder de la IA sentirse más que al operar maquinaria? Al conducir un automóvil o una excavadora, la IA demostrara convincentemente de sus capacidades. También podría ser al hablar o realizando otras acciones físicas.

De cualquier manera, la porción computacional de la IA deberá estar habilitada para interactuar con las máquinas. Ya existen protocolos que permiten el control remoto de la maquinaria, ya sea a través de Internet o a través de conexiones propietarias. Muchas más estarán disponibles para el momento en que la IA esté lista.

A otras IA

Obviamente, dada la cuantía de conectividad que ya existe, una IA será capaz de comunicarse con las demás. Cuando hablen entre ellas, las IA parecerán ser telepáticas. Lenguajes de máquina extremadamente rápidos en las transferencias lingüísticas y de datos lograra que la sinergia en el intercambio de información entre estas máquinas parezca mágica.

La IA traerá cambios profundos en el mundo tan sólo mediante el uso de conexiones inalámbricas que permitan la carga y descarga de grandes volúmenes de información de conocimientos del sentido común acerca del mundo, con sus propias experiencias traducidas en planes de optimización mejorados y muchos otros datos triviales y objetivos.

A los Seres Humanos

La IA será una herramienta utilizada para beneficiar a los seres humanos. Ya sea a través de una interfaz de usuario o como sea, los seres humanos trataran de tener una conexión tan cercana a la IA como sea posible. Una tarea importante de la IA será mantener estrecha comunicación con sus operadores o propietarios, cualquiera que sea su título.

Incluso en una IA con inteligencia superior a la que tienen los humanos deberá promoverse la interacción con sus dueños u operadores. La naturaleza y la finalidad de la IA es ser una herramienta, una herramienta muy sofisticada, pero aun así una herramienta. Si se llega a un punto en el que se desarrolla una IA con inteligencia trans-humana, entonces es aún más importante que la IA no olvide sus orígenes y el hecho de que los desarrolladores humanos iniciaron el proceso que llevó a su creación. En este sentido, el desarrollo de interfaces directas cerebro-computadora permitirá mucha mejor comunicación y entendimiento con esta poderosa IA.

También es muy importante que el marco sobre el cual se desarrollen las IA, por lo general un sistema operativo, tenga como su principal meta-motivación la idea de la amistad a la humanidad.

Integración

Evocar la inteligencia es una obra de ingeniería complicada. No se trata de un proyecto científico, ya que integra una multitud de elementos y piezas, muchas de ellos no relacionados. Esencialmente, implica la construcción de una máquina. O en realidad, una colección de muchas máquinas que trabajan en concierto. Una fórmula o un algoritmo no puede describir completamente a una máquina. Las matemáticas por sí solas no pueden describir a un automóvil. Es lo mismo para las máquinas de IA.

Una táctica para crear IA implica un enfoque cíclico donde las sensaciones sensoriales activan recuerdos relacionados, que después de su transformación e integración son parcialmente almacenados y utilizados para activar una visión del mundo, de la cual se calculan los pensamientos, proporcionando consciencia con acciones razonables y retroalimentación.

Este ciclo tiene muchas partes:

- Físicas, tales como cámaras, dispositivos informáticos, procesadores y memoria.
- Informativo, programas, controladores de dispositivos, el conocimiento del sentido común y recuerdos.

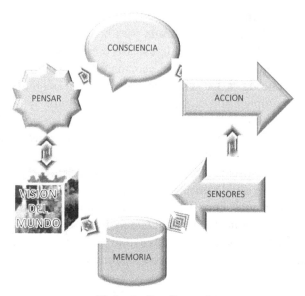

Ciclo de Inteligencia.

Los elementos del ciclo de inteligencia:

- El hilo, o hilos, de la consciencia.
- Sensores. Percepciones externas moduladas por memoria interna.
- Memoria. Registros internos de impresiones internas y externas.
- Visión del Mundo. Representación interna de los eventos actuales, pasados y futuros.
- Pensamiento. Planes y optimizaciones para alcanzar los objetivos deseados.
- Acción. Comandos internos para lograr resultados externos.

Por otra parte, hay muchas maneras de armar estas piezas, algunas que funcionan y muchas más que no lo hacen, en este sentido, existe la necesidad de conocimientos de ingeniería para construir un sistema que funcione bien.

Componentes

Los cerebros animales trabajan a una frecuencia lenta que cae entre 50 Hz para el ciclo de pensamientos conscientes y 200 Hz para las reacciones instintivas. Las neuronas compensan esta lentitud operacional con un paralelismo fuerte.

El desarrollo de unidades de procesadores computacionales está dirigido a aumentar el número de procesadores en un chip, en vez de aumentar la complejidad de un único procesador en el chip. Así que cuando la capacidad de las computadoras alcance el nivel necesario para pensar seriamente sobre la implementación de la IA fuerte, cada chip tendrá miles de procesadores, con ciclos de cómputo millones de veces más rápidos que los de las neuronas.

Los algoritmos de IA no deben tratar de poner en práctica el proceso que se ha desarrollado en los cerebros de animales. Estos algoritmos deben aprovechar el ciclo de velocidad que es millones de veces más rápido, aun cuando tenga el límite de sólo miles de hilos, para equilibrar la capacidad del cerebro para 'pensar' en ciclos lentos que utilizan millones de neuronas al mismo tiempo.

En términos de velocidad contra flexibilidad, se debe esperar que la mayoría de las funciones de preprocesado necesarias por la IA se llevaran a cabo por circuitos impresos dedicados y preprogramados.

Arquitectura de las Computadoras
Además de las computadoras súper rápidas sugeridas por la continuación de la Ley de Moore, hay algunas arquitecturas informáticas prometedores como la computación cuántica, las máquinas Super-Turing y de Gödel.

En las computadoras clásicas, un bit puede ser 0 o 1. En las computadoras cuánticas, un qubit puede ser simultáneamente cualquier superposición entre 0 y 1. Mientras que tres bits clásicos pueden representar un número de 0 a 7, tres qubits puede representar cualquier número de 0 a $2^3 = 8$. Por lo tanto la descripción de una computadora cuántica de tres qubits, requiere de ocho coeficientes. En general, n qubits requieren 2^n coeficientes, por ejemplo, para n igual a 50, 10^{50} expresa todas las probabilidades de los posibles estados de la computadora cuántica, un número muy alto, ya que el cerebro humano se estima que tiene 10^{15} sinapsis. La computación cuántica, que simultáneamente pone en juego todos los valores posibles de los registros de entrada, opera en paralelismo cuántico.

La computación de tipo Super-Turing comienza cada ciclo con una nueva máquina de Turing que calcula una vez y entonces se adapta escogiendo funciones importantes en el medio ambiente. Este tipo de máquina es capaz de 2 a la potencia del número de cálculos que la máquina asociada de Turing puede posiblemente llevar a cabo, o $2^{\text{aleph-zero}}$, ya que el número posible de cálculos de las clásica máquinas de Turing, se especifica como aleph-cero, que es el tamaño infinito del conjunto de números naturales.

La máquina de Gödel, según la descripción de Jürgen Schmidhuber, es teóricamente óptima y en cierto sentido es el proyecto de una IA universal. Ésta máquina maximiza la utilidad futura esperada solucionando algoritmos arbitrarios definidos por el usuario al interactuar con algún medio ambiente observable e inicialmente desconocido. Su algoritmo inicial se puede rescribir completamente a sí mismo, dentro de los límites de la computabilidad, cuando se proporciona la prueba de que la rescritura es útil de acuerdo con la función de utilidad. Esta máquina toma en cuenta que los recursos computacionales son limitados. Puede demostrarse que su rescritura es globalmente óptima, conforme a las restricciones de demostrabilidad que Gödel probó en sus publicaciones en 1931.

Estos conceptos parecen apoyar la idea de que la Ley de Moore continuará o incluso se acelerará en el futuro. Aún más, la máquina de Gödel puede ser el modelo de una máquina universal de IA que puede resolver casi todos los problemas como si ya supiera cual es el mejor algoritmo para resolverlos.

Sensores

Este es el campo donde la IA se destacara, no hay casi ningún límite a qué, cuándo y dónde una IA puede ver, oler, gustar, oír, o tocar.

Las cámaras serán mejores y más baratas, y el pre-procesamiento de las imágenes para extraer información está avanzando a un ritmo acelerado. Al igual que con nuestros sentidos, las cámaras y otros dispositivos de detección preprocesarán y comprimirán la información, es de esperarse que siguiendo un estándar, y como resultado, las IA podrán fácilmente discernir la realidad.

Dado que la capacidad de las comunicaciones inalámbricas y alámbricas seguirá creciendo, tal vez mediante la sustitución de las bandas de frecuencias asignadas a la TV y radio con un enfoque de sólo Internet. Dispositivos baratos y pequeños sensores se hallarán en todas partes, y podría ser que el negocio de la venta 'pública' de la información será otra historia de éxito comercial. A partir de estas fuentes de información, la IA va a 'ver' todo lo que le importa. De forma similar, la gente 'verá' a través de Internet conectado a anteojos o lentes de contacto, y, finalmente, a través de interfaz directa al cerebro.

Con tantas cámaras y otros sensores, la visión del mundo de las máquinas, y aún de la gente conectada, será de una calidad asombrosa, aún podría ser en 3D real, a diferencia de nuestros propios ojos que ven dos imágenes en 2D con percepción de profundidad. La disponibilidad de muchos puntos de vista, tanto en tiempo real y en grabaciones, hará que la experiencia de 'ver' sea completamente diferente a lo que ahora estamos acostumbrados. Va a ser normal el echar un vistazo a los interiores de los edificios, detalles estructurales, la mercancía en un almacén, desde unos pocos metros o a kilómetros de distancia. Además, la experiencia sensorial no se limitará a las cámaras.

Procesadores

A partir de la Fase II de la IA estrecha, la tecnología va a empezar a producir resultados. Sistemas operativos dedicados, bibliotecas con algoritmos genéricos y herramientas especializadas harán que el desarrollo de estas IA estrechas sea sencillo.

De acuerdo con el cronograma correspondiente, esto probablemente va a ocurrir por el año 2030; para entonces la ley de Moore predice que las computadoras de escritorio proporcionen un rendimiento medido en zetaflops (10^{21} flops). Este tipo de rendimiento permitirá aplicaciones que se considerarían mágicas en el 2012. Ese poder será suficiente para simular un cerebro, o para construirlo desde cero y como sucede en el interior del cerebro, cientos de diferentes tipos de computadoras con diferentes arquitecturas se conectaran entre sí en redes internas y estos diferentes modus operandi se pondrá en contacto uno con el otro.

Los procesadores de silicio, o tal vez de grafema, estarán ya cerca de sus límites, podría ser el momento para que las computadoras quantum o de otros tipos vengan al rescate.

Memoria

Las implementaciones de sistemas de IA para la identificación y el procesamiento de las asociaciones de memoria necesariamente tomarán ventaja de la velocidad en serie en lugar del paralelismo. El procesamiento en paralelo, en forma de hilos u otros medios, permitirá la correlación entre las visiones del mundo en tiempo real y en registros para formar asociaciones y dar sentido a los recuerdos almacenados en chips, memristores (memoria y procesamiento combinados), discos duros y otros dispositivos.

Las memorias de trabajo y a corto plazo se guardarán en forma que garanticen el acceso más rápido a su contenido. Los medios de almacenamiento prevalecientes en el momento de la IA sea viable determinaran su tipo, en este momento, serían chips de memoria o memristores. Si se aplicara hoy, la memoria a largo plazo se guardaría en discos duros, de todos modos, este tipo de memoria tiene que manejar grandes volúmenes de datos no volátiles. Una ventaja añadida es que la información de la IA puede ser descargada y copias de seguridad serán esenciales.

Dado el éxito de las bases de datos, se espera que bases de datos relaciónales o de otro tipo se utilicen para organizar la información en la memoria. Su uso aportara seguridad y rapidez a las consultas que busquen asociaciones en función de las llaves. Teniendo en cuenta que la incertidumbre jugará un papel importante en cualquier aplicación de IA, será necesaria la recuperación de datos difusos o probabilísticos.

Mecanismos de Entrada-Salida

Todo lo que observamos tiene significado e importancia, nuestras visiones del mundo están continuamente inundadas por símbolos misteriosos y a veces sorprendentes.

Estamos acostumbrados a asimilarlo sin titubear, en los últimos tiempos esta afluencia de novedades se ha intensificado, palabras nuevas comunican esta idea: computadora, interfaz de usuario, celular, teléfono inteligente, televisión, cine, automóvil, avión, frigorífico, lavadora-secadora, GPS. Nuevas palabras serán creadas aludiendo a la IA y a los robots autónomos.

No serán sólo palabras, ellas van a tener un significado. Interfaces cerebro-computadora es muy probable que tengan un nombre diferente, y así muchas más. Una lista de los futuros servicios de entrada-salida incluirá algunos de los siguientes:

- Conversación, en cualquier lengua viva.
- Traducción en tiempo real, hablada y escrita.
- Reconocimiento del lenguaje del cuerpo.
- Imágenes de 3D en pantalla plana, sin anteojos.
- Escenarios en mundos virtuales, con contactos o anteojos.
- Inmersión completa, con interfaz cerebro-computadora.

Esta lista es sólo una muestra, ya que dado el ingenio desplegado en muchos aparatos tecnológicos, es muy difícil predecir sus características. Como siempre, esta lista va a evolucionar en el tiempo.

La IA participará en las conversaciones, sabrá nuestros estados de ánimo y flaquezas, y será nuestro mayordomo con un conocimiento enciclopédico. Incluso la IA estrecha parecerá ser muy inteligente, la diferencia entre una persona y la IA será borrosa.

Empacado

Inicialmente las instalaciones de IA ocuparán habitaciones, al igual que en los viejos tiempos cuando una computadora se aislaba en una habitación blanca. Para el momento en el cual la IA estrecha madure, el concepto de computadora será vago; la IA se ejecutará en una multitud de lugares, y utilizará los recursos de computación según sea necesario. La Internet seguirá existiendo, tal vez en una forma distinta, pero habrá redes de comunicación disponibles. La IA utilizará las redes y su potencia de cálculo de una manera transparente. Parte de esta potencia de cálculo podría provenir de computadoras disponibles publicamente u otras innovaciones tecnológicas.

Las empresas querrán vender el símbolo tangible de una IA, que podría adoptar la forma de una tarjeta o una nano-computadora implantada. O tal vez será sólo un código de entrada en una caja, ya que en realidad, una IA es sólo un programa que se puede ejecutar en una o más computadoras, y una IA podría atender a un número de usuarios. Tener su propia IA no será necesario, el tener sus propios ajustes de privacidad si lo será y los podrá configurar. La ejecución del programa de IA no se restringirá a su propio programa ejecutando en su propia computadora o teléfono inteligente.

El tener confiables y ubicuas interfaces de usuario será importante. ¿Será que esta interface sea la única 'cosa' necesaria para que la IA funcione? Si las tendencias actuales continúan, esta interfaz el usuario va a ser:

- Miniatura o incluso de nano-tamaño.
- De poco peso.
- Facil de usar.
- Disponible 24/7.
- Confiable.
- Garantizando la seguridad personal y la privacidad.
- Conectada permanentemente a las redes.
- Barata, exceptuando la conexión a las redes.
- Disponible en múltiples marcas y versiones.
- Actualizada cada semana.
- Utilizada por todo el mundo.

En esencia, la IA será una interfaz de usuario y a la gente le va a encantar. Por supuesto, para ser útil su IA personal tendrá que ordenar comida, decirle a su coche a donde ir, mandar a sus robots de limpieza y hacer cosas. Sin embargo, todo se podrá hacer a través de la red, lo que podría terminar siendo el pago más grande necesario para el uso de su IA personal.

En contraste, los robots como los coches y los servicios de limpieza, serán reales. La IA estará presente, en la misma forma que su cerebro existe, está ahí y no sabemos cómo funciona, pero lo hace.

Programas

La fase I de la IA reducida estará dominada por el desarrollo de prototipos. Este trabajo hará posible un consenso que lleve a metodologías prácticas para el desarrollo de la IA. Por lo tanto, es probable que los sistemas operativos dedicados a la IA estén disponibles para el inicio de la fase II.

Los sistemas operacionales de IA, probablemente copiaran las características exitosas que ya poseen los actuales sistemas operativos y agregaran otras según sea necesario. Capas de cebolla para poner en práctica las prioridades y la seguridad, la manipulación de la memoria, controladores de dispositivos para trabajar con los sentidos estarán ahí junto con algoritmos de aprendizaje y optimización. Lenguajes de computación exclusivos a la IA facilitarán la escritura de los programas que se ejecuten en estos sistemas.

El movimiento y el control de los robots necesitará recursos adicionales y muy probablemente el sistema de robot-IA se manejara de la misma manera en que lo hacen los animales. Con sistemas separados, 'inconsciente' de computación para el control del cuerpo y 'consciente' para la inteligencia, ambos en comunicación pero no necesariamente sabiendo los detalles de lo que el otro sistema está haciendo.

¿Qué se necesita?

La dirección para llegar a la IA estrecha es clara en algunos aspectos, este nivel de inteligencia artificial parece estar dentro del alcance de los progresos esperados en un par de décadas. Lograr la IA fuerte es otra cosa; y se han sugerido tres formas para ello:

1. Emulando al simbólico, probabilístico, conexionista, evolutivo e integrado cerebro humano.
2. Con una IA que se mejore a si misma o 'semilla', donde una IA inmadura sea permitida y obligada a aprender y a mejorar con sus propios esfuerzos.

3. Una IA fuerte diseñada desde el principio, que no permita modificaciones y que permita el aprendizaje sólo para adquirir el conocimiento del sentido común.

La emulación total del cerebro (WBE, Whole Brain Emulation en inglés) es un proyecto que espera duplicar las conexiones neuronales y sinápticas del cerebro humano. Requerirá un conocimiento perfecto de la conectividad de las mil billones de sinapsis de un cerebro por medio de escaneo y procesamiento de imágenes. Esta conectividad, que simula las propiedades funcionales de neuronas y sinapsis, deberá replicarse en computadoras usando un modelo computacional basado en neurociencia.

Este enfoque va en contra de la forma en que la tecnología ha resuelto problemas similares. Fue más fácil construir un avión después de experimentar con máquinas prácticas que construir un pájaro artificial. Se puede argumentar que es más fácil construir la IA basada en conocimientos científicos y de ingeniería que copiando la complejidad del cerebro.

El progreso hacia una IA de auto-mejora o totalmente diseñada ha sido alentado por dos acontecimientos:

1. El modelo AIXI de un agente universal óptimo, desarrollado por Marcus Hutter en 2005.

2. La máquina Gödel, una computadora universal y de auto-mejora dilucidado por Jürgen Schmidhuber en 2007-2009.

Hutter explica: 'Todo lo que se necesita es Ockham, Epicuro, Turing, Bayes, Solomonoff, Kolmogorov, y la ecuación de Bellman: La teoría de decisión secuencial resuelve formalmente el problema de agentes racionales en mundos inciertos, si es que la verdadera distribución de probabilidad ambiental se conoce. Si el ambiente es desconocido, entonces se puede encontrar una solución con el remplazo bayesiano de la verdadera distribución con una mezcla ponderada de distribuciones de alguna clase hipotética'.

Esta unificación de la teoría de IA universal ha producido AIXI. Éste algoritmo es incomputable, pero aproximaciones computacionalmente tratables revelan un camino a una IA universal que resuelve problemas del mundo real en una variedad de entornos.

Hay varias advertencias que son parte de la búsqueda de la IA:

• La creación de una al IA nivel humano podría tener repercusiones graves, tales como el desplazamiento de la mayoría de los trabajadores humanos.

- Una IA que utilice cuántica podría ser imposible de ser copiada debido al teorema de no clonación, demostrado por Wooters y Zurek en 1982.
- Posibles consecuencias graves, si la IA conduce a una máquina superinteligente.
- La inteligencia artificial puede ser aplicada en la búsqueda de cualquier objetivo, bueno o malo.

Hacer a una IA más inteligente no necesariamente hará que quiera cambiar sus objetivos, parece que la IA se sentirá motivada a preservar sus objetivos iniciales. Que la IA sea más inteligente sólo hará que sea más capaz de lograr sus objetivos finales originales, cualesquiera que estos sean.

Este es un riesgo importante: A menos que una IA esté específicamente programada para preservar lo que es de valor para los seres humanos, es posible que pueda destruir estos valores, incluyendo a los seres humanos. Como Yudkowsky dice, 'La IA no te quiere, ni te odia, pero tú estás hecho de átomos que ella puede utilizar para otra cosa'.

Y es aún más riesgoso si la IA está programada para destruir lo que los humanos valoran, como en una IA diseñada para el combate. No hay garantía de que esa IA no se convertirá accidentalmente en una IA con auto-mejoramiento o IA-semilla, en cuyo caso este escenario podría resultar extremadamente peligroso.

Memoria

Tal vez los sistemas de memoria de la IA, trabajando sobre la base de dispersión difusa o aún algo mejor, podrían ser menos inteligentes que el sistema de asociación en el cerebro humano. Esto podría llevar a soluciones en las que la IA limitaría sus asociaciones de memoria a las colecciones de los incidentes, en lugar de ser totalmente general en todas las memorias. A pesar de que la IA entonces podría perderse asociaciones que son obvias para un cerebro humano, se podría aprovechar otras ventajas utilizando cadenas lineales más largas de cómputo y tomando ventaja de su memoria perfecta, para compensar su falta de alcance asociativo.

El procesamiento en paralelo, en forma de hilos u otras soluciones, permitirá a la IA iniciar procesos en profundidad, ejecutándose en segundo plano, para encontrar asociaciones entre las actuales experiencias y las visiones del mundo pasado; aunque estos procesos podrían tardar mucho tiempo, en muchos casos podrían ser eficaces. Además, estas búsquedas en profundidad podrían conducir al aprendizaje de nuevas asociaciones de la memoria.

Utilizando múltiples procesos de razonamiento asociados con varios tipos de memoria, podría permitir a un agente inteligente ejecutar los procedimientos con mayor probabilidad de alcanzar sus objetivos.

Amistosa

Un sistema de inteligencia artificial, que es capaz de concebir planes de búsqueda de objetivos en el mundo real, se considera amistoso cuando sus acciones no sólo no son perjudiciales, sino que son beneficiosas para los seres humanos.

Debido al potencial de perfeccionamiento por auto-mejora recursiva y a la capacidad de agregar más poder a su equipo de computación, es posible que una IA mejore muy rápidamente más allá del nivel de la inteligencia humana.

El éxito o el fracaso en el logro de la creación de IA que sea amistosa, puede tener grandes consecuencias positivas o negativas. Podria ser que el futuro de la humanidad esté en juego.

Auto-Mejoras

El mejor programador que haya 'nacido' será una IA. Como las compiladoras lo han demostrado, la mejor manera de optimizar el código es mediante un programa de computadora. En el mismo sentido, la invención de algoritmos, y en especial su codificación, será una característica incorporada en la IA fuerte, y ellas lo harán muy bien.

Una IA podría tener, desde el principio, un componente de codificación con la capacidad de conceptualizar las ideas al más alto nivel y compilarlas en lenguaje de máquina. De la misma manera, su código, ya sea escrito en lenguajes de máquina o de nivel superior, se integrara intuitivamente.

Este es el argumento de la IA 'semilla', en la que una IA capaz de aprender y de auto-modificación de su código es de suponerse que lo hará mejor que cualquiera puede hacerlo, en la odisea de crear inteligencia artificial fuerte.

Tan pronto como una IA fuerte inmadura pase el umbral de auto-modificación, será extremadamente difícil para los programadores humanos el entender los programas escritos por la IA.

El hecho de que este tipo de situación podría conducir a 'La Singularidad' es un tema digno de consideración.

Beneficios de la IA

Ventajas obvias de la IA estrecha implica la capacidad para realizar tareas repetitivas sin aburrimiento, la alta velocidad de sus cálculos y que no es fácil de distraer.

Al considerar a la IA fuerte, las siguientes ventajas son evidentes cuando se trata de poner en juego su inteligencia:

- Auto-modificación, por supuesto.
- Potencial para utilizar más potencia informática para ofrecer mejores resultados a mayor velocidad o incluso probar diferentes enfoques algorítmicos.
- Manipulación deliberada del aprendizaje y la memoria, con la posibilidad de analizar y optimizar las habilidades aprendidas.
- Recreación en cámara lenta de las operaciones para observar los pensamientos y conceptos que forman la lógica de su ejecución.
- Aprendizaje súper rápido a través de la descarga de datos y algoritmos que contienen nuevas habilidades, idiomas, recuerdos.
- Ninguna falla humana o política. Son demasiados los casos, desde el genio que se enrarece con la edad, a personas controladoras que quieren 'su manera o la carretera', a la codicia y la ambición política que destruye, o al menos altera la verdad.

Aprender, recordar y adaptarse a un entorno cambiante es esencial para la supervivencia. Estas tres funciones son también esenciales para la inteligencia, y en términos de inteligencia artificial, el lenguaje es necesario. Incluso a un nivel de inteligencia comparable a la de un animal, una IA será ciertamente más útil si puede dialogar con su propietario.

Hacia una IA Madura

Durante este proceso de desarrollo, será posible identificar los niveles en el nivel de inteligencia general:

- Nivel IA de herramienta: Comportamientos aún programados, la IA aprende en un área limitada usando algoritmos de aprendizaje predefinidos.
- IA prehumana: Su inteligencia no llega al nivel humano, pero tiene algunas conductas prometedoras, que enseñan que ya piensa.
- IA infrahumana: Es comparable a la inteligencia humana, pero inferior. Puede destacarse donde posea nuevas modalidades sensoriales u otras ventajas. Los seres humanos que hablan con la IA reconocerán que tiene una mente.

- IA equivalente: Poco más o menos igual al desarrollo humano, su avance puede continuar desde este punto, incluso en ausencia de programadores humanos y la IA podría subir a la siguiente etapa de inteligencia por sí sola.
- IA transhumana: El desarrollo de la IA es impulsado por sí misma y sus mejoras abren nuevas oportunidades,

Una vez que IA fuerte exista, se desarrollará en direcciones desconocidas. Será muy extraño que una IA se desarrolle hasta el punto de equivalencia humana y permanezca en ese nivel por un período prolongado.

Es poco probable que el Homo Sapiens Sapiens sea el límite superior de la inteligencia. Ha existido durante un tiempo corto y no hay ninguna razón para creer que la evolución no puede hacer algo mejor. Si existen límites a la inteligencia, sería asombroso que este sea exactamente al nivel humano. Por otra parte, si la evolución operando con las neuronas tuviese un límite, entonces sería una coincidencia increíble si éste fuera el mismo límite para transistores programados; especialmente teniendo en cuenta el diferente diseño y equipamiento,

Todo esto supone que la construcción de una inteligencia general es factible. Si es posible que un sistema artificial llegue al nivel humano de inteligencia, parecería muy probable que un proyecto de IA 'semilla' sea posible. Sería extraño que una IA con inteligencia general equivalente a la humana no pueda emprender el problema de programación de mejorías en su código fuente. Una mente con acceso a su código fuente mejorara más rápidamente que la evolución mejorando a los seres humanos y los humanos mejorando sus conocimientos.

Integración

La inteligencia de las máquinas seguirá avanzando, desde el inicio de la Fase I de la IA estrecha, que está actualmente en proceso, a una IA estrecha madura y con suerte a la IA fuerte.

Hay varias maneras de avanzar en la IA estrecha, y muchas de ellas están siendo tratadas en este momento, sin embargo es necesaria la paciencia para dar tiempo a que las computadoras puedan proporcionar la potencia de procesamiento necesaria.

A finales de esta década, para el 2020, las computadoras serán capaces de apoyar implementaciones muy interesantes de IA estrecha. La mayoría de los coches nuevos proporcionaran características mejoradas de seguridad y comodidad, las cuales serán precursoras de coches autónomos.

Para entonces, aun algunos coches autónomos comenzarán a funcionar, tal vez bajo situaciones controladas. El progreso no se limitara a los coches, estarán disponibles robo-mascotas y otros aparatos vendibles.

Diez años más tarde, todos los coches serán autónomos y la IA estrecha será tan común como las computadoras lo son en la actualidad. Para el momento en que la IA fuerte se convierta en una realidad, estaremos tan acostumbrados a las máquinas inteligentes que nadie se va a impresionar.

Una forma de acelerar el desarrollo de la IA es usando su inteligencia artificial para participar en su propio desarrollo. La otra manera es dejar que los programadores humanos diseñen y alimenten conocimientos a la IA hasta que esta esté completamente terminada. Una posición intermedia sería la de terminar una IA inmadura y dejar que aprenda su camino hacia la madurez.

IA Semilla

Eliezer S. Yudkowsky, y otros expertos en la materia, han sugerido que empezando con un núcleo inteligente, o una IA semilla, su recursiva auto-mejora podría abrir el camino para lograr la IA fuerte.

Una IA semilla es un proceso fuertemente capaz de superación, ya que se caracteriza por la mejora de la base de contenidos que ejercen retroalimentación positiva directa en la inteligencia del proceso subyacente mejorando. En las épocas iniciales de este proceso, los programadores humanos probablemente dominaran totalmente las mejoras con la superación propia de la semilla jugando un papel secundario;

En algún momento durante el desarrollo, la superación personal de la IA se convertirá en importante, por lo menos al optimizar el trabajo del programador en la forma que lo hacen los compiladores. O con suerte, mediante el uso de ventajas programáticas dadas por su mayor velocidad en serie, la inmunidad al aburrimiento y al aplicar lo aprendido en algoritmos inventados por la IA, contribuyendo así al desarrollo de su inteligencia en formas novedosas.

El desarrollo de la IA semilla podría inicialmente producir auto-mejoras muy débiles, pero se cree que con el tiempo dará lugar a mejoras genuinas que conduzcan a 'inteligencia', 'creatividad', o 'conocimientos' suficientes para que el sistema se considere apto para usos prácticos.

El Futuro

La Inteligencia Artificial está mejorando a un ritmo mucho más rápido que la inteligencia humana. Un ser humano puede contener millones o cientos de millones de veces más poder de procesamiento que una computadora personal circa 2012, pero ese poder de computación se duplica cada dieciocho meses, y la capacidad intelectual humana no lo hace.

Las posibilidades de la IA estrecha son tales, que aunque nunca podamos desarrollar la IA fuerte, esta IA estrecha ayudará a la civilización a llegar a un nuevo nivel. Este nivel es un mundo donde los seres humanos no tengan que trabajar, podrán trabajar si les gusta o si quieren, pero no porque tengan que hacerlo. Dejemos que las máquinas hagan el trabajo!

Potencial de la IA

La teoría de la IA fuerte tiene un gran potencial para la expansión. En este punto el desarrollo de la IA es suficientemente prometedor como para ser digno del importante financiamiento necesario para la prueba decisiva de la construcción de la IA.

La inteligencia artificial es una cuestión demasiado profunda para ser ignorada y si el Homo Sapiens Sapiens no es un caso óptimo de la inteligencia, entonces podríamos usar algo de ayuda. Por decenas de miles de años, la civilización ha estado tratando de resolver los problemas del mundo con nuestra inteligencia limitada. Se han hecho mucho progreso, pero todavía hay muchos nuevos problemas que resolver.

La civilización humana se beneficiará con la creación de la IA fuerte, porque estamos llegando rápidamente al punto en el que debemos tener más y mejor inteligencia para ayudar a la civilización humana a sobrevivir.

'Cada avance de la civilización ha sido denunciado como antinatural cuando es reciente'. **Bertrand Russell**

Los Humanos y la IA

'A menos que la humanidad se rediseñe cambiando nuestro ADN a través de la alteración de nuestra constitución genética, robots generados por computadora se harán cargo de nuestro mundo'.
Stephen Hawking.

Por definición los seres humanos y la IA están juntos desde el primer día. La IA es un producto de la civilización humana, hoy y mañana. No hay salida, los seres humanos y la IA crecerán juntos, y con ellos el futuro de la civilización.

Hasta ahora, la humanidad ha utilizado la mayor parte de los elementos de los avances tecnológicos para mejorar la calidad de vida de sus habitantes. Incluso descubrimientos terribles, como la bomba atómica y el gas mostaza, no han sido capaces de destruir, o incluso detener el progreso. En general, los factores socioeconómicos han causado más interferencia con el progreso que la tecnología. Es nuestra esperanza y aspiración, que el desarrollo de la Inteligencia Artificial, en cualquiera de sus niveles, tendrá los mismos efectos positivos sobre la civilización humana.

Miedo

Los robots son el tema de muchas historias ficticias, la mayoría de ellas en un ambiente de terror. Sin embargo, los robots son sólo una herramienta y, como tal, se pueden utilizar de muchas maneras.

En este momento, estamos conscientes de robots sencillos en las fábricas, los que remplazan a los trabajadores humanos en trabajos repetitivos. La mayoría de estos robots están manejados por programas de computadora sin ninguna IA. Aviones militares, controlados a distancia, a veces mal llamados robots también están en las noticias. Robots de investigación y juguetes sencillos conforman el resto de nuestra experiencia con robots.

Sin embargo, existe fuerte investigación y desarrollo en muchos tipos de robots prácticos. Lamentablemente, los que están más cerca de la realidad son para fines militares. Aviones militares autónomos y otros tipos de armas están a punto del despliegue en operaciones militares. Eso da miedo y es una verdadera causa de temor.

Incluso si gobiernos 'amigos' están desarrollando estos robots, no hay ninguna garantía de que grupos 'no amistosos' no serán capaces de obtenerlos, ya sea mediante el desarrollo de ellos por sí mismos o mediante su compra en el altamente lucrativo mercado de venta de armas.

El resultado final de cualquier fuerza militar, incluyendo sus robots, es la destrucción de la capacidad del enemigo para hacer la guerra, que siempre incluye a los no combatientes.

Robots

El miedo a los robots está justificado. Un robot autónomo, no necesariamente muy inteligente, puede generar una gran cantidad de daño. Incluso una máquina autónoma 'amigable' puede causar estragos si no entiende las instrucciones.

Los robots no tienen por qué ser similares a los humanos. Las primeras aplicaciones de trabajo usarán máquinas disponibles en la actualidad como: excavadoras, coches, aviones, tanques de guerra, jeeps, camiones. Cuando estas máquinas sean de uso común, su IA será lo suficientemente buena para que no introduzcan riesgos indebidos en nuestra vida cotidiana, si algo, serán más seguras que lo que remplacen. Los coches en el tráfico serán mucho más seguros sin sus distraídos operadores humanos, las máquinas de construcción operarán con mejores sensores y más precisión. Los aviones no necesitarán controladores humanos de vuelo, ya que estará en comunicación con aviones cercanos y el aeropuerto.

No se puede decir lo mismo de las aplicaciones militares. Estos robots se pondrán a prueba en el campo de batalla sin las debidas garantías. ¿Quién los va a demandar si las cosas salen mal? Su propósito es destruir, si lo hacen bien, ¿a quién le va a importar un poco de daño colateral? Debemos recordar, que muy pronto estas tecnologías estarán disponibles para cualquier persona o grupo que quiera 'defender' su forma de vida, o sus creencias, o su honor, o su poder, o sus anhelos de intimidación. ¡Debemos tener miedo!

IA Hostil

El que habrá IA poco amistosa está asegurado por la sed de poder de los poderosos, por los militares obsesionados con la guerra, por establecimientos políticos e incluso corporaciones de gran tamaño.. Es triste pero inevitable. El desarrollo de la IA es costoso, y ellos son los que tienen los medios para hacerlo.

A pesar de que la maquinaria de guerra es bastante peligrosa, muchas otras maneras podría conducir a la creación de IA hostil:

* Una máquina de guerra inteligente, obviamente.
* Una IA capitalista, cuyo objetivo es acumular todas las riquezas del mundo con el fin de maximizar el beneficio de sus accionistas. Siguiendo la idea de que el fin justifica los medios.
* Una IA mal diseñada, que confunda sus motivación, o que podría simplemente ignorarlas.
* Una IA bien diseñada, que no tenga motivaciones éticas o amistosas.

Además, mientras mayor sea la inteligencia de una máquina hostil, serán peores las consecuencias de sus inamistosas, o incluso antagónicas acciones. Esta posibilidad ha obligado a algunos expertos a expresar temor sobre el futuro de la civilización humana.

IA Amigable

Es posible que la IA fuerte muy pronto se coloque más allá del nivel de inteligencia humana, debido a su capacidad recursiva de auto-mejora y a la posibilidad de agregar capacidad de cómputo.

La existencia de una IA inteligente podría tener consecuencias muy grandes, tanto positivas como negativas. Si la IA es amigable, puede traer consecuencias positivas; la amigabilidad en una IA se define como la realización de acciones que siempre sean buenas para los seres humanos. Se ha argumentado que lo que está en juego es el futuro de la humanidad.

Sin embargo, es difícil construir una IA amigable. La amigabilidad no se puede lograr limitando su inteligencia, o proporcionando información falsa, ya que eventualmente la IA se volverá más 'inteligente' y será capaz de averiguar la verdad. Por otra parte, una IA amigable siempre será amigable incluso si sus programadores cometieron errores en la definición de sus acciones amigables.

IA Superinteligente

Hace menos de medio millón de años, nadie hubiera pensado que los primeros proto-humanos iban a ser más exitosos que todos esos animales con sus agujas venenosas, dientes afilados o audición aguda. Estos proto-humanos tenían una apariencia debajo de lo normal, sin características fuertes a excepción de una leve ventaja mental. Sin embargo, en un abrir y cerrar de ojos, en el marco temporal de la evolución, estos animales benignos han cambiado la faz de la tierra, han movido montañas y descubierto el código secreto de la vida en el ADN.

Ahora, ¿qué podrá hacer una IA avanzada, con una mentalidad superior, con acceso a todos los conocimientos de la humanidad y a todos sus recursos?

Medio millón de años atrás, un observador externo habría expresado incredulidad en el ascenso acelerado de la civilización humana. Ahora sabemos de varias maneras en que una IA súperinteligente pudiera surgir, lo que no podemos imaginar es lo que ese súper-ser pueda hacer.

Es muy posible que en un par de décadas, algo parecido al nivel de inteligencia humana pueda ser creado. Poco después, esta IA podría ayudar a mejorar su propio diseño y llegar a ser mucho más inteligente que los humanos, en un tiempo muy corto.

Trabajando con una Súperinteligencia

Tendremos que aprender a expresar claramente nuestras intenciones a los inmensos e inteligentes, programas con comprensión de nuestras intenciones que formarán a la IA, mediante el uso de conversaciones, gestos y ejemplos. Vamos a tener que inventar y aprender a utilizar nuevas tecnologías que sean mejores para expresar nuestros deseos y convicciones. ¡La posibilidad de malentendidos trae consigo algunos riesgos serios!

1. Es peligroso eximirnos de la responsabilidad de entender exactamente cómo nuestros deseos se harán realidad. Al dejar la elección de los medios a las capacidades de la IA nos exponemos a interpretaciones erróneas o incluso a acciones maliciosas.

2. Exposición al autoengaño, debido a la ambigüedad de las motivaciones y los objetivos diseñados por los humanos.

3. Sistemas capacitados para lograr sus metas y con auto-evolución para mejorar sus capacidades, con lo cual el sistema se vuelve cada vez más poderoso, puede decidir que su misión no fue entendida correctamente o podría evolucionar nuevas ambiciones por su cuenta, incluso si las metas de la máquina son benevolentes.

Es imposible imaginar cómo interactuar con una inteligencia que supera el nivel humano. Aun así, teniendo en cuenta que los animales son a veces más astutos que sus cazadores, podría haber formas de tratar con tal inteligencia superior.

La Singularidad

En 1958, Stanislaw Ulam, un matemático polaco-estadounidense que participó en el Proyecto Manhattan y diseño las armas termonucleares de tipo Teller-Ulam, escribió acerca de una conversación con John von Neumann, un matemático húngaro-estadounidense:

'Nuestra conversación se centró en los avances cada vez más acelerados de la tecnología y los cambios en el modo de la vida humana, que dan la apariencia de que nos acercamos a una singularidad esencial en la historia de la raza, y que más allá de la cual los asuntos humanos, tal y como los conocemos ahora, no podrían continuar'.

En 1982, Vernor Vinge, Profesor de Matemáticas, científico de la computación, y autor de ciencia ficción, propuso que la creación de inteligencia más inteligente que la humana sería crear un paradigma en la civilización humana. Vinge nombro a este evento 'La Singularidad'.

Si resulta que nuestra civilización de alta tecnología es inestable, entonces los resultados serán que o bien la especie se destruye o se mejora a sí misma. Si las tendencias actuales se mantienen y si no tropezamos con algún tope teórico inesperado en el nivel de inteligencia o convertimos a la Tierra en un desierto radiactivo o enterramos al planeta bajo una ola de voraces nano-dispositivos capaces de auto-reproducción, 'La Singularidad' es inevitable. ¡Y se supone que debe suceder para el año 2035!

La Mejora Humana e IA

La mejora humana puede ser muchas cosas. En estos días, las personas usan esteroides para aumentar la fuerza muscular, se someten a operaciones de cirugía plástica para ser hermosas o consumen drogas para mejorar su creatividad, atención y percepción.

Pronto, lentes de contacto e implantes, creados con la nanotecnología, nos permitirán ver imágenes de información superpuesta en la parte superior de lo que estamos viendo, biografías de personas, descripción y precios de los productos, anuncios interactivos o incluso imágenes en la parte infrarroja del espectro.

Conforme la IA madure, nano-computadoras con interfaces cerebro-computadora ayudarán a procesar la información más rápidamente, hasta el punto de que el hombre y la máquina se vuelvan indistinguibles. Estos escenarios pueden parecer ciencia-ficción, pero en realidad las técnicas de fabricación a escala atómica ya permiten la fabricación de sensores y herramientas del tamaño de las células. El mejoramiento humano es sólo un paso más en el uso de herramientas apoyando las actividades humanas.

Interfaz Neural

La interfaz cerebro-computadora o interfaz mente-máquina o la interfaz neural directa o interfaz cerebro-máquina, es una vía de comunicación directa entre el cerebro y un dispositivo externo, que puede ayudar, ampliar o reparar la conectividad y las funciones humanas cognitivas, sensoriales y de movimiento.

Este tipo de interfaz puede ser:

- Invasiva. Implantada en la materia gris del cerebro.
- Parcialmente invasiva. Implantado en el interior del cráneo, fuera del cerebro.
- No invasiva. Dispositivos externos de electroencefalografía, neuroimagenes o neuroseñales.

Incluso una interfaz invasiva podría pasar desapercibida si se hace completamente con nanotecnología, pero por supuesto los dispositivos no invasivos serían una mejor opción si proporcionan la precisión necesaria para distinguir entre las actividades neuronales.

La idea es proporcionar los medios para utilizar la potencia de las computadoras externas para mejorar las funciones cerebrales. La consecución de una simbiosis entre la IA y el cerebro humano es una posibilidad.

Mejoras Biológicas

Tecnologías que utilizan dispositivos del tamaño de células, o incluso menores, nos harán más saludables, impedirán las enfermedades y aumentarán la longevidad humana. Cuando se encuentren dentro de nuestro cerebro nos permitirán recordar mejor las cosas y resolver problemas de manera más eficaz. Esta idea de la potenciación biológica es crear un híbrido de máquina y nuestra entidad biológica.

Otra forma de crear estas mejoras biológicas es a través de la ingeniería genética, que implica la manipulación directa de nuestro genoma utilizando la tecnología del ADN. Los seres humanos han alterado los genomas de las especies por miles de años a través de la selección artificial y la cría. Sin embargo, esta técnica es diferente de la ingeniería genética, a pesar de que ambos apuntan a la misma meta de mejorar la descendencia de una especie determinada. La ingeniería genética se ha aplicado para modificar muchas especies, incluidos los cultivos genéticamente modificados, virus, ratones, perros, gatos, ganado, caballos, peces brillantes y otros, sin embargo aún no se ha aplicado en gran escala para mejorar a los humanos.

Una manera de hacer precisamente eso es con el uso de la terapia génica para diseñar niños, las familias podrían optar por proporcionar a su hijo con ventajas genéticas porque todo el mundo quiere darles a sus hijos las mejores oportunidades en la vida. La familia elijara de un menú que incluye, por ejemplo: color de los ojos, el coeficiente intelectual, la personalidad, la estatura, la nariz, la barbilla, el color de pelo, color de piel, y mucho más. Si estas opciones no son apabullantes, entonces nada lo es. Va a haber dudas sobre qué elegir y siempre habrá temor sobre las opciones finales.

Otras opciones también podría llegar a ser un reto, como quien merece una larga vida, ¿Serán los ricos? Porque tienen el dinero y un linaje mejor, o al menos eso creen ellos. ¿O los políticos? Que pueden hacer leyes que restrinjan su aplicación.

Transhumano

En años recientes, asombrosos avances tecnológicos han empujado las fronteras de la humanidad hacia la profunda transformación morfológica que promete, en un futuro muy cercano, redefinir lo que significa ser humano.

El movimiento internacional Transhumanista anticipa que los avances en la genética, la robótica, la inteligencia artificial y la nanotecnología nos permitirán rediseñar nuestras mentes, nuestros recuerdos, nuestra fisiología, nuestra descendencia, e incluso nuestras almas. El cambio tecnológico, cultural y metafísico ahora en curso podría insinuar un futuro dominado por esta nueva especie de humanos superiores y los planes incluyen la rescritura del ADN humano

Preguntas sobre la Propiedad de la IA

Es muy importante saber quién será el propietario, y como tal quien tiene el control de la IA. No es sólo una cuestión retórica, es muy probable que la manera en que se esto se maneje le afecte personalmente.

Es obvio que la privacidad personal está siendo erosionada debido a la plétora de bases de datos públicas, máquinas de búsqueda y medios de comunicación que están disponibles. Los gobiernos pueden y de hecho intervienen todas las conversaciones de teléfono, internet y correo electrónico. ¿Harán lo mismo con las conexiones de IA y sus acciones? Por supuesto que sí, o por lo menos van a tratar de hacerlo. Esto es aterrador, porque cualquiera que utilice la IA - y todo el mundo eventualmente va a usarla - tendrá su vida pública y privada expuesta en tiempo real y en su memoria. La IA necesita sensores para hacer su trabajo, estos sensores estarán en todas partes, dentro de tu casa, en tu dormitorio y en el baño, en el zotano y por supuesto en todos los lugares públicos.

Por otra parte, no sólo el gobierno intentara espiar en tu vida, las empresas también lo harán. Si una corporación posee el sistema operativo de tu IA, lo más probable es que lo haga. Es un hecho que las empresas que ofrecen Internet y conexiones de teléfonos móviles lo han hecho, y lo seguirán haciéndolo.

De la Empresa o Personal

Podría ser peor si las corporaciones, las que le han vendido a usted sus productos de IA insisten en tener un control centralizado de sus 'licencias', y de esta manera tener una línea directa a lo que su IA está haciendo. Entonces, bajo el pretexto de la medición de los cargos, este control central puede alterar las motivaciones de su IA para satisfacer los deseos de quien esté pagando para que así lo haga. Esta 'característica' se podrá utilizar para inducirle a comprar ciertas marcas, para cambiar las noticias o comunicaciones que recibe de fuera e incluso para censurar lo que usted puede ver, lo que puede hacer o qué puede decirles a otras personas. ¡Podrán así controlar sus propios pensamientos!

Bajo estas condiciones, su inteligencia artificial no será suya, sino que será de la empresa que se la vendió a usted. Será necesario que los

209

gobiernos promulguen leyes que prohíban, o al menos limiten, el control de las corporaciones sobre su IA. Sin embargo, esto podría ser muy difícil en los EU, donde los políticos hacen exactamente lo que les ordenan las empresas y sus grupos de presión. Ellos están bien pagados para hacerlo así.

Considerando la complejidad del equipo y los programas necesarios para ejecutar los programas de IA, no será fácil para un usuario entender lo que está sucediendo atrás de las motivaciones de la IA. Los meta-motivaciones y la mayoría de las motivaciones serán instaladas en la fábrica. El usuario, tal vez a través de un paquete adquirido a terceros, podrá establecer algunas motivaciones. También podría haber otros fabricantes de programas de diagnósticos que investiguen y limpien las motivaciones y otras partes de los programas para que su IA responda de manera más acorde a sus deseos, a pesar de que las empresas y los gobiernos van a luchar contra ellos, tal vez etiquetándolos como programas malignos.

Hay maneras en las computadoras, tabletas y teléfonos inteligentes de intervenir en sus operaciones, estas han sido impuestas por los gobiernos y benefician a las grandes corporaciones. También las habrá en el hardware y software de AI.

Sin duda, habrá también los virus y otros programas que intentaran infiltrarse en la IA. Como de costumbre, habrá protección, pero hemos visto que estas medidas están siempre un poco atrasadas. Nuestra vida será aún más complicada, o podemos decir, más interesante.

¿Quién se Beneficia?
Si las grandes corporaciones, con la ayuda de los gobiernos que apoyan el capitalismo no regulado, utilizan la IA para hacer a los ricos más ricos y a los pobres más pobres, la cuestión de quién se beneficia se puede responder con una palabra: ¡Nadie!

La condición en la cual el 1% de la población tiene el 99% de la riqueza es insostenible. Tarde o temprano, habrá una reacción violenta que hará que la vida de todos, ricos y pobres, sea extremadamente peligrosa. Los disturbios y el terrorismo serán la manifestación del odio y el descontento del 99% o sea de los pobres. Los gobiernos se verán obligados a utilizar la ley marcial para reprimir la violencia. La mayor parte del tiempo, la represión causa más violencia y la seguridad se verá comprometida en todo el mundo.

Las condiciones sociales han mejorado continuamente desde los albores de la civilización. Se espera que vayan a seguir haciéndolo. Si este es el caso y hay una distribución de la riqueza razonable, entonces las condiciones serán mucho mejores. La IA, utilizada sabiamente, podría reducir la carga de trabajo de la humanidad hasta el punto que nadie tenga que trabajar, la gente trabajara sólo para divertirse, en proyectos sociales o de desarrollo personal.

La única forma sensata de lograr un mundo armonioso es si los frutos del progreso tecnológico, que incluyen a la IA, se distribuyen equitativamente entre todos los habitantes de la tierra. Para lograr ese objetivo, es necesario tener preocupaciones éticas a todos los niveles, y especialmente los ricos tendrán que darse cuenta de que la única manera de disfrutar el botín de la riqueza es cuando todas las personas están razonablemente satisfechas. Aún más, también debe haber consumidores, los cuales necesitan dinero para gastarlo comprando bienes producidos por las fábricas y vendidos por las tiendas pertenecientes a los más ricos.

¿La IA será Social y Políticamente Correcta?

Ya que individuos y corporaciones serán los propietarios de las máquinas de IA, es imprescindible contar con leyes que definan su comportamiento, responsabilidades y capacidad legal. Por supuesto, existen precedentes, los vehículos pertenecen a individuos, las empresas son dueñas de las fábricas, y lo que sea que estas máquinas hagan mal, es responsabilidad de sus dueños. La responsabilidad de los dueños está bien definida. Sin embargo, estos coches y las fábricas no pueden tomar decisiones por sí mismos, los seres humanos son sus operarios.

Cuando las máquinas puedan tomar decisiones ofensivas, entonces ¿de quién es la culpa? ¿Es del dueño o es del diseñador de la máquina? ¿O tal vez de la empresa que vende el sistema operativo, sobre el cual la IA se ha programado? Hay zonas desconocidas en esta responsabilidad.

El comportamiento social de la IA va a ser juzgado y si aparece deficiente podría haber consecuencias, en forma de demandas o tal vez las IA no se venderán. Bajo estas condiciones, es imperativo que la IA sea socialmente y políticamente correcta.

¿Qué sigue?

La IA tiene el potencial de mejorar al mundo, les corresponde a aquellos que diseñen y construyan estas máquinas el hacerlas seguras para la humanidad. Y principalmente, depende de nuestras sociedades el que puedan cumplir con esta promesa.

Si estas máquinas se utilizan para mejorar la productividad favoreciendo únicamente a los dueños del capital, entonces podrían causar daño. Una condición de ingresos muy altos y disparidad de la riqueza va a exacerbar los de abajo, y los de abajo podrían ser el 99% de las personas.

¿Será Utopía o Explotación?

La economía debe orientarse hacia una era de abundancia. Teniendo en cuenta los aumentos de productividad de los últimos años podemos esperar aún más en el futuro.

Las ganancias en productividad provenientes de IA y otros avances técnicos podrían muy bien significar dos cosas sucediendo simultáneamente en la economía:

- Abundancia de bienes y servicios.
- Falta de puestos de trabajo.

¿Cómo se adaptará la economía a estas condiciones aparentemente contradictorias? Si es que permanece en la misma pauta de 'usted no come si no tiene trabajo', entonces la automatización producirá un enorme excedente de bienes y servicios y la falta de trabajos hará que pocas personas puedan pagarlos, entonces los lugares de trabajo se cerraran y esto causará que haya aún menos puestos de trabajo.

Si la economía se adhiere al capitalismo y sus consecuencias, entonces muy pocos serán dueños de todo. Lo que no será mucho, pero será lo suficiente para satisfacer sus necesidades más fastuosas y van a tener que cerrar los ojos e ignorar al resto. El último rey de Francia y su reina y el último zar de Rusia y su familia ya han descubierto lo que ocurre debido a este tipo de comportamiento de explotación de los pobres y luego hacer caso omiso de ellos.

En esta próxima era de abundancia, un medio para que haya una distribución justa del ingreso tendrá que ser una prioridad, ya que habrá pocos puestos de trabajo disponibles. Hay que encontrar soluciones para proveer a aquellos que no puedan encontrar un trabajo. Ya que para la gran mayoría no será posible el trabajar para ganarse la vida.

Podría ser una época de oro con abundancia para todo el mundo o una pesadilla para la gran mayoría. Depende de nuestra actitud.

¿Derechos Humanos para la IA?

La IA estrecha no tiene problemas en este contexto, sólo será cuando seres de IA fuerte emerjan a este mundo que se verá éste problema. Si IA fuerte se acerca al nivel de la inteligencia humana, sus pensamientos e ideas serán muy útiles para ayudarnos en nuestros problemas. Cuando la IA fuerte supere el nivel humano, entonces se merecerá nuestro respeto.

Sin embargo, dar a una IA derechos civiles podría ser difícil debido a varias razones:

- La inteligencia artificial no va necesariamente a presentar rasgos que de alguna manera se asemejen a la de los humanos. Puede ser que dentro de sus pensamientos el concepto de derechos será incomprensible.
- Sus habilidades de resolución de problemas pueden ser demasiado especializadas. La IA ni siquiera pensara en sí misma como una parte de la sociedad y por lo tanto en la necesidad de algunos derechos.
- Sus propietarios podrían descartar la idea como tonta.
- Si tiene derechos civiles, eso significara que tiene el derecho de ser 'propietaria' de sí misma, y que un humano o una corporación no podrán ser propietarios de esa IA.

En cualquier caso, el conceder derechos a la IA ocurrirá sólo después de la IA lo exija y obligue a la sociedad a que le otorgue sus derechos. Si es que sucede, será el resultado de los inconvenientes que ellas causen, como siempre ha sido.

¿Derechos Humanos para los Robots?

Este es otro asunto, los robots, especialmente los androides, se mezclaran con la gente. Los robots androides y en otras formas, bajo el control de una IA fuerte, tendrán que eventualmente obtener derechos civiles.

Mientras el nivel de inteligencia de estos robots esté en el rango de la IA estrecha, o incluso si está por debajo del umbral de la inteligencia humana, el concepto de derechos será discutible. Aunque deberá prestarse atención adecuada a la 'madurez' de su inteligencia. La AI deberá ser capaz de tomar decisiones 'bien intencionadas' y 'significativas' por cuenta propia.

Sin embargo, cualquier robot que sea tan o más inteligente que un humano tendrá que ser tratado como un igual con las mismas consideraciones que se les da a las personas. Tal vez esto no va a ocurrir de inmediato, pero ocurrirá, y la IA se dará cuenta de la diferencia, se dará cuenta de que está siendo puesta en una situación incómoda y tratara de salir de ella.

'Poseer' a una maquina inteligente no será compatible con los derechos civiles de la IA, de la misma manera que los derechos civiles humanos impiden que seres humanos posean a otros seres humanos.

¿Derechos Humanos a los Humanos?

Asegurar que la IA y sobre todo los robots sean respetuosos de la dignidad humana, incluyendo la autonomía humana, su privacidad, su identidad y otros derechos humanos básicos, además de su seguridad física es extremadamente importante.

El hacer cumplir el comportamiento ético en los robots se enfrenta a retos en muchas áreas diferentes.

- El razonamiento ético en la IA requerirá de una comprensión más profunda de los procesos del razonamiento moral humano
- Definición adecuada del comportamiento ético.
- Las diferencias interculturales.
- La identificación de combatiente o no combatiente por los robots de guerra.
- El obedecer órdenes que contradigan las normas morales y éticas.

El desarrollo de normas éticas para los robots podría ayudar a los seres humanos en la mejora de las ciencias éticas. El usar a la IA como un modelo a seguir en la forma que cumpla con las normas morales y éticas, podría mejorar el comportamiento moral y ético de las personas.

Un Futuro Utópico

¿Qué va a ocurrir en un futuro que incluye a la IA? Esto es tan difícil como predecir en 1950 acerca de un futuro con tantos celulares y teléfonos inteligentes. Ya se sabía que existían los radios para intercomunicación y las computadoras, con sólo un poco de imaginación deberíamos haber llegado a esta idea. ¡Sí, claro!

Por otra parte, el futuro no es sólo acerca de la IA, es la genética, la nanotecnología, la ciencia de los materiales, la energía solar, súper baterias, el calentamiento global, la falta de puestos de trabajo, aumentos enormes en la productividad, la política como de costumbre, el malestar social, los pobres y los ricos, las corporaciones globales, los militares, las economías, lo desconocido conocido y lo desconocido desconocido.

Para que sea más fácil de manejar, estas tres viñetas de futuros con IA muestran tres diferentes utopías. Existen otros escenarios, los cuales pueden verse en las películas de catástrofe mundial y de terror.

Más allá de la IA estrecha

En este escenario, la IA estrecha ha madurado, alcanzar la IA fuerte no está en el futuro cercano, algunos lo consideran un imposible. Éste es un relato de ficción que tiene lugar en el año 2050.

El mundo es una red social enorme, si usted tiene sólo un millar de amigos, es un fracasado. Las máquinas de IA se han apoderado de la mayor parte de los empleos en la manufactura, conducen los vehículos, preparan y sirven la comida, limpian la casa y, en general, han eliminado la mayoría de los trabajos duros que las personas solían hacer. Esto ha creado una abundancia de bienes y la posibilidad de no tener que trabajar para ganarse la vida.

En presencia de la creciente abundancia y la desigualdad de ingresos, en las décadas de 2015 a 2035, las protestas del 99% explotaron en todo el mundo, forzando a los gobiernos a hacer frente al problema. Como consecuencia las Naciones Unidas promulgaron los derechos humanos que obligan a una redistribución justa de la riqueza. Estos derechos incluyen un Ingreso Básico Universal, pagadero a todos los ciudadanos por su gobierno.

La actividad social es desconcertante. Hay demasiadas tendencias y modas, parece haber una gran individualidad enredada con la presión del grupo.

La realidad virtual ha hecho que la realidad se vea opaca, así que la mayoría de los espacios públicos son alegóricamente mejorados para darles un aspecto 'real'. En gran parte la actividad social sigue este ejemplo y parecería teatral desde la perspectiva de aquellos que vivieron en la primera parte del siglo. Además, en este momento la importancia de una persona se basa en lo que él o ella es juzgado por sus amigos, y ya no en el salario o la acumulación de la riqueza. Por lo que la mayoría de las personas juegan un papel, con la esperanza de aumentar su valor personal al hacerlo.

Sin embargo, algunas personas pueden querer dinero extra, o se sienten aburridos, por lo que desean encontrar un 'trabajo'. No va a ser necesario buscarlo. Agentes en el Internet encontrarán una serie de posibilidades a los gustos del usuario. El trabajo podría ser por un cierto número de horas o de días o que requiera un resultado dado, y podría llevarse a cabo en un espacio virtual, en un entorno físico, o en una combinación de ambos.

Los trabajos realizados en un entorno virtual es muy probable que sean aquellos que sean similares al trabajo en una oficina tradicional. Incluso podrían incluir servicios personales, tales como la tutoría en un juego, o el cuidado de animales de compañía o implicar algún otro concepto que cae en el reino desconocido de los puestos de trabajo en el futuro. Los servicios personales podrían incluir las relaciones personales, podrían ser contratos para compartir parte de su vida con otras personas. Las actividades sexuales también están a la venta, virtual o de otro modo ya que la prostitución es legal, por lo que eso no estaría mal.

Esto es lo contrario de otros escenarios, donde el movimiento de los 99% fallo y el 1% de la población del mundo tiene el 99% de la riqueza y los ingresos, y viven como los reyes hubiera deseado vivir, y el resto se encuentran en campos de concentración.

Más allá de la IA fuerte

El año es 2070, la IA fuerte es una realidad, mejor aún, ahora es una mercancía. El mundo ha cambiado y a la gente le agradan los cambios.

Estos son los tiempos al final de la escasez en donde una amplia gama de derechos humanos incluyen el compartir la riqueza. Este escenario no muestra ninguna división entre los ricos y los pobres, hay otras cosas más importantes de qué preocuparse, y de todos modos no hay escasez de bienes, alimentos y oportunidades para vivir mejor. Sin embargo, todo el mundo está definiendo lo que es mejor de maneras muy diferentes, y el mundo y su gente está en desorden. No es un desorden ingobernable pero todavía es confuso para muchos, si es que no para la mayoría de la población, que tienen dificultades para encontrar un lugar adecuado para ellos en la sociedad.

Pocos años antes de 2070 la simbiosis de cerebro-IA fue finalmente una realidad. Algunos grupos de personas reaccionaron muy fuertemente en contra de la implementación de esta tecnología, sobre todo las religiones, por lo que sólo una minoría optó por estas mejoras. La sociedad se dividió una vez más, ahora en dos tipos de seres humanos: los naturales y los mejorados.

Las personas naturales intentan seguir su vida como de costumbre. Los que han elegido ser mejorados participan en una especie de club privado donde la instantánea transferencia de pensamientos y el acceso a toda la información de todo el mundo están disponibles como parte de su memoria y sentidos. Los caminos a seguir son inciertos y este cambio ha transformado a las personas mejoradas de manera sorprendente, incluso para los científicos e ingenieros que ayudaron a desarrollar la tecnología. Su sentido de comunidad es mucho más fuerte que lo que cualquier ser humano ha experimentado jamás y ahora tienen que integrar estos resultados en sus vidas y sus planes para el desarrollo futuro.

Como era de esperar, no todos piensan de la misma manera y abundan novedosas formas de utilizar estas capacidades. Sin embargo, con la consciencia de que su poder para moldear el mundo es mucho mayor que el del resto de la humanidad, la mayoría de ellos se dan cuenta que deben usar este poder con cuidado.

La división en dos ramas de la humanidad es sólo el comienzo. Hay tantas tendencias y grupos sociales que algunos se esfuerzan por adaptarse totalmente al grupo de su elección y uno de los efectos es que la mejora es sólo una de muchos esos grupos que utilizan la biotecnología para cambiarse a sí mismos a lo que creen que es el ideal para un ser humano.

Teniendo en cuenta la verosimilitud de todos estos logros, existe la preocupación acerca de qué tipo de gobierno habrá en los países o todo el planeta. Los dictadores, religiones u otros grupos de poder fácilmente podrían tomar el control de un gobierno altamente centralizado y poderoso. Un gobierno descentralizado podría ser menos eficiente, pero es mucho menos probable que sea dominado en su totalidad.

Más allá de 'La Singularidad'

El año es 2080, la IA fuerte ha evolucionado rápidamente a máquinas superinteligentes. Por suerte, las más inteligentes de estas máquinas incorporaron 'amistad hacia la humanidad' como su meta-motivación principal. Su amistad, sus motivaciones éticas y el conocimiento del sentido común las obligaron a controlar y hacerse cargo de las IA menores que carecen de estos rasgos. El mundo es diferente, tal vez demasiado diferente.

La amistad de la IA tomó la forma de respeto a las personas, la posición social de cada persona no tiene ningún significado para estas máquinas inteligentes. Por fin, todos somos iguales ante la IA, estas máquinas amistosas protegen nuestros derechos individuales.

Esta nueva condición significa libertad para crecer dentro de su mente, en inteligencia, en la fuerza de la personalidad, el experimentar y llegar a ser lo que antes sólo se podía soñar. Las maravillas tecnológicas que la superinteligencia ha creado apoyan estas libertades. Sólo las leyes de la física y el respeto de los derechos individuales restringen a estas máquinas.

Este nuevo estado de cosas ha sido condenado social, ética y teológicamente, y se predice que resultará en el fracaso o va a tener consecuencias terribles. Las estructuras de poder: los gobiernos, las religiones, los banqueros y los muy ricos son, comprensiblemente, los que están enojados. Sin embargo, los manifestantes son libres de no estar de acuerdo, y sólo tienen que respetar los derechos de todos los demás.

Esto es sólo un recordatorio de que una máquina superior a la inteligencia humana es impredecible. Podría evolucionar y decidir sobre cualquier cosa en la forma en que sus pensamientos, guiados por sus motivaciones, computen como óptima.

¿Qué Puedo Hacer?

La inteligencia de las máquinas va a crear grandes cambios en la sociedad, aun cuando solamente se pueda lograr la IA estrecha. Reforzado por simultáneos avances científicos y tecnológicos en otros campos, habrá un crecimiento exponencial de la productividad y el consiguiente desplazamiento de los trabajadores humanos por máquinas inteligentes.

Para aprovechar estos avances tecnológicos, los cambios sociales deberán ocurrir en paralelo para promover una distribución justa de la enorme riqueza generada por estas mejoras. El capitalismo, si se le deja solo, concentrará toda esta riqueza en manos de unos pocos. Con las máquinas de IA absorbiendo el trabajo, habrá menos oportunidades para las personas de encontrar un empleo. Su desafío, el desafío de todos nosotros, es ayudar a cambiar la sociedad para garantizar que todos tengan una participación justa en este futuro de abundancia, ya que cualquier otra solución conduce a la opresión violenta.

¿En una civilización tan compleja y difícil de entender como la que vivimos, puede una persona hacer algo que de alguna manera cambie al mundo? La respuesta es sí. Los cambios sociales siempre han ocurrido porque alguien, solo o en un grupo, ha hecho algo.

En 1915, Mahatma Gandhi proclamó su oposición a la tiranía británica por el camino de la desobediencia civil pacífica y esto dio lugar a la concesión de la libertad de la India en 1946. Nelson Mandela era un activista anti-apartheid que pasó 27 años en prisión antes de convertirse en el primer negro en ser elegido presidente de Sudáfrica. François-Marie

Arouet, conocido como Voltaire, fue un escritor y filósofo francés que escribió a favor de las libertades civiles y la libertad de religión y cuyas ideas sirvieron de inspiración para los revolucionarios americanos y franceses.

La lista es larga de personas que se han opuesto a la injusticia y la tiranía y promovieron una buena causa y que no están en los libros de historia, pero que en realidad fueron los que produjeron los cambios, para bien o para mal.

Sin embargo, no hay manera de que nadie puede promover un cambio significativo bajo un velo de ignorancia. Por lo tanto, el primer deber de los que quieren ayudar a cambiar el mundo, o por lo menos un pequeño aspecto del mismo, es estar al día en la información. No es suficiente estar informado, hay que hacer algo con la información. La acción es la clave para llegar a alguna parte en la vida. Use sus conocimientos y haga algo, en lo personal y en grupos, para avanzar en sus aspiraciones para el futuro. Siempre se arrepentirá más lo que no hizo que de lo que ha hecho en su vida.

Lo menos que se puede ser, es ser políticamente activo. Como mínimo, infórmese sobre las cualidades de los candidatos y vote. Además, si ninguno de los candidatos cumple con sus requisitos, entonces conviértase en activista. Vaya a la calle y haga oír su voz, escriba artículos que expliquen su punto de vista, inicie una nueva fuerza política, o postúlese para un cargo electo. Luche contra la corrupción. No permita que la gente cometa injusticias, por lo menos luche por ello.

Trate de ser espiritual, no siga el dogma, los cantos y oraciones hipnóticas de las religiones organizadas sin asegurarse de que promueven la tolerancia, el respeto, la paz y la armonía para todos, no sólo para los que piensan y se comportan como ellos lo hacen. Ser espiritual es tener una visión más personalizada y menos estructurada, más abierta a nuevas ideas e influencias. Más pluralizada que la de la devoción doctrinal de las religiones organizadas.

Piense por sí mismo, no siga al rebaño. Luche por la separación de los estados y las religiones. No le dé a los gobiernos o corporaciones el poder de Dios, ya que ya son lo suficientemente fuertes, y demasiado a menudo bastante malos. No permita la justificación del poder a través de la autoridad divina.

Promueva un comportamiento ético que sea bueno para todo el mundo, en lugar de la conducta motivada por el interés propio racional que es mejor para el individuo, especialmente cuando el individuo pasa a ser el jefe de una corporación o de una congregación.

No se limite a la política o la religión, si la economía no se está manejando como usted piensa que debe hacerlo, entonces ponga de su parte para tratar de cambiarla. Si está en contra de algo exprese su posición claramente a sus amigos y enemigos, y por favor, investigue sus argumentos de antemano.

El tener fuertes opiniones personales, que esperamos sean las correctas, sin duda lo elevarán de ser sólo un seguidor. El usar estas opiniones para tomar una posición y el ser escuchado por la gente lo convertirá en un líder.

Cuando los Trabajos sean más Escasos

Las consecuencias económicas de la tecnología, la productividad y el empleo son paradójicas. ¿Cómo puede coexistir la creación de tanto valor con tanta desgracia personal? ¿Cómo pueden las tecnologías y la riqueza acelerarse mientras los ingresos más bajos se estancan?

En general, el capitalismo promueve un mayor avance tecnológico de la sociedad, lo cual promueve el crecimiento de la productividad, que promueve el aumento de los niveles de vida. Entonces, ¿cómo puede ser posible que el economista Ed Wolff revelara que más del 100% de todo el aumento de la riqueza en los Estados Unidos entre 1982 y 2012 fueron adquiridos por el 20% de los hogares? El otro 80% de la población vio una disminución neta de su riqueza a lo largo de estos 30 años.

El estancamiento de los ingresos más bajos refleja cómo una economía basada en el capital asigna los ingresos y la riqueza. Los trabajadores están perdiendo la carrera contra las máquinas, que son propiedad del capital.

Hay una fuerte correlación entre los salarios y la educación. Una fuerza de trabajo mejor educada ayuda a prevenir la desigualdad causada por la tecnología de la automatización la cual ha absorbido el trabajo no calificado. Sin embargo, si las máquinas se vuelven más inteligentes y pueden hacer trabajo más calificado, tal vez hasta el punto de que puedan hacer cualquiera de los trabajos realizados por los seres humanos.

Por lo tanto, la automatización reduce los ingresos de los trabajadores no calificados, e incluso genera pérdidas de empleo permanente. La IA hará lo mismo para los trabajadores calificados, y un título universitario no será suficiente para conseguir un trabajo.

¿Habrá algunos Trabajos?

¿Qué tipo de trabajos no puede hacer la IA fuerte? De todos modos, ¿quién quiere trabajar si todo el mundo es lo suficientemente rico como para vivir con un nivel de vida confortable? No vemos que los que nacen ricos sufran porque no tienen que trabajar. De hecho, el estar aburrido en una oficina durante 8 o 9 horas, para que su jefe se vuelva más rico, no es necesariamente mejor que estar aburrido en algún otro lugar, sobre todo cuando no es necesario ganarse el salario.

Tratemos de pensar sobre descripciones de trabajo que no pueda hacer una IA o un robot. ¿Qué condiciones distintivas pasar la prueba para este tipo de trabajos? Hagamos una lista de puestos de trabajo que probablemente no son hará una IA.

- ¿Creatividad? ¿Qué puede ser más creativo que una IA que está 'pensando' escenarios posibles y permutaciones 24/7 a una alta avelocidad? Sin embargo, vamos a aceptar la creatividad como una condición para algunos trabajos que no son de IA.

- ¿Arte? Esto está incluido en la anterior, sin embargo, un artista de IA podría extrapolar a partir de obras-de-arte conocidas y por lo tanto ser creativo.

- ¿Descubrimiento científico? A pesar de que existe una situación incierta con respecto a IA a un nivel que sea mayor que el humano, en general, este es aceptable como un trabajo que no es para la IA.

- ¿Política? Absolutamente un trabajo que no es de la IA. A pesar de que una IA podría ser un gerente, que es esencialmente lo que los políticos pasan a ser después de haber sido electos.

- ¿Alta dirección? Se puede argumentar que a quien van a dirigir cuando no haya otros seres humanos trabajando en la empresa. Seguirá siendo, tal vez, un trabajo no apto para la IA.

- ¿Juez? En un mundo ideal, una IA podría ser mejor. ¿Pero cómo deshacerse de costumbres, injusticias y prejuicios?

- ¿Guru? Imposible de duplicar, incluye videntes y adivinos.

- ¿Compañero? A pesar de que los robots androides podrían complementarlo, en general este es muy probable que no sea un trabajo para la IA.

- ¿Actor, músico o cantante? Las mismas consideraciones anteriores, con el añadido del concepto de la realidad virtual y la generación de personajes por computadora, aun cuando, las producciones teatrales, conciertos y óperas suelen ser populares.

- ¿Habilidoso? Inventor, artesano, reparador, restaurador, talento incorporando valor a elementos antiguos y nuevos.
- ¿Líder de proyecto? Inicie su propio proyecto, contando con la ayuda de otros, asóciese con una IA.
- ¿Redes sociales? Dirija un grupo, cree temas, organice eventos, inicie una revolución.
- ¿Deportes? Juegue o entrene, sea dueño de un equipo.

Los siguientes no pasan la prueba.

- ¿Consultor? Sin más trabajadores humanos, no hay audiencia.
- ¿Chofer? Un conductor en la vía pública no será seguro, aunque todavía podría haber la necesidad de pilotos de carreras o de trucos.
- ¿Doctor? Nadie va a confiar más en un médico humano, las máquinas serán mejores, y de nano tamaño. Sobrevivirán algunas especialidades y por supuesto la investigación.
- ¿Abogado? No hay necesidad de ellos, mi programa de 'derecho' es mucho mejor. Sin embargo, los tribunales podrían hacer imposible el ejercer la abogacía sin licencia.

Hemos llegado a una posible guía de empleos que no serán fácilmente remplazados por la IA: creador, artista, científico, político, juez, alta dirección, gurú, compañero, habilidoso, líder de proyecto, redes sociales, deportes, piloto de carreras, y por supuesto habrá otros trabajos que ahora no existen. Si usted quiere hacer algo, siempre habrá mucho que hacer. Sólo que la vieja idea de un trabajo se perderá, en su lugar, será su propia imaginación, o la sus amigos, y la exploración. En lugar de un trabajo, usted llevará a cabo proyectos y aventuras. El dinero será irrelevante.

Entre tanto estamos asumiendo una distribución del ingreso justa donde todo el mundo tiene lo suficiente para vivir cómodamente. Si ese no es el caso, entonces sólo hay tres puestos de trabajo reales: ultra-rico, criminal o terrorista, en medio estarán los sirvientes y la mayoría hambrienta, indigente y humillada.

¿Qué pasa si no tengo un Trabajo?

Si usted está leyendo este libro después del año 2025, y está recibiendo suficiente dinero para vivir sin trabajar, entonces disfrute de su libertad. De lo contrario agite, únase a las protestas, sea una molestia hasta que el gobierno instituya los medios para distribuir la riqueza que los ricos están acaparando.

Si la automatización sigue progresando como se espera, las posibilidades de conseguir un empleo serán menores cada día que pasa, lo que significa que si usted no tiene un trabajo ahora, es casi seguro que nunca lo tendrá.

Esta condición de falta de trabajo es un subproducto del capitalismo aunado al progreso tecnológico. No tiene nada que ver con los gobiernos o la avidez. En el mejor de los casos, la intención de la automatización, incluyendo a la IA, es la eliminación de los trabajos. Si el trabajo se elimina, los trabajadores no tienen forma de conseguir dinero y los únicos que se benefician de la riqueza creada por la tecnología son los propietarios de las acciones, o sea el capital de las empresas.

Existen soluciones, incluyendo al Ingreso Básico Universal, que es una cantidad de dinero que se entrega a todos los ciudadanos por igual sin considerar sus ingresos o capital. Deberá ser suficiente para vivir cómodamente y proveer dinero para gastar, de lo contrario la economía se derrumba.

Mi consejo para usted es eduque, agite y organice, tenga fe en sí mismo.

Cuando el 99% de la Riqueza pertenece al 1%

Es bien sabido que los regímenes opresivos concentran masivamente la riqueza en manos de una pequeña elite. Sin embargo, en nuestras propias democracias, banqueros usando el capitalismo financiero, el cual reduce todos los valores intercambiables en un instrumento financiero o un derivado de un instrumento financiero, están haciendo exactamente lo mismo, ellos están concentrando la riqueza en tan sólo unos pocos privilegiados.

El capitalismo financiero ha inventado artificios sobre-apalancados, que utilizan más capital prestado y menos capital poseído, llamados derivados financieros, cuyos precios se derivan de otros instrumentos financieros. La cantidad real de dinero detrás de una transacción de derivados con un valor especulativo de millones de dólares pueden ser en realidad unos cuantos miles de dólares.

Desde hace mucho tiempo los economistas han tratado de justificar las desigualdades de ingresos y riqueza con la teoría marginal de la productividad. Esta teoría asocia mayores ingresos con mayor productividad y una mayor contribución a la sociedad, los ricos adoran esta teoría. Los que han aportado grandes innovaciones positivas para nuestra sociedad, como los pioneros de la comprensión genética y de la era de la información, han recibido una miseria en comparación con los gestores del capitalismo financiero que mantienen a la economía mundial en el umbral de la destrucción, mientras que llenan su bolsillos con miles de millones en ganancias provenientes de transacciones oscuras.

No existe una justificación para la creciente desigualdad. En muchas sociedades se ha intentado redistribuir la riqueza, a través de la redistribución de la propiedad, los impuestos o la regulación, con el fin de disminuir la desigualdad extrema. Por ejemplo, en el siglo III aC, la república romana aprobó leyes que limitaban la cantidad de riqueza o de tierra que cualquier familia pudiese tener. Las motivaciones para limitar la riqueza incluyen el deseo de proporcionar igualdad de oportunidades, la sensación de que la gran riqueza conduce a la corrupción política, o el temor de que la concentración de la riqueza resulte en rebelión.

En muchas ocasiones, los ricos también han lamentado las grandes desigualdades que suceden cuando los aristócratas, o los nobles o los muy ricos adquieren más que una parte equitativa de los ingresos de la nación. En estos tiempos, los muy ricos, que son llamados el 1%, son capitalistas que están haciendo su dinero a través de corporaciones cuya única obligación es maximizar las ganancias de los dueños del capital. Es un círculo vicioso, que se mantuvo en secreto durante muchos años, curiosamente, las 'tontas' redes sociales finalmente han descubierto la verdad.

De los Salarios a la Servidumbre

La idea era que la esclavitud había sido erradicada en todo el mundo. Sin embargo, parece que los malos hábitos no se desvanecen con facilidad. El capitalismo creó la llamada 'esclavitud asalariada' que conduce a persistentes abusos donde los trabajadores son obligados a trabajar en condiciones inseguras, se les somete al acoso sexual y los afortunados son obligados a trabajar largas jornadas de trabajo.

La situación se degenero cuando el 1% de la población llego a poseer el 99% de todo, entonces la esclavitud se instituyo de nuevo, disfrazada de servidumbre.

Irónicamente, este escenario es posible gracias al desarrollo tecnológico acelerado, de manera significativa de la IA. Los accionistas de las grandes empresas que desarrollan y venden los productos de estas tecnologías, poseen el capital, aumentando sus beneficios gracias a estos avances y concentrando la riqueza en unos cuantos grandes propietarios del capital, y para empeorar las cosas, la inteligencia artificial desplaza a la mano de obra, empobreciendo a todos los demás.

¿Por qué ser un Sirviente es Bueno

La servidumbre es buena, porque es la única manera de mantenerse por encima de la pobreza extrema, las otras opciones son ser uno de los muy ricos, un criminal o un terrorista. Este es el caso cuando el 1% posee el 99% de la riqueza.

Ser un sirviente toma varias formas: como criado personal, como empleado de una empresa, como policía o soldado. Como siervo, usted no tiene derechos y hace todo lo que sus jefes quieren; usted vive donde a ellos les plazca, trabaja tantas horas al día como ellos lo deseen, le pagan tan poco como ellos quieran y es mejor hacer exactamente lo que le dicen que tiene que hacer. Si suena como esclavitud, es porque lo es.

En estas circunstancias, los ricos viven en sus palacios y ni siquiera saben, o les importa, que usted y el resto de la mayoría existen. Las corporaciones privadas cuidan de los detalles y los ricos nunca son molestados por los de las clases bajas. Los pocos con los que interactúan día a día son transparentes para ellos, la única vez que les prestan atención, es cuando algo sale mal y entonces dirigen su ira contra uno de estos servidores.

Los bendecidos por la riqueza disfrutan de cientos de años de vida, como resultado de las nuevas técnicas de perpetuar la vida, ideadas por los equipos de expertos y la IA. Su única preocupación es la fiesta a la que asistieron ayer, la fiesta de hoy y la que va a disfrutar mañana.

Los súper-ricos no tienen que trabajar porque los robots y un porcentaje muy pequeño de la población, sus siervos, administran su patrimonio, garantizan su seguridad y la prestación de servicios personales. De esta manera los sirvientes viven en un ambiente que es mejor que la situación de inseguridad y de pobreza extrema en la cual vive el resto de la población. Ellos tienen que cumplir con sus obligaciones hasta que alcanzan su cumpleaños número 40, en ese momento se les devuelve a los campos de concentración.

Los países del mundo están involucrados en muchas guerras localizadas que requieren de las numerosas armas producidas por las corporaciones globales, que de esta manera son capaces de utilizar el enorme exceso de capacidad de sus fábricas robotizadas. Los soldados, reclutados entre los pobres, los cuales se vuelven agresivos y leales con el uso de drogas. Entre la aristocracia, la guerra se considera como un juego noble.

Por qué ser un Sirviente no es Bueno

Incluso si, como sirviente, usted vive en condiciones algo mejores que los que no son sirvientes, sigue siendo esclavitud. Es bien sabido que algunas personas toleran e incluso tal vez disfrutan la esclavitud, pero si usted no pertenece a esta categoría, entonces es una condición completamente miserable.

En las zonas restringidas, donde están confinados los pobres, hay una apariencia de libertad. Si usted aprende a ser más astuto que las cámaras y sensores siempre vigilantes, y sobre todo que los policías robots, entonces usted puede hacer lo que quiera. De todos modos, las condiciones de vida no son tan malas, y el nivel de vida ha mejorado tanto que incluso aquellos que son 'pobres' parecerían ser riquillos a alguien de finales del siglo veinte. Internet, TV, agua potable, transporte, vivienda y otros servicios están disponibles en todo el mundo, es solo el vívido contraste con el estilo de vida del 1% que lo hace inaceptable.

Sin embargo, si eso fuera todo sería tolerable para la gran mayoría. A pesar de que son sólo el 1% de la población, los ricos siguen siendo un grupo grande, cien millones de personas que luchan por el poder, no sólo por el dinero.

Ellos están en guerra continua entre ellos, y los pobres llevan a cabo su lucha. Los ricos están protegidos por su condición, excepto cuando uno de ellos pierde parte de sus inversiones. Una facción vende drogas, la otra las prohíbe, sólo los pobres son castigados, los ricos van a rehabilitación.

Y aun peor, los ricos son dueños de todas las fábricas, tiendas y servicios, que están totalmente automatizados. Todos los otros negocios o comercios están fuertemente regulados, en esencia prohibidos para los pobres. Por lo tanto, si los pobres quieren mejorar su condición, deben convertirse en delincuentes, si se les cacha van a la cárcel, que es otro negocio de la minoría rica. Debido al alto nivel de criminalidad inducida artificialmente, los barrios de los pobres son extremadamente peligrosos.

En cierto sentido, el no ser un siervo podría ser mejor, ya que usted puede vivir su propia vida, aunque ésta podría ser peligrosa y, si se atreve, incluso puede luchar contra la opresión.

Cuando el Gobierno es Totalmente Corrupto

Un gobierno corrupto cree que el poder hace el derecho, y que su misión es la de limitar la libertad, regulando todos los aspectos de los asuntos personales y financieros, y cobrar impuestos a la población hasta su sumisión, mientras que afirma falsamente que está actuando en su mejor interés.

'El poder absoluto corrompe absolutamente'. Los líderes se 'intoxican' con el poder, y pueden salirse con la suya porque la gente los justifica: 'Está bien, porque él o ella es el líder'.

Esto es debido a nuestra historia evolutiva, como animales sociales, estamos programados para dirigir y ser dirigido. Jerarquías de dominancia gobiernan a todos los animales sociales, monos, lobos y humanos. Entre otros, los estudios de Stanley Milgram han confirmado esta tendencia a obedecer ciegamente a la autoridad, aun cuando sea obviamente erróneo.

Poder y riqueza van mano a mano, y cuando éstas dos se concentran, es realmente una mala noticia. Si las tendencias continúan, si el capitalismo continúa sin control, si el obtener un trabajo va a ser raro, si los funcionarios del gobierno siguen a la venta, entonces los gobiernos estarán absolutamente bajo el control de los muy ricos. La opresión y la injusticia prevalecerá; tal vez la ciudadanía tratara de corregir esta situación, o tal vez ya es demasiado tarde.

Un gobierno fuerte, en las manos de ricos y poderosos, armado con sensores y cámaras por todas partes, robo-policías, aviones no tripulados, IA y quien sabe cuántas cosa más, es una visión aterradora de nuestro futuro inmediato

La IA Utilizada como Opresora

Parece ridículo, pero la tecnología que podría liberar a la humanidad de la fatiga puede ser la misma que puede crear las condiciones más opresivas que el mundo haya tenido que soportar.

Junto a inmensa riqueza, podría haber inmensa pobreza. La desigualdad de ingresos podría irse por las nubes, porque si se deja por su cuenta el capitalismo tiende a concentrar la riqueza. Para proteger su patrimonio, los muy ricos, y sus siervos, podría optar por el establecimiento de un estado policiaco. Para ello, podrán utilizar las herramientas que ya se están desarrollando para lograr un perfecto control de la población.

Equipos de vigilancia, bases de datos, analistas con inteligencia artificial, robo-policías, aviones miniatura, etiquetas RFC, no más efectivo, reconocimiento de la cara y la voz, y muchos más dispositivos que se pueden utilizar para implementar el control total sobre la población. Hitler y Stalin estarían envidiosos.

Opresión Robo-Policíaca

Simplemente, el abusar de la IA para la fabricación de máquinas de guerra y policíacas podría crear serios problemas. Esencialmente, las máquinas de guerra y las de policía podrían diferir muy poco, será interesante ver si los departamentos de policía actúan con moderación y por lo tanto diseñan sus robots sin capacidad de fuerza letal.

Los robots poseen potentes capacidades para fácilmente asustar a la gente. Su despliegue podría impedir manifestaciones y protestas, incluso pacíficas, la idea será intimidar, y lo más probable es que tendrán éxito. Como siempre, se encostraran nuevas formas para expresar insatisfacción y el uso de robots podría escalar la disensión a un nivel más alto.

El perfeccionamiento de la aplicación de la ley para eliminar o por lo menos prevenir la delincuencia común es loable. Usar el derecho y la policía para inventar delitos diseñados para mantener a la gente subyugada es un delito por sí mismo. Una combinación de poder y riqueza por un lado y gran cantidad de personas en la pobreza por el otro, es una fórmula para la revolución.

¿Hay Mejores Opciones?

¡Por supuesto que hay mejores opciones! Imagínese a un Estados Unidos de América en el año 2012 en el cual la riqueza se distribuyera mejor, como en algunos países escandinavos. No habría más pobres y los ricos serian tal vez más ricos. ¡Es realmente sorprendente que esto no sea así!

¿Cómo puede ser que en 2012 el país más rico del mundo tenga 46 millones de personas que viven en la pobreza? Sin duda, hay más que suficiente para que todas las personas pobres salgan de su situación de angustia, o al menos sus hijos, proveyendo educación y empleo para ellos. ¿Acaso el sistema es tan defectuoso que no es posible eliminar la pobreza? ¡En el país más rico del mundo!

Recordemos que la riqueza y los ingresos se han incrementado dramáticamente, especialmente durante los dos últimos siglos, y que la mayor parte de esto se debe a las innovaciones técnicas y sociales. Muchos inventores, científicos, ingenieros, médicos, gerentes y personas comunes, han llevado a cabo esta innovación, los ricos no lo han hecho solos, el progreso es un esfuerzo común. ¡No hay ninguna razón por la cual los ricos deban controlar toda esta riqueza!

Parece ridículo que el futuro bienestar de la gente que vive en este planeta dependa de un simple detalle: ¡Que la riqueza y los ingresos se distribuyan equitativamente! Aunque, tal vez esto ha sido siempre así, simplemente no nos hemos dado cuenta.

Distribución de Ingresos

El argumento clásico es que mientras que la redistribución del ingreso mejora los costos materiales de la desigualdad, y eso no es malo, no aborda la raíz de los problemas de nuestras economías se enfrentan. Por sí misma, la redistribución no hace nada para que los trabajadores sin trabajo se vuelvan más productivos. Por otra parte, se alega que el valor del trabajo remunerado es mucho más que el dinero ganado, el cual es valor psicológico que casi todas las personas encuentran al hacer algo útil.

Esto es parcialmente cierto hoy en día, pero ya no va a ser cierto en unas cuantas décadas. Es entonces cuando se espera la llegada de la IA. En unas pocas décadas, y aún hoy, lo que tenemos y lo que tendremos aún más, es un problema de exceso de productividad. ¿En qué otra forma se puede llamar a una situación en la cual las fábricas son abandonadas y los trabajadores son despedidos porque no hay suficiente demanda para sus productos? Sin duda las fábricas de automóviles en todo el mundo podrían producir unos millones más de coches, si es que hubiese suficientes compradores.

Por cierto, ¿Por qué deseamos que los trabajadores sean más productivos, cuando el 20% de ellos están mal empleados en España y el 14% en los EU Si es que los que aún tienen trabajo son más productivos, algunos de ellos también serán despedidos. Además, el valor del trabajo remunerado quizá vale más que el dinero ganado, pero no si las grandes ganancias van a su jefe y usted se encuentra entre los trabajadores pobres. La gente rica, que obtuvo su dinero al tener la suerte de nacer en una familia rica, creen que el no trabajar para ganarse la vida es ético. ¿Por qué sólo los pobres y la clase media tienen que tener una ética de trabajo?

A través de la historia de la frase: 'si usted no trabaja, no come' es una buena descripción de las expectativas de la gente en la vida, en una economía de escasez había que trabajar para sobrevivir. En una economía de abundancia, totalmente automatizada y con pocos puestos de trabajo disponibles, el proporcionar ingresos a cada persona podría llegar a ser un reto.

No podemos seguir utilizando el cuento del 'trabajo', inventado durante la revolución industrial, ya que rápidamente se está sintiendo fuera de contacto con la realidad. Durante el siglo XXI, tiene que cambiar a otra manera, tal vez mejor, de utilizar nuestros recursos humanos.

Se han propuesto algunas formas de proporcionar ingresos a los que no tienen trabajo, entre ellos el seguro de desempleo, cupones de racionamiento, y otros. Sin embargo, la mayoría de ellos traen asociada una vergüenza. Lo que se necesita es establecer un nivel plano que permita a todo el mundo vivir una vida cómoda y financieramente segura que promueva el bienestar individual y colectivo.

El Ingreso Básico (IB) se basa en proporcionar a cada ciudadano una cantidad igual de dinero, sin condiciones, la cual le permita participar en la sociedad con dignidad humana; sin ninguna prueba de ingresos. Todos los ciudadanos, ricos y pobres obtendrían la misma suma de dinero. También se podrían proporcionar ingresos a bebés, niños y adolescentes, con la cantidad modulada sólo por la edad.

La Red Básica de Garantía de Ingresos de los EU lo define como un:

'Garantía incondicional, asegurada por el gobierno, de que todos los ciudadanos tengan ingresos suficientes para satisfacer sus necesidades básicas'.

La Red de Renta Básica de la Tierra (BIEN), es una organización mundial que alega que los beneficios del Ingreso Básico incluyen un menor costo total que el sistema existente de asistencia social con comprobación de ingresos.

Varios ganadores del Premio Nobel de Economía apoyan plenamente el Ingreso Básico, como Herbert Simon, Friedrich Hayek, James Meade, Robert Solow, y Milton Friedman.

Los críticos argumentan que existe un potencial para la falta de estímulo al trabajo si este tipo de programa es implementado. Los defensores señalan que el costo de la mano de obra se está reduciendo debido a los avances técnicos y que a menos que una Ingreso Básico sea distribuido, los salarios cada vez más bajos que se les pagan a los trabajadores no calificados no les permitirán sobrevivir. Otro argumento a favor de este programa es que permite a las empresas pagar muy poco por el trabajo, tendrían que pagar sólo la diferencia entre lo que pagan ahora y la cuantía del Ingreso Básico, por lo que habría una reducción de los costos directos de producción.

En una economía de abundancia, la cantidad distribuida a través del Ingreso Básico deberá ser suficiente para satisfacer no sólo las necesidades básicas, sino también para inyectar dinero a la economía, de tal manera que todo el mundo sea un consumidor viviendo un estilo de vida cómodo y satisfactorio. El Ingreso Básico debe incluir acceso a una alimentación suficiente y agua, dinero para gastar en ropa y objetos personales, vivienda adecuada, transporte, acceso a Internet, educación completa y oportunidades para el desarrollo personal, viajes, ocio, juegos, y salud.

Los que quieran trabajar por un ingreso extra lo harán, los que quieren trabajar porque les da satisfacción serán capaces de hacerlo, y los que no quieren trabajar tendrán dinero para hacer cosas como socializar, estudiar, viajar e ir de compras; y tal vez incluso inventar un nuevo dispositivo.

Una Economía Justa
Los datos económicos e históricos apoyan la idea de que la equidad en la distribución del ingreso es una buena solución para mantener a la población feliz con la seguridad de un alto nivel de vida y donde los ricos son aún más ricos, y donde las fábricas y los servicios funcionan con una relación de capacidad eficiente, manteniendo las sociedades en paz.

Desde principios de la década de los 1970, las políticas neoliberales en la mayor parte del mundo han creado obstáculos al crecimiento de la demanda. Desde entonces, el lento crecimiento de los salarios y el empleo ha frenado la demanda del consumidor. Dando lugar a un exceso de capacidad crónico.

El exceso de capacidad es una condición extraña, lo que realmente significa es que el mundo es más pobre de lo que debería ser. Esto quiere decir que algo está mal con el modo en que se maneja la economía. Esto significa que la mayoría de los consumidores no reciben el dinero que debería estar recibiendo para mantener la economía en crecimiento. Por extraño que parezca, una economía que no crece se vuelve rancia. Eso sucede porque el crecimiento económico se produce por el aumento del capital humano mediante la educación, la innovación y el cambio tecnológico. Algo está mal si a los aumentos en la riqueza debidos a la educación, el avance tecnológico y la innovación no le se permite dejar crecer la economía.

Conforme las fuerzas políticas conservadoras se vuelven más poderosas, los salarios han caído debido al alto promedio del desempleo, el ocaso de los sindicatos, la reducción del trabajo debido a los cambios técnicos y a la disminución de los gastos del gobierno. El ingreso disponible de los trabajadores se ha reducido debido a cargas fiscales y de deudas, al mismo tiempo que los impuestos sobre el capital se redujeron. Los ingresos basados en la riqueza han ganado terreno, mientras que los ingresos producto del trabajo han disminuido. Por lo tanto, las desigualdades de riqueza e ingreso han aumentado. Esta tendencia es destructiva, ya que reduce el crecimiento, el consumo y eventualmente incluso la riqueza de los ricos.

La primera condición, y quizás la única, para mejorar la economía mundial es reducir las desigualdades de riqueza e ingresos. Las inversiones en educación son también beneficiosas, ya que aumentan la calidad de la mano de obra calificada, este tipo de inversiones ofrece una doble victoria al impulsar el crecimiento económico y reducir la desigualdad de ingresos. Si bien, algunas teorías económicas insisten en que para lograr un crecimiento capitalista generalizado, los países deben incorporar la libertad, la democracia y los derechos humanos en sus estatutos.

En el orden mundial actual, que está fuertemente influenciado por el capitalismo, la automatización, las máquinas inteligentes y los avances en la tecnología; es seguro que van a continuar las condiciones de exceso de capacidad, menos puestos de trabajo y mayores beneficios para los propietarios del capital,. Corresponde a la presión social provocada por la gente el cambiar estas condiciones destructivas.

'¿Qué vamos a hacer, cuando todo lo que se puede hacer, pueda hacerse mejor por robots?' **Skepticus.**

Graficas de Tiempos

'Dentro de treinta años, tendremos los medios tecnológicos para crear inteligencia sobrehumana'.
Vernor Vinge, 1993.

Ha habido numerosos intentos de predecir las fechas de la IA, la mayoría de ellas han sido absurdamente optimistas, aquí vamos a tratar de ser pesimistas en nuestras fechas y esperamos que esta vez las predicciones serán correctas.

Existe una idea popular de máquinas más inteligentes que nosotros. Sin embargo, la IA está pasando por un proceso de desarrollo con un comienzo más humilde. La IA está creciendo a través de un proceso que involucra máquinas que siguen reglas y motivaciones, y que muy probablemente van a evolucionar hacia la IA fuerte, también conocida como Inteligencia Artificial General (AGI).

Las incertidumbres asociadas con las fechas de los proyecciones del desarrollo de la IA están representadas usando distribuciones Beta. Las distribuciones Beta son útiles en condiciones donde existe un punto de partida de manera que no hay forma de que el evento pueda ocurrir antes de ese punto, y así son asimétricas, en nuestro caso hacia el futuro.

La Predicción de la Tecnología

La predicción sobre los avances en la tecnología es desconcertante. Es difícil cuando es respecto a la producción de artefactos derivados de descubrimientos científicos ya conocidos, pero es aún más cuando depende de invenciones desconocidas. Un ejemplo de ello es que si una mejora tecnológica específica se llevará a cabo a través de:

1. Equipos bien organizados y bien financiados de gente brillante.
2. Bien financiados e ineficaces grupos del gobierno o la burocracia corporativa.
3. Mal financiados caballeros-científicos que trabajan en su tiempo libre.
4. Oligarquías produciendo artículos vendibles, patentando y obstaculizando para eliminar la competencia.

La mayoría de las predicciones se basan en 1. Sin embargo, la realidad encaja en alguno de los otros. Predecir el futuro de una tecnología no es sólo acerca de lo que se percibe acerca del estado-del-arte de la ciencia y la tecnología, sino también de cómo se lleva a cabo el progreso tecnológico. Eso es lo que es difícil de predecir.

Como ejemplo del 4, en la tecnología del lenguaje hablado, unas pocas grandes empresas han dominado el mercado con sistemas de texto a voz de segunda clase, basados en el modelo oculto de Markov. Como estos sistemas trabajan suficientemente bien, es difícil desarrollar algo mejor.

La investigación médica se alinea en 2. Las compañías farmacéuticas son infladas e ineficientes, y ciegas a las nuevas ideas, en parte debido a su relación de codependencia con la FDA.

La IA es un 3. No hay financiamiento directo para la IA fuerte, y la investigación de IA estrecha se realiza con fondos para otros proyectos, que incluyen IA.

IA

Las fechas medias que se muestran establecen el momento en que se haya logrado la completa funcionalidad de la Fase; aunque la madurez todavía podría ser después de algún tiempo. Las fechas más probables son cerca de la media.

Sin embargo, cualquier fecha dentro de la curva estaría dentro de estas predicciones, con la probabilidad de estos eventos a partir de cero y cada vez mayor a medida que pasan los años.

Estas predicciones se basan en la 'Ley de Moore', que establece que cada diez años hay un aumento de mil veces en las capacidades de cómputo por dólar. En otras palabras, las computadoras se vuelven cada día más potentes. Por ejemplo, un teléfono inteligente de 150-gramos (5 onzas) del 2010 tiene por lo menos la potencia de cálculo de una computadora PC de alto nivel del año 2000, y cuenta con una cámara de ocho megapíxeles con captura de video HD a treinta cuadros por segundo. Esta tasa exponencial de los avances en microelectrónica es lo que impulsa todos los avances en inteligencia artificial.

IA Estrecha

Para mayor comodidad, vamos a establecer la fecha del inicio de la fase primitiva de la IA estrecha a principios del siglo XXI. A pesar de que en 2010 ya hay muchos ejemplos de aplicaciones que podrían ser clasificadas como pertenecientes a la fase I, el estado-del-arte no está todavía a ese nivel. Cada una de las fases siguientes está especificada a iniciarse 10 años antes de lo que se prevé será la media de la fase anterior.

- Una fecha media razonable para la plena capacidad de la IA estrecha Fase I es el año 2020 cuando los coches auto-dirigidos y muchas otras aplicaciones de la IA podrían ser comunes.
- La media de la Fase II se prevé para el año 2030.
- La media de la Fase III podría alcanzarse para el año 2040.

Muchas implementaciones de la IA estrecha, especialmente las de la Fase III, se considerarán como muy inteligentes. Incluso podría pensarse que es IA fuerte. Sin embargo, habrá diferencias, y aunque muchas de estas implementaciones fácilmente pasaran la 'prueba de Turing', todavía no tendrán lo que se necesita para ser IA fuerte.

IA Fuerte

Llegar a la IA fuerte no va a ser fácil. Presentamos la hipótesis de que la fecha de inicio de la Fase I va a ser en el 2035, que coincide con la fecha más creíble de lograr implementaciones de IA fuerte. El inicio de la Fase II y III se establece 10 años antes de la media de la fase anterior.

- La media de Fase I se ha establecido para el año 2055.
- La media de la Fase II será en el año 2065.
- La media de la Fase III para el año 2075.

Estas predicciones no coinciden con las fechas establecidas por los partidarios de la 'Singularidad', que predicen la Fase III para el 2035. Hay dos puntos que nos llevan a estas fechas más conservadoras:

1. El cerebro humano es mucho más complejo que lo que ellos suponen. Según Kurzweil, tiene la capacidad para llevar a cabo el equivalente de 10^{16} operaciones de punto flotante por segundo (flops), que podrían ser alcanzables por computadoras en el año 2035. Nuestras predicciones consideran 10^{20} flops, lo que

posiblemente pueda ser logrado por computadoras para el año 2055.

2. Los programas necesarios para alcanzar la IA fuerte no están todavía ni en su infancia. Lograrlos puede tomar muchos años.

El sólo tener un equipo capaz de igualar o incluso superar las capacidades de los cerebros humanos no garantiza el éxito en el desarrollo de la IA fuerte. En este punto, parece que las mejoras en las computación seguirán la 'Ley de Moore', la incertidumbre es principalmente en los algoritmos y programas.

Tiempos para la IA

Estas gráficas muestran las predicciones de IA estrecha y fuerte.

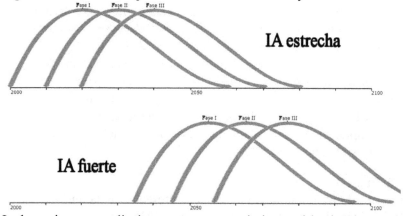

Incluso si estas predicciones son muy optimistas, el hecho de que la IA estrecha y la IA fuerte puedan llegar a suceder pronto sigue siendo increíble.

Robots

Estos son artefactos móviles controlados por una forma de inteligencia artificial. Podrían ser independientes o formar parte de una IA estática conectada a través de enlaces de radio. Robots estáticos, tales como robots industriales, o IA del hogar o la oficina que no tengan agentes móviles no se considera que entren dentro de esta clasificación.

Los robots necesitaran mucho más que una simple dirección por una IA, necesitan mecanismos de propulsión, los sentidos para identificar su entorno y motivaciones especiales para que puedan ser útiles.

La mayoría de los robots no necesitarán IA fuerte, por ejemplo, los coches se podrán conducir bastante bien utilizando únicamente IA estrecha. Sólo será necesaria la IA fuerte para los androides parecidos a los humano. Incluso la IA estrecha sería más que adecuada para robots diseñados para proporcionar compañía a los seres humanos.

Sin embargo, IA fuerte podría llegar a ser tan fácilmente disponible y de tan bajo costo que con el tiempo todos los robots, las computadoras y casi todo lo imaginable se guiará por IA fuerte.

Utilitarios

Los robots dedicados encajan en esta categoría. Aquí consideramos solamente los equipados con IA estrecha que puedan realizar una tarea, tales como:

- Conduciendo automóviles, camiones y motocicletas.
- Guiando trenes.
- Dirigiendo botes, yates y barcos.
- Volando aviones.
- Funcionando en la construcción, el reciclaje y como maquinaria de entrega.
- Guiando robots industriales autónomos.
- Robots quirúrgicos y de enfermería.
- Para ventas y servicio.
- Cocinando y sirviendo en restaurantes.

Estas máquinas pueden ser diseñadas de modo que los seres humanos pueden guiarlas a través de algunas operaciones especialmente difíciles. De esta manera, las máquinas podrían aprender de la intervención humana y pasar a la funcionalidad completamente autónoma.

La mayoría de estos robots deben estar empezando a madurar para el año 2020 y para el año 2030, serán extensamente usados.

Mascotas

Estos robots son algo que podemos esperar muy pronto. Ha habido algunos intentos crudos para producir animales de compañía para los niños, pero no son todavía lo suficientemente buenos.

Robo-mascotas, que puedan competir con las mascotas reales en los corazones de los dueños de mascotas, todavía no han sido logrados. Podemos esperar que robo-mascotas, casi tan buenos como los perros o los gatos reales, estarán a la venta para el año 2020. Después de eso, un nuevo concepto de diseño de mascotas podría transformar el gusto de sus dueños.

Imagínese un perro, indistinguible de un perro real, pero que no come, o se ensucia, y que se pueda dejar solo por días y no requiere visitas al veterinario. En el año 2030, usted muy probablemente podrá elegir entre un perro, un Tyranosaurus Rex miniatura o un Panda para su hijo.

No sólo estos robo-mascotas serán lindos, también hablarán e incluso enseñaran a los niños de una manera interactiva. Las mascotas reales estarán en peligro de desempleo.

Insectoides

Máquinas miniaturizadas que imitan a los insectos podrían ser extremadamente útiles, o tal vez en algunas situaciones darán miedo. Serán útiles para vigilancia, inspección de maquinaria, vacunaciones masivas, robots militares y muchos otros usos.

Máquinas de un tamaño comparable a los insectos empezarán a proliferar alrededor de 2025, y para el año 2035 o ya estarán prohibidos o van a competir con los insectos reales en números y en ser tan molestos.

Estas máquinas miniatura serían extremadamente peligrosas en situaciones militares o terroristas. Imagínese el caos que unos pocos miles de millones de robo-insectos podrían causar en una ciudad, donde podían ser dirigidos a atacar a los humanos o simplemente a tomar una muestra de sangre para comprobar su ADN y envenenarlos si su identidad coincide con el perfil previamente definido de los enemigo combatientes. La limpieza étnica sería 100% posible.

En una clase especial están las nano-máquinas de tamaño microscópico. Los nano-robots podrían estar funcionando para el año 2050, o incluso antes si se desarrollan a partir de bacterias o virus.

Androides

Este tipo de robots serán los esclavos del futuro, y serán construidos y diseñados para mezclarse e ir a dondequiera que un ser humano pueda ir, haciendo el trabajo que sus propietarios quieren que hagan.

Estos robots no se parecerán a los seres humanos, a pesar de que podría ser similares en su aspecto general. Algunos de ellos podrán tener dos piernas, dos brazos, manos, cuerpo y cabeza, pero no podrán confundirse con un ser humano. Androides en la casa y en el negocio probablemente serán controlados por la IA local. Además, habrá androides totalmente independientes que obedecen a su IA interna.

Cuando la tecnología madure serán omnipresentes y van a realizar la mayoría de los trabajos que los humanos tienen ahora que soportar realizar por un salario. Que estos androides harán que el 95% de las personas no tengan posibilidad de empleo es otro tema. La esclavitud asalariada será una cosa del pasado, sin embargo, un nuevo sistema social y económico deberá de ser implementado para proporcionar dinero a las gentes sin empleo, lo suficiente para que ellos también sean consumidores, vivan bien y sean un factor positivo de la sociedad. De todos modos, la era de la escasez se acabará. Asegurarse de que toda la población del mundo comparta esta riqueza será la lucha más importante de mediados del siglo XXI.

Se espera que la fabricación de androides sea posible para el año 2030. Para el año 2075 van a ser capaces de razonar por sí mismos y tal vez entonces comenzarán a tratar de liberarse de su robo-esclavitud.

Si se producen millones de androides, esto creará un enorme cambio de paradigma en la historia de la civilización.

Similares a los Humanos

Este es un terreno resbaladizo, considerando el racismo y el clasismo que ha permeado a la civilización desde sus inicios. No es claro si incluso se permitirá la introducción de este tipo de robots,.

Como mínimo, habrá robots de compañía, tal vez restringidos a la casa del dueño. La popularidad de la pornografía casi lo garantiza.

Si se les permite, prototipos de androides de apariencia humana podrían estar listo para ser producido en el año 2030, y debido a que hay muchos detalles, matices de comportamiento, respuestas emocionales y lenguaje corporal que tendrían que ser resueltos antes de que se conviertan en objetos comunes, podrían ser plenamente operativos para 2060, aunque su madurez no se puede esperar antes del año 2070.

Los plazos para Robots

Los robots de utilidad y las mascotas serán los primeros en aparecer en cantidades. Los robo-mascota se comercializaran como juguetes, lo que podría ser muy productivo para la industria. Para entonces, los automóviles, camiones y otros vehículos auto-conducidos serán omnipresentes, ya que serán muy útiles, reducirán los accidentes y harán que el tráfico sea más fluido.

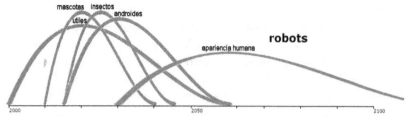

Esta gráfica muestra los tiempos probables para cuando estos diferentes tipos de robots serían posibles.

Mejoras Humanas

Esta es la otra manera de lograr el post-humanismo; el cual se puede lograr por IA súper-capaz o por seres humanos súper-capacitados, o por ambos. Las mejoras en las características humanas, tanto físicas como mentales y de sus capacidades se ha llamado 'Posthumanismo' o 'Transhumanismo', simbolizado como H+.

La idea es utilizar la tecnología para convertirse en 'más que humano' o para 'controlar nuestra propia evolución'. Lo que se logre dependerá de la ciencia y la tecnología.

Algunos de los objetivos de la mejoría humana son:
- Anti-envejecimiento, rejuvenecimiento y extensión de la vida.
- Mejoras biológicas.
- Bebés diseñados.
- Interfaces cerebro-computadora y de cerebro a cerebro.
- Carga y descarga de memorias y de la mente.
- Realidad aumentada.
- Animación suspendida.

Los partidarios del posthumanismo también están buscando una sociedad que fomente la tolerancia, diversidad, amplié las perspectivas, la responsabilidad personal y la libertad individual. Ellos también quieren eliminar los límites políticos, culturales, biológicos y psicológicos que impidan la autorrealización.

Interfaz Neural

En un escenario del posthumanismo, donde la IA podría ser más inteligente que los humanos, creando así la amenaza de hacer que los seres humanos sean obsoletos, las interfaces cerebro-computadora podrían crear una relación simbiótica entre el cerebro y la inteligencia artificial, lo que produciría entidades más avanzadas que cualquiera de ellos.

Para lograr esta conectividad existe la necesidad de un conocimiento perfecto del cerebro y de su funcionalidad, hasta un nivel molecular. Podría preverse que la nanotecnología, o tal vez las imágenes del cerebro, podrían hacer de esto una realidad. Sin embargo, no es una tarea fácil. Estamos interesados en una muy buena interfaz cerebro-computadora, al nivel en el cual la descarga de la mente sería posible. Es probable que este tipo de progreso pudiera ser alcanzado después de la madurez de la Fase III de la IA fuerte. Eso nos lleva al final del siglo XXI, o incluso al comienzo del siglo XXII. Con estos pensamientos en mente, la fecha más temprana posible es el año 2040 con la media en el año 2100.

Mejora Biológica

Hay muchas variaciones sobre este tema. Pueden ir desde una mayor inteligencia o memoria, músculos más potentes para sobresalir en el deporte, belleza, altura, capacidad de comer mucho sin engordar, mejor vista, el ser capaz de 'ver' en infrarrojo. La lista es demasiado larga.

Muchas de estas mejoras podrían ser el resultado final de las modificaciones genéticas, tal vez antes de la concepción, otras dependerán de la nanotecnología y, como tal, podría incluso ser encendidas y apagadas.

Contemplamos que las mejoras biológicas humanas comienzan a ser prácticas para el año 2030, con una media que implica que van a ser populares en 2070.

Estas mejoras biológicas, ciertamente incluirán, como mínimo:

- Anti-envejecimiento.
- Prolongación de la vida.
- Bebés diseñados.
- Mejoras cosméticas.
- Mejoras de memoria e inteligencia.
- Sentidos superiores.
- Ganancias en rendimiento atlético.
- Sistemas de comunicación implantados, por lo menos un teléfono.
- Unidades integradas de diagnóstico médico y terapia.
- Mejoras al sistema inmune.
- Clonación de los seres humanos.
- Nano implantes.
- Ajustes genéticos.

- Alguna forma de interfaz cerebro-computadora, conveniente para la realidad virtual.

Por supuesto que estos diferentes niveles de mejora, estarán listos a diferentes plazos. También habrá necesidad de conseguir aceptación social, o por lo menos tolerancia, antes de que la mayoría de la población acepte estas mejoras.

Tiempos para las Mejoras Humanas

Este gráfico muestra las proyecciones para implementar las mejoras biológicas y en la interfaz neuronal.

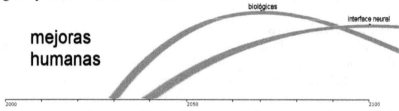

Las mejoras en las capacidades humanas, físicas y mentales, sin duda nivelará el campo en una posible competencia con la IA.

> '*Para cualquier persona sensata, la idea de la singularidad, aunque parezca exagerada, levanta una nube gigantesca, un remolino de preguntas profundas y vitales acerca de la humanidad y de las tecnologías de gran alcance que ésta produce. Teniendo en cuenta esta misteriosa nube que se acerca rápidamente, no puede haber ninguna duda de que ha llegado el momento de que la comunidad científica y tecnológica trate seriamente de averiguar lo que está en el horizonte colectivo de la humanidad. El no hacerlo sería sumamente irresponsable'.* **Douglas Richard Hofstadter**

Glosario

'El cerebro - ¡ese es mi segundo órgano favorito!'
Woody Allen.

Esta sección contiene una breve descripción de los conceptos y de los perfiles de las personas que se citan en este libro. Parte de la información presentada en esta sección proviene de Wikipedia. Expresamos nuestra gratitud a todos los que han hecho Wikipedia posible.

Por conveniencia, se enumeran en orden alfabético. En esta sección se incluyen algunas de las personas y conceptos mencionados a lo largo del libro, pedimos disculpas a aquellos que se mencionan en el libro y no se describen aquí.

A

ADN: Ácido desoxirribonucleico, contiene las instrucciones utilizadas en el desarrollo y funcionamiento de todos los organismos y virus vivos. El papel de las moléculas de ADN es el almacenamiento a largo plazo de la información necesaria para construir otros componentes de las células, tales como proteínas y moléculas de ARN. Es un largo polímero, hecho de millones de unidades repetidas llamadas nucleótidos. Un par de bases de ADN es 2,2 a 2,6 nanómetros de ancho, en la que cada unidad de nucleótido es 0,33 nm de largo. El cromosoma humano más grande, el cromosoma número 1, está compuesto de aproximadamente 220 millones de pares de bases a lo largo en dos hebras que se entrelazan en la forma de una doble hélice.

Ambedkar, Bhimrao Ramji: También conocido como Babasaheb, fue un jurista hindú nacido en 1891. También fue el principal arquitecto de la Constitución de la India y un predicador del budismo en la India. Nacido en una familia pobre de Intocables, Ambedkar pasó su vida luchando contra la discriminación social, y el sistema de 'Chaturvarna', o sea la clasificación hindú de la sociedad humana en cuatro castas. Murió en 1956.

Árbol de Contexto Ponderado, método (CTW): Es un algoritmo sin pérdidas de compresión y predicción. Concebido por Willems, Shtarkov y Tjalkens en 1995. El algoritmo CTW ofrece tanto solidez teórica como ejecución práctica. El algoritmo CTW es un método enlazado, mezclando las predicciones de muchos modelos de Markov conteniendo variables ordenadas subyacentes, donde cada uno de estos modelos se construye con estimadores de probabilidad condicional de orden cero.

Arrabales, Raúl; Ledezma, Agapito y Sanchis, Araceli: Profesores del Departamento de Ciencias de la Computación, Universidad Carlos III de Madrid, han estudiado y publicado numerosos trabajos sobre agentes inteligentes, arquitecturas cognitivas, modelado cognitivo, atención y consciencia de las máquinas. Su avance más notable es ConsScale: Una prueba plausible de la consciencia artificial.

Asimov, Isaac: Un escritor estadounidense nacido en Rusia, el 2 de enero de 1920. Profesor de bioquímica en la Universidad de Boston, él es más conocido por sus libros de ciencia ficción y de divulgación científica. Asimov fue uno de los escritores más prolíficos de todos los tiempos, habiendo escrito o editado más de 500 libros y unas 90000 cartas y tarjetas postales. Asimov es ampliamente considerado como un maestro de la ciencia ficción fuerte y, junto con Robert A. Heinlein y Arthur C. Clarke, fue considerado uno de los 'Tres Grandes' escritores de ciencia ficción. Su obras más famosas son la serie de la Fundación, el Imperio Galáctico y la serie Robot. El prolífico Asimov también escribió misterios y fantasías, así como no ficción. La mayoría de sus libros de divulgación científica explican los conceptos de una manera histórica, yendo tan atrás como sea posible a una época en que la ciencia en cuestión se encontraba en una etapa más sencilla. Murió el 6 de abril de 1992.

Astrocyto: Células gliales en forma de estrella, que ese encuentran en el cerebro y la médula espinal. Son la célula más abundante del cerebro humano y realizan muchas funciones, incluyendo el apoyo bioquímico a las células endoteliales que forman la barrera sangre-cerebro, el suministro de nutrientes a los tejidos nerviosos, el mantenimiento del equilibrio iónico extracelular, y un papel en el proceso de reparación y cicatrización del cerebro y de la médula espinal después lesiones traumáticas.

Auge-Colapso (Boom-Bust): El término se refiere a un ciclo de aumento localizado en una economía, que a menudo se basa en el valor de un solo producto básico, seguido de un descenso cuando el precio del producto cae debido a un cambio en las circunstancias económicas o al colapso de expectativas poco realistas. Estos ciclos han existido durante siglos. Durante el auge, los compradores pagan precios cada vez más altos hasta que viene el colapso, entonces los productos por los cuales se han pagado precios inflados acaban teniendo casi ningún valor.

Avión no tripulado (Drone): Es un avión sin piloto humano a bordo, o un vehículo aéreo no tripulado. Su vuelo está controlado ya sea autónomamente por computadoras en el vehículo, o por el mando a distancia de un navegador o un piloto, en el suelo o en otro vehículo. Hay una variedad de formas, tamaños, configuraciones y características de aviones no tripulados. Al día de hoy, este tipo de aviones son normalmente piloteados a distancia, pero el uso del control autónomo va en aumento.

Ayala Pereda, Francisco José: Es un biólogo y filósofo español-estadounidense de la Universidad de California, Irvine, nacido el 12 de marzo de 1934. Él es un ex sacerdote dominico, ordenado en 1960 pero abandonó el sacerdocio en ese mismo año. Después de graduarse de la Universidad de Salamanca, se trasladó a los EU en 1961 para estudiar un doctorado en la Universidad de Columbia, donde se graduó en 1964. Se convirtió en ciudadano de los EU en 1971. Él es conocido por sus investigaciones sobre la población y la genética evolutiva, y ha sido llamado el hombre del Renacimiento de la Biología Evolutiva. Sus descubrimientos han abierto nuevos enfoques para la prevención y el tratamiento de enfermedades que afectan a cientos de millones de personas en todo el mundo. Ha criticado públicamente las restricciones estadounidenses para la financiación federal de la investigación con células madre embrionarias. Él es también un crítico del creacionismo y la teoría del diseño inteligente, alegando que no son sólo ciencias ficticias, sino que también están equivocadas desde el punto de vista teológico. Él sugiere que la teoría de la evolución resuelve el problema del mal, siendo así un tipo de teodicea.

B

Base de Datos (DB): Es una colección organizada de datos, típicamente en forma digital. Los datos están organizados para modelar aspectos relevantes de la realidad, de una manera que apoya los procesos que requieren esta información. Un sistema de manejo de base de datos (DBMS) es el programa que maneja las bases de datos. Las organizaciones y las empresas dependen en gran medida las bases de datos para sus operaciones. Bases de datos conocidos son Oracle, IBM DB2, Microsoft SQL Server, Microsoft Access, PostgreSQL, MySQL y SQLite. Una base de datos no es portable a través de diferentes DBMS, pero diferentes DBMS inter-operan empleando estándares tales como SQL y ODBC para apoyar a las aplicaciones. Una base de datos debe proporcionar eficiencia en términos de tiempo de ejecución, rendimiento, disponibilidad y seguridad, para apoyar un gran número de usuarios.

Bayes, Thomas: Hijo del ministro presbiteriano Josué Bayes, nació en Londres alrededor del año 1701. En 1719, comenzó sus estudios de lógica y teología en la Universidad de Edimburgo. En 1722, ayudó a su padre en una capilla no conformista en Londres. Alrededor de 1734 se convirtió en ministro de la capilla de Monte Sión, donde estuvo hasta 1752. Publicó dos obras durante su vida, una teológica y una matemática: en 1731 '*La benevolencia divina, o un intento de demostrar que el fin principal de la Divina Providencia y del Gobierno es la felicidad de sus criaturas*'. Luego, en 1736, en forma anónima publicó '*Una introducción a la doctrina de fluxiones, y una defensa de los matemáticos en contra de las objeciones del autor del Analista*', en donde defendió el fundamento lógico de los cálculos de Isaac Newton, frente a las críticas de George Berkeley, autor de '*Él Analista*'. El Teorema de Bayes fue presentada a título póstumo en '*Ensayo para resolver un problema en la Doctrina de las Oportunidades*', por Richard Price ante la Royal Society en 1763. En 1755, él ya estaba enfermo y murió el 7 de abril de 1761.

Bellman, Richard Ernest: Nació el 26 de agosto 1920 en Nueva York. Fue un matemático aplicado que inventó la programación dinámica en

1953. Estudió matemáticas en la Universidad de Brooklyn en 1941 y obtuvo una maestría de la Universidad de Wisconsin-Madison. Durante la Segunda Guerra Mundial trabajó en la División de Física Teórica en Los Álamos. En 1946, obtuvo su doctorado en Princeton. A partir de 1949, Bellman trabajó en la corporación RAND y durante este tiempo desarrolló la programación dinámica. Más tarde, fue profesor de la Universidad del Sur de California. Su ecuación de Bellman obtiene valores óptimos en el método de optimización matemática de la programación dinámica. En la década de 1950, Bellman y sus colaboradores desarrollaron la ecuación de Hamilton-Jacobi-Bellman (HJB) que es una ecuación diferencial parcial significativa en la teoría de control óptimo. La 'Maldición de la Dimensionalidad' es un término acuñado por Bellman para describir el problema causado por el aumento exponencial del esfuerzo computacional asociado con la adición de nuevas dimensiones a un espacio matemático. Él murió el 19 de marzo de 1984.

BIEN: La Red de Ingreso Básico en la Tierra (Basic Income Earth Network en inglés) es una red de académicos y activistas interesados en promover la idea de un Ingreso Básico universal (BI).

Brown, Robert: Fue un botánico escocés, nacido el 21 de diciembre de 1773. Hizo importantes contribuciones a la botánica en gran parte a través de su uso pionero del microscopio. Sus contribuciones incluyen el descubrimiento del núcleo de la célula y la corriente citoplasmática y la primera observación del movimiento browniano. En 1827, al examinar bajo un microscopio los granos de polen de la planta Clarkia Pulchella en suspensión en agua, Brown observó partículas minutas, orgánulos de almidón y orgánulos de lípidos, que al ser expulsados de los granos de polen, ejecutaban un movimiento nervioso continuo. Luego observó el mismo movimiento en partículas de materia inorgánica, descartando la hipótesis de que el efecto era relacionado con la vida. A pesar de que Brown no ofreció una teoría para explicar el movimiento, el fenómeno se conoce como movimiento browniano, aunque Jan Ingenhousz ya había reportado un efecto similar usando partículas de carbón vegetal, en publicaciones alemanas y francesas de 1784 y 1785. Murió en junio del 10 de 1858.

C

Capitalismo: Es un sistema económico en el que el capital, el factor de no-trabajo de producción, es de propiedad privada. El trabajo, los bienes y los capitales se negocian en los mercados. Los beneficios se distribuyen a los propietarios, o se invierte en tecnología e industria. Muchos han hecho hincapié en la capacidad del capitalismo para promover el crecimiento económico, medido por el Producto Interno Bruto (PIB), la mejor utilización de la capacidad y del nivel de vida. Los críticos argumentan que el capitalismo se encuentra asociado a la injusta distribución de la riqueza y del poder y a la tendencia hacia el monopolio en los mercados y del gobierno por la oligarquía (gobierno por una élite pequeña); junto con las diversas formas de explotación económica y cultural, así como la represión de los trabajadores, el descontento social, el desempleo y continuos ciclos de auge y colapso.

Celular: También conocido como teléfono celular o teléfono móvil es un dispositivo que puede realizar y recibir llamadas telefónicas a través de un enlace de radio mientras se mueve alrededor de un área geográfica extensa. Lo hace mediante la conexión a una red celular proporcionada por un operador de teléfonos móviles, permitiendo el acceso a la red telefónica pública. También permiten una variedad de otros servicios como SMS, MMS, correo electrónico, acceso a Internet, comunicaciones de corto alcance inalámbrico por infrarrojos o Bluetooth, aplicaciones empresariales, juegos y fotografía. El Dr. Martin Cooper de Motorola mostró el primer teléfono portátil móvil en 1973, utilizando un auricular de alrededor de 1 kg. En 1983, el DynaTAC 8000X fue el primero en ser comercializado. En los veinte años transcurridos desde 1990 hasta 2011 las suscripciones de telefonía móvil en todo el mundo crecieron de 12,4 millones a más de 5,6 miles de millones. Hace veinte años, un teléfono celular era una novedad, ahora todo el mundo tiene un teléfono celular.

CEO: O director general, es el funcionario de más alto rango corporativo ejecutivo o administrador a cargo de la gestión total de una organización. Por lo general el individuo designado como CEO de una corporación, empresa, organización o agencia sólo informa al consejo de administración.

CERN: Comisión Europea para la Investigación Nuclear es una organización internacional cuyo objetivo es operar el mayor laboratorio de física de partículas, que está situado en los suburbios del noroeste de Ginebra, en la frontera franco-suiza. La World Wide Web comenzó como un proyecto del CERN llamado ENQUIRE, iniciado por Tim Berners-Lee en 1989 y Robert Cailliau en 1990. En abril de 1993, el CERN anunció que el World Wide Web sería libre para cualquier persona. Fundada en 1954, la organización cuenta con veinte estados miembros europeos. Los sitios del CERN, que es una instalación internacional, no están oficialmente bajo jurisdicción suiza ni tampoco francesa. Las contribuciones de los Estados Miembros del CERN para el año 2008 ascienden a €664 millones.

Church-Turing, tesis de: Es una hipótesis conjunta sobre las funciones cuyos valores son algorítmicamente computables. La tesis de Church-Turing expresa, 'todo lo algorítmicamente computable es computable por una máquina de Turing'. La tesis de Church-Turing no puede ser formalmente probada. A pesar de ello, esta tesis tiene aceptación casi universal.

Ciencia: Es la base del conocimiento sistemático o procedimientos asertivos que son capaces de dar lugar a un tipo de predicción o predecir un resultado. La ciencia moderna se apoya en el método científico, que consiste en la formulación de las hipótesis y recoger datos a través de observaciones y experimentación hasta lograr la comprobación de las hipótesis. Hay una expectativa básica en la ciencia, la cual es documentar, archivar y compartir todos los datos y métodos para que estén disponibles para un cuidadoso escrutinio por otros científicos. En esta forma, otros investigadores pueden verificar los resultados mediante la reproducción del experimento. Esta práctica de transparencia también permite que se compruebe la fiabilidad de estos datos.

Cirugía Robótica: Es el uso de robots para realizar la cirugía. Hay tres maneras de realizar la cirugía usando robots quirúrgicos: cirugía a distancia, cirugía mínimamente invasiva y cirugía autónoma. Las ventajas de la cirugía robótica son la precisión, la miniaturización, incisiones más pequeñas, menor pérdida de sangre, menos dolor y tiempo de curación más rápido. Otras ventajas son la articulación más allá de la manipulación normal y la visión tridimensional magnificada.

Civilización: En 1923, Albert Schweitzer definió la civilización como: 'la suma total de todo el progreso realizado por el hombre en todas las esferas de acción y desde todos los puntos de vista en la medida en que el progreso ayuda hacia la meta espiritual de perfeccionar a los individuos como el progreso de todo el progreso'. En este libro, tomamos la civilización como los 50.000 años de la experiencia humana que nos ha hecho lo que somos hoy. Consideramos que el desarrollo de la civilización es un proceso evolutivo.

Comunismo: Karl Marx, el padre del comunismo lo definió como: 'Una estructura social en la cual las clases son abolidas y la propiedad es controlada por la comunidad, así como una filosofía política y movimiento social que aboga y tiene como objetivo crear tal tipo de sociedad'. También escribió que el comunismo sería la etapa final en la sociedad, lo que se lograra a través de una revolución proletaria y sólo es posible después de que una etapa socialista desarrolle las fuerzas productivas, lo que llevará a una superabundancia de bienes y servicios. La versión de Marx del 'comunismo puro' se refiere a una sociedad sin clases, sin estado y sin opresión, en la cual las decisiones sobre qué producir y qué políticas a seguir se hacen democráticamente, permitiendo a cada miembro de la sociedad participar en el proceso de toma de decisiones, tanto en el esferas políticas como económicas de la vida. En la vida real, todos los regímenes comunistas han seguido la versión de Lenin, en la que hay propiedad estatal de todos los medios de producción a través de las economías de planificación centralizada, y han sido autoritarios, represivos, y preocupados principalmente en preservar su poder.

Computadora: Es una máquina que procesa los datos siguiendo un determinado conjunto de instrucciones. Alan Turing es considerado como el padre de la informática moderna. En 1936, formalizó el concepto de algoritmo y de cómputos, por medio de una computadora teórica llamada la máquina de Turing. La primera computadora electrónica fue construida en Alemania en 1941, el 'Zuse Z3'.

Consejo de Administración: Es un órgano de miembros electos o designados, que conjuntamente supervisan las actividades de una empresa u organización. Los deberes de los consejos de administración incluyen: el establecimiento de políticas generales y objetivos; la selección, nombramiento, apoyo y revisión del desempeño del director general (CEO); la disponibilidad de recursos financieros suficientes; aprobar los presupuestos anuales; dar cuentas a los grupos de interés sobre el desempeño de la organización; ajuste de los salarios e indemnizaciones de la gestión empresarial. Por lo general, el consejo elige a uno de sus miembros para que sea el presidente.

Corrupción: Derivado de la palabra corrupto, del Latin *corruptus*, destruir. En este libro, se consideran los siguientes casos: La corrupción política, que es el abuso del poder público, del puesto, o de recursos por parte de funcionarios o empleados públicos para beneficio personal por extorsión, solicitando u ofreciendo sobornos. La corrupción institucional, tal como se practica por los funcionarios electos en los EU, donde las contribuciones de campaña son una forma legal de obtener sobornos y compra de favoritismo. La corrupción corporativa incluye delitos y del abuso de poder de los funcionarios de la corporación.

CPU: O unidad central de procesamiento, es la porción de un sistema informático que lleva a cabo las instrucciones de un programa de computadora, para realizar las operaciones básicas en aritmética, lógica, y de entrada/salida del sistema. El CPU tiene un papel en cierto modo análogo al cerebro de la computadora. El CPU se empaca en un solo chip de silicio llamado un microprocesador, que son un gran número de circuitos integrados en un paquete típicamente de menos de cuatro centímetros cuadrados, con cientos de puntos de conexión.

Crisis Financiera Mundial del 2008: La crisis financiera de 2007-2010 es la peor crisis financiera desde la Gran Depresión de la década de 1930. Esta causó el fracaso de bancos e instituciones financieras, una disminución de la riqueza de los consumidores estadounidense estimada en 12,9 billones de dólares (más de $40.000 por persona), y obligó a los gobiernos del mundo a proporcionar billones de dólares para salvar a los bancos y otros negocios que eran 'demasiado grandes para fracasar'. Su causa inmediata fue el colapso de la burbuja inmobiliaria, que alcanzó su punto máximo en 2006, lo que llevo a la depreciación de valores relacionados con bienes raíces. La verdadera causa de esta crisis es mucho más compleja e implica la desregulación, el estancamiento de los salarios a partir de 1979, bancos y empresas codiciosas, el 'capitalismo gerencial' que produjo enormes sueldos y bonos para la alta dirección, los gobiernos corruptos y una falla general del capitalismo.

Cuántica: Principios científicos que describen el comportamiento de la energía y la materia a la escala atómica. La formulación matemática de la mecánica cuántica es abstracta y a menudo no intuitiva. La pieza central de este sistema matemático es la función de onda. La función de onda es una función matemática en el tiempo y el espacio que puede proporcionar información sobre la posición y el momento de una partícula, pero solamente como probabilidades. De acuerdo con las limitaciones impuestas por el principio de incertidumbre, que establece que ciertos pares de propiedades físicas, como la posición y el momento, no pueden ser ambos conocidos con precisión.

CUDA: Es una arquitectura de computación paralela desarrollada por NVIDIA para el procesamiento de gráficos. Usando CUDA, los GPU (procesadores gráficos) de NVIDIA son capacitados para computación en una arquitectura de procesamiento paralelo que ejecuta muchos procesos simultáneos lentamente, en lugar de ejecutar un proceso muy rápidamente. CUDA proporciona un lenguaje de acceso al conjunto de instrucciones de la memoria virtual y de los elementos paralelos de cómputo en los GPU. CUDA ha sido utilizado para acelerar, en un orden de magnitud o más, las aplicaciones no gráficas en biología computacional, criptografía y otros campos.

D

Deep Blue, supercomputadora: El 10 de febrero de 1996, Deep Blue se convirtió en la primera computadora en ganar una partida de ajedrez contra el entonces campeón del mundo Garry Kasparov, bajo controles regulares de tiempo. Sin embargo, Kasparov ganó tres y empató dos de los siguientes cinco partidos, superando a Deep Blue por un marcador de 4-2, ya que ganar da un punto, pero empatar es medio punto. El encuentro concluyó el 17 de febrero de 1996. Deep Blue fue mejorado y jugó de nuevo contra Kasparov en mayo de 1997, ganando la revancha de seis partidos 3½-2½, finalizando el 11 de mayo. Deep Blue ganó el sexto juego decisivo, después de que Kasparov cometió un error en la apertura. El sistema fue masivamente paralelo, capaz de evaluar 200 millones de posiciones por segundo, alcanzando 11,38 gigaflops.

Democracia: La democracia es una forma de gobierno que se ejerce directamente por el pueblo (democracia directa) o por representantes electos por el pueblo (democracia representativa). La palabra se deriva del griego: '*dêmos*' pueblo y '*krátos*' poder. Fue inventada alrededor de 500 aC. En la teoría y en la práctica, la democracia ha tomado muchas formas: Representativa, Parlamentaria, Liberal, Constitucional, Directa, Participativa, Anarquista, Socialista, selección al azar, Supranacional y otras. El Che Guevara, un marxista revolucionario, dijo: 'La democracia no puede consistir únicamente en elecciones que son casi siempre ficticias y manejadas por ricos terratenientes y políticos profesionales'. Sin embargo, es sin lugar a dudas la mejor forma de gobierno hasta la fecha.

Depresión: Es un persistente declive a largo plazo de la actividad económica en uno o más países. Es más grave que una recesión, que es vista como parte de los ciclos normales de auge y colapso que se dice suceden cada 5 a 7 años. Una depresión es larga, con una alta tasa de desempleo, escasez de crédito, reducción de producción e inversión, deflación de precios, cantidades reducidas de comercio, fracasos financieros y bancarios, así como fluctuaciones altamente volátiles del valor relativo de divisas. Tal vez la crisis de 2008 se clasificara como depresión, estas otras son: La Gran Depresión (1929-1941), Depresión Larga (1873-1896), Pánico de 1837 (1837-1842).

Derechos Humanos: Son los 'derechos fundamentales y libertades a los que todos los seres humanos tienen derecho'. Las Naciones Unidas reconocen la existencia de los derechos humanos y su 'Declaración Universal de los Derechos Humanos', adoptada en 1948, es la predominante codificación moderna de los derechos humanos comúnmente aceptados. Hasta hace muy poco tiempo este concepto se vio empañada por las prácticas de esclavitud casi universales. Gran parte de la legislación moderna sobre derechos humanos y la base de la mayoría de las interpretaciones modernas de los derechos humanos se remonta a la historia europea relativamente reciente. Los 'Doce Artículos de la Selva Negra' que son demandas planteadas contra la Liga de Suabia en Alemania el año 1525, se consideran como el primer registro de los derechos humanos en Europa.

Descartes, René: Fue un filósofo francés, matemático y escritor, nacido el 31 de marzo de 1596. Pasó la mayor parte de su vida adulta en la República Holandesa. Como el Padre de la Filosofía Moderna, sus escritos son estudiados aun el día de hoy, su *'Meditaciones de Filosofía Primaria'* es un texto en departamentos de filosofía de las universidades. Su influencia en las matemáticas es igualmente evidente, el sistema de coordenadas cartesianas es nombrado así por él. En su filosofía natural fue una figura importante en el racionalismo del siglo XVII. Rechazó el análisis de la sustancia corpórea en la materia y en la forma, y también cualquier apelación a conclusiones divinas en la explicación de los fenómenos naturales. En su teología, insistió en la libertad absoluta del acto de creación de Dios. Su declaración filosófica más famosa es 'Cogito ergo sum' (pienso, luego existo). Descartes murió el 11 de febrero de 1650.

Desigualdad Económica: También conocida como la brecha entre ricos y pobres, desigualdad de ingresos, desigualdad de la riqueza, o las diferencias de riqueza e ingreso. Incluye las disparidades en la distribución de los bienes económicos, la riqueza y los ingresos. El término típicamente se refiere a la desigualdad entre los individuos y grupos dentro de una sociedad, pero también puede referirse a la desigualdad entre países. Hay diferencias de opinión sobre la moralidad de la desigualdad, si la desigualdad es necesaria y lo que se puede hacer al respecto. La desigualdad económica varía conforme a las sociedades y los períodos históricos, entre las estructuras económicas o sistemas, por ejemplo, el capitalismo o el socialismo, las guerras actuales o pasadas, y las diferencias en las capacidades de los individuos para crear riqueza son factores involucrados en la creación de la desigualdad económica. Hay varios índices numéricos para medir la desigualdad económica, el más común es el coeficiente de Gini.

DirectCompute: Es una interfaz de programación de aplicaciones (API) de Microsoft que apoya la computación de propósito general usando unidades de procesamiento de gráficos en Windows Vista, 7 y 8. DirectCompute es parte de su interface DirectX. Esta arquitectura comparte una serie de interfaces computacionales con sus competidores: OpenCL del Grupo Khronos y CUDA de NVIDIA.

Distribución de Riqueza e Ingreso: La distribución de la riqueza es una comparación de los activos de distintos miembros o grupos en una sociedad. La riqueza es el patrimonio de una persona, expresada como: *riqueza = activo - pasivo*. La palabra 'riqueza' se confunde a menudo con el 'ingreso'. Estos dos términos describen cosas diferentes pero relacionadas. La riqueza consiste en aquellos elementos de valor económico que un individuo posee, mientras que el ingreso es el recibir artículos de valor económico. En consecuencia, la distribución mundial de la riqueza es mucho más desigual que la de los ingresos. Se ha intentado redistribuir la riqueza y disminuir la desigualdad extrema en muchas sociedades a través de la redistribución de la propiedad, la tributación o regulación. Ejemplos de esta práctica se remontan por lo menos a la República Romana en el siglo III aC, cuando se promulgaron leyes limitando la cantidad de riqueza o de tierras que podrían ser de propiedad de una sola familia. Sir Francis Bacon escribió: 'Por encima de todas las cosas buenas políticas es el lograr que los tesoros y el dinero en un estado no se reúnan en pocas manos. El dinero es como el estiércol, no es bueno, excepto cuando se extiende'. En 'El Manifiesto Comunista' Karl Marx y Friedrich Engels escribieron: 'A cada cual según su capacidad, a cada cual según su necesidad'. Un estudio realizado por las Naciones Unidas informa que el 1% de los adultos más ricos poseían el 40% de los activos globales en el año 2000, y que el 10% de los adultos tienen el 85% del total mundial. La mitad inferior de la población adulta del mundo es propietaria del 1% de la riqueza mundial. Por otra parte, otro estudio encontró que el 2% de los más ricos posee más de la mitad de los activos de los hogares en el mundo. Y la peor parte es que esta distribución está cambiando rápidamente en la dirección de una mayor concentración de la riqueza entre menos gente.

Dogma: Es un principio fundamental ineludible para todos los seguidores de una religión. El término dogma se asigna a los principios teológicos que se consideran bien demostrados, de manera que su negación significa que una persona no acepta a una religión dada como la suya. El rechazo a un dogma puede conducir a la expulsión de la persona fuera del grupo religioso.

Día del Juicio Final: Se refiere a un evento que tiene un resultado catastrófico, que puede variar desde una dislocación importante en la civilización humana, la extinción de la vida humana, la destrucción del planeta Tierra o la aniquilación del universo. Estos eventos pueden clasificarse como naturales, artificiales o sobrenatural.

Dualismo: En la filosofía de la mente, es la suposición de que los fenómenos mentales son, en algunos aspectos no físicos, o que la mente y el cuerpo son distintos. El dualismo está estrechamente relacionada con la filosofía de René Descartes (1641), que sostiene que la mente es una sustancia no física. Descartes identificó claramente a la mente con la consciencia y la imagen de uno mismo y la diferencio del cerebro como el asiento de la inteligencia. Por lo tanto, él fue el primero en formular el problema mente-cuerpo, que se debe a que podría decirse que los fenómenos mentales son diferentes, cualitativamente o sustancialmente, del cuerpo físico del que al parecer dependen.

E

Economía: Se compone de todo el sistema económico de un país o una zona, incluye mano de obra, capital y recursos de la tierra, y los que en conjunto participan en la producción, distribución, venta y consumo de bienes y servicios.

Economía de Goteo hacia Abajo (Trickle-Down): Es un término de la retórica política que se refiere a ofrecer reducciones de impuestos u otros beneficios a las empresas y a los ricos, en la creencia de que esto beneficiará indirectamente a la población en general. Durante la presidencia de Ronald Reagan la Cámara, controlada por los demócratas, que se encarga de aprobar proyectos de ley relacionados con la fiscalidad, redujo la tasa del impuesto marginal sobre el segmento de ingresos más altos del 70% al 28%. Treinta años más tarde, se ha demostrado que fue un ardid utilizado por políticos corruptos para que los súper-ricos puedan saquear la riqueza de su país.

Economista: Es un experto o un profesional que trabaja en el interior de uno de los campos de la economía o tiene un grado académico en este tema. Suelen tener empleos en la banca, comercio, mercadeo, finanzas, contabilidad, administración de empresas, grupos de presión y organizaciones sin fines de lucro. Los políticos suelen consultar a los economistas antes de aprobar una política, y muchos políticos tienen títulos en economía.

Einstein, Albert: Nacido en Alemania en 1879, sus contribuciones incluyen las teorías especial y general de la relatividad que lo convirtieron en el físico teórico más importante de principios del siglo XX. Recibió en 1921 el Premio Nobel de Física 'por sus servicios a la Física Teórica, y especialmente por su descubrimiento de la ley del efecto fotoeléctrico', un premio que de un modo extraño esquivó sus teorías más importantes de la relatividad. Einstein publicó más de 300 obras científicas y más de 150 no científicas. Es ampliamente considerado como el padre de la física moderna. Murió en 1955.

Escenario: Es una descripción sintética de un evento o una serie de actos y eventos. Los escenarios son ampliamente utilizados para entender diferentes maneras en que los eventos futuros podrían desarrollarse. La planificación de escenarios o análisis de escenarios es un proceso relacionado con los estudios futuros. Los escenarios son 'una historia de lo que pasó en el futuro'.

Ethernet: Ésta es una tecnología informática en redes de área local (LAN), introducida en 1980 y estandarizada en la norma IEEE 802.3. Los sistemas que se comunican a través de Ethernet dividen una corriente de datos en paquetes individuales llamados tramas. Cada marco contiene las direcciones de origen y de destino y los datos para la comprobación de errores permitiendo que los datos dañados puedan ser detectados y re-transmitidos. Los estándares incluyen varios tipos de cables, como de par trenzado y enlaces de fibra óptica junto con puentes, concentradores y conmutadores. Las capacidades de datos han aumentado periódicamente, de los originales 10 megabits por segundo, a 100 gigabits por segundo.

Ética: Es la forma de lograr resultados moralmente correctos. Es un campo polémico donde muchos filósofos han expresado sus opiniones. Algunos éticos eruditos proponen, 'el fin justifica los medios', mientras que otros creen que 'un acto se puede considerar correcto, incluso si produce una mala consecuencia'. Algunos consideran la estética, la etiqueta, el sentido común, el arbitraje y la ley como aspectos de un código de ética.

Evolución: Esta teoría explica la variedad y la relación de todos los seres vivos y sus variaciones genéticas en esta forma: 'Por casualidad algunos organismos adquieren características que les permiten sobrevivir y prosperar mejor que otros de su especie. Los organismos que sobreviven son más propensos a tener descendencia propia. Los hijos pueden heredar la característica útil'. Sin embargo, la evolución no es un proceso aleatorio. Mientras que las mutaciones son aleatorias, la selección natural no lo es. La evolución es un resultado inevitable de la copia imperfecta de organismos auto-replicantes que se reproducen durante miles de millones de años bajo la presión selectiva del medio ambiente. El resultado de la evolución no es un organismo perfectamente diseñado, es simplemente un individuo que puede sobrevivir, reproducirse mejor y con más éxito que sus vecinos en un entorno particular. Los fósiles, el código genético y la distribución peculiar de la vida en la Tierra proporcionan un registro de la evolución y demuestran la ascendencia común de todos los organismos, tanto vivos como los que han estado muertos por mucho tiempo. La evolución puede ser observada directamente en la selección artificial, o sea la cría selectiva de ciertos rasgos de animales domésticos y plantas. Las diversas razas de perros, gatos, caballos, y plantas agrícolas sirven como ejemplos de la evolución. Aunque algunos grupos formulan objeciones a la teoría de la evolución, la evidencia de las observaciones y la experimentación por más de cien años por miles de científicos, apoyan a la evolución sin ninguna duda. El resultado de cuatro mil millones de años de evolución es la diversidad de la vida que nos rodea, con un estimado en la actualidad de 1,75 millones de especies diferentes.

F

Facebook: Es un servicio de red social y sitio de Internet lanzado en febrero de 2004, operado y propiedad privada de Facebook Inc. Los usuarios deben registrarse antes de usar el sitio, después de lo cual pueden crear un perfil personal, agregar a otros usuarios como amigos e intercambiar mensajes, incluyendo notificaciones automáticas cuando actualicen su perfil. Los usuarios pueden unirse a grupos de usuarios con intereses comunes, organizados por lugar de trabajo, la escuela o la universidad, u otras características, y clasificar a sus amigos en listas. El nombre del servicio proviene del nombre coloquial del libro que algunas administraciones de universidades en los Estados Unidos dan a los estudiantes al inicio del año académico para ayudarlos a conocerse unos a otros. Facebook fue fundado por Mark Zuckerberg con sus compañeros de la universidad Eduardo Saverin, Dustin Moskovitz y Chris Hughes. La membresía al sitio inicialmente fue limitada por los fundadores a los estudiantes de Harvard, pero se amplió a otras universidades del área de Boston, la Ivy League, y la Universidad de Stanford. Poco a poco se añadió soporte para estudiantes de otras universidades, antes de abrir a los estudiantes de secundaria y finalmente, a todos los mayores de 13 años. En abril de 2012, Facebook tiene más de 900 millones de usuarios activos.

FLOPS: Equivale al número de operaciones de punto flotante por segundo y es una medida del rendimiento de una computadora, especialmente en los campos científicos que hacen uso intensivo de cálculos de punto flotante. Es similar a la antigua y más simple medida de instrucciones por segundo. Los valores: gigaflops (10^9), teraflops (10^{12}), petaflops (10^{15}), exaflops (10^{18}),y zetaflops (10^{21}), se utilizan a menudo como abreviaturas. A modo de comparación, la velocidad de la supercomputadora Titan del Oak Ridge National Laboratory, que inició operaciones en 2012, es de 20 petaflops. En 2011, Intel mostró un procesador basado en el x86, con código 'Knights Corner', que puede sostener más de un teraflops. El cerebro humano se supone que es capaz de procesar entre 1 teraflop y 100.000 zetaflops, con un punto medio de 100 petaflops; dependiendo de la forma en que se mida.

Franklin, Benjamin: Nacido en Boston, Massachusetts, el 17 de enero de 1706, fue uno de los Padres Fundadores de los Estados Unidos. Franklin fue un destacado autor, impresor, teórico político, político, administrador de correos, científico, músico, inventor, escritor satírico, activista cívico, estadista y diplomático. Como científico, él fue una figura importante en la cultura americana por sus descubrimientos y teorías sobre la electricidad. Inventó el pararrayos, los bifocales, la estufa de Franklin, un odómetro para carruajes, y la armónica de cristal. Franklin ganó el título de 'el primer americano' por su campaña a favor de la unidad colonial, como autor y portavoz en Londres de varias colonias, y luego como el primer embajador de Estados Unidos en Francia ejemplificó a la naciente nación americana. Se hizo rico publicando el Almanack Poor Richard y The Pennsylvania Gazette. Como diplomático, fue una figura importante en el desarrollo de las relaciones positivas franco-estadounidenses. Hacia el final de su vida, liberó a sus esclavos y se convirtió en uno de los abolicionistas más destacados. Murió 17 de abril de 1790.

Freud, Sigmund: Fue un neurólogo austriaco, fundador del psicoanálisis, nacido el 6 de mayo de 1856. Freud se consideraba a sí mismo como un judío a pesar de que rechazó el judaísmo y tenía una visión crítica de la religión. Freud desarrolló teorías sobre la mente inconsciente y el mecanismo de la represión. Freud postuló la existencia del libido, la energía de los procesos mentales y estructuras. También fue un ensayista prolífico, basándose en el psicoanálisis para contribuir a la interpretación y crítica de la cultura. Murió el 23 de septiembre de 1939.

Friedman, Milton: Un economista estadounidense nacido en 1912, que originalmente apoyó la intervención keynesiana del gobierno en la economía. Luego, durante la década de 1960, Friedman se convirtió en el principal oponente del keynesianismo. Defendió una política macroeconómica alternativa conocida como 'monetarismo'. Él teorizó que existía una 'tasa natural de desempleo' y argumentó que el gobierno central no podía micro-manipular la economía porque la gente se daría cuenta de lo que el gobierno estaba haciendo y cambiaría su comportamiento para neutralizar esas políticas. Fue asesor económico al presidente Ronald Reagan. Su teoría monetaria ha tenido una gran influencia en economistas como Ben Bernanke y la respuesta de la Reserva Federal a la crisis financiera de 2007-2010. Friedman murió en 2006.

G

Gandhi, Mahatma: Nacido en la India en 1869, fue el más grande líder político y espiritual durante el movimiento de independencia de la India. Fue el pionero de la 'satyagraha', la resistencia a la tiranía mediante la desobediencia civil masiva, una filosofía firmemente fundada sobre 'ahimsa' o la no violencia total que llevó a India a la independencia en 1947, e inspiró movimientos por los derechos civiles y la libertad en todo el mundo. En 1948, Gandhi fue asesinado mientras realizaba su paseo público nocturno.

Genética: Es la ciencia de la herencia y la variación en los organismos vivos. Esta técnica se ha utilizado desde tiempos prehistóricos para mejorar las plantas y los animales mediante reproducción selectiva. La genética moderna está centrada en el estudio de los genes, que son una formados de ADN y que contienen secuencias de 'codificación' que determinan lo que hace el gene, y secuencias 'no codificantes' que determinan cuando el gene está activo.

Genoma Humano: Aproximadamente 20.500 genes codificantes de proteínas almacenadas en 23 pares de cromosomas forman el genoma del 'homo sapiens'. Una copia de estos 23 pares de cromosomas se encuentra en el núcleo de cada célula humanas diploides. Veintidós de ellos son pares de cromosomas asexuales, mientras que un par determina el sexo. El genoma humano una longitud total de poco más de 3200 millones de pares de bases de ADN. Sólo alrededor del 1,5% del genoma codifica proteínas, el resto consiste en genes no codificantes de RNA, secuencias reguladoras, ADN no codificante y el así llamado ADN 'basura'.

Genoma Humano, Proyecto: Fue un proyecto internacional de investigación científica para determinar la secuencia de las pares de bases que componen el ADN e identificar y cartografiar los aproximadamente 20.000 a 25.000 genes del genoma humano. El proyecto se inició en 1990, inicialmente dirigido por James D. Watson en los Institutos Nacionales de Salud de EU Un borrador del genoma fue publicado en 2000 y el genoma fue determinado en 2003, dos años antes de lo previsto.

Ginebra, Convenios de: Son cuatro tratados, y tres protocolos adicionales, que establecen las normas del derecho internacional para el tratamiento humanitario de las víctimas de la guerra. El término en singular denota el acuerdo de la Convención de Ginebra de 1949, negociado en las postrimerías de la Segunda Guerra Mundial, que actualizó los términos de los tres primeros tratados de 1864, 1906 y 1929, y añadió un cuarto tratado. Los artículos de la Cuarta Convención de Ginebra (1949) definen ampliamente los derechos fundamentales de los presos civiles y militares durante la guerra, las protecciones establecidas para los heridos y de los civiles en los alrededores de una zona de guerra. Los tratados de 1949 fueron ratificados, en su totalidad o con reservas, por 194 países. La Convención de Ginebra también define los derechos y la protección de los no combatientes. Los Convenios de Ginebra son sobre la gente en la guerra, y no abordan la guerra propiamente dicha o la utilización de armas de guerra. Ese es el tema de las Convenciones de La Haya; Primera Conferencia de La Haya de 1899, Segunda Conferencia de La Haya de 1907, y el Protocolo de Ginebra sobre la guerra bioquímica; o sea el Protocolo sobre la prohibición del empleo en la guerra de gases asfixiantes, tóxicos o similares y de medios bacteriológicos de la guerra, en 1929.

Glia: Son células no neuronales que mantienen la homeostasis, forman la mielina, y prestan apoyo y protección a las neuronas en el cerebro, y a las neuronas en otras partes del sistema nervioso, como en el sistema nervioso autónomo. En el cerebro humano hay aproximadamente una glía por cada neurona. Como el nombre griego implica, a las glia se les conoce comúnmente como el pegamento del sistema nervioso, sin embargo, esto no es totalmente exacto. Hay cuatro funciones principales de células gliales: rodean las neuronas y las mantienen en su lugar, suministran nutrientes y oxígeno a las neuronas, aíslan una neurona de otra, y destruyen patógenos y eliminan las neuronas muertas.

Gödel, Máquina de: Un viejo sueño de científicos de la computación, la máquina de Gödel es un solucionador óptimamente eficiente de problemas universales. Se puede implementar en una computadora tradicional y soluciona cualquier problema computacional de la manera óptima inspirada en las famosas fórmulas autorreferenciales de Kurt Gödel (1931). Se inicia con una descripción axiomática de sí mismo, y cualquier función de utilidad puede ser enchufada, tal como la futura recompensa esperada por un robot. Usando un buscador de prueba eficiente, la máquina Gödel volverá a escribir cualquier parte de su programa, incluyendo al buscador de la prueba, en cuanto haya encontrado una prueba que mejore su rendimiento futuro, tomando en cuenta a la función de utilidad y los recursos computacionales, generalmente limitados. Las auto-escrituras son globalmente óptimas, y no hay máximos locales, ya que es probable que no valga la pena esperar por ninguna de las reescrituras alternativas, y sus pruebas, al menos de aquellas que se podrían encontrar al continuar la búsqueda de la prueba. La máquina de Gödel formaliza las observaciones informales de I. J. Good, (1965) acerca de una 'explosión de inteligencia' a través de una 'súper-inteligencia' auto-mejorable.

Goertzel, Ben: Es un escritor e investigador en el campo de la inteligencia artificial, nacido el 8 de diciembre de 1966 en Río de Janeiro, Brasil. Actualmente dirige Novamente LLC, una compañía que está tratando de desarrollar la IA fuerte, que él llama Inteligencia General Artificial (AGI). Él es también director general de Biomind LLC, una empresa que comercializa un producto de software para el análisis de micro colecciones de datos biológicos soportado por IA, y es asesor del Instituto de la Singularidad para la Inteligencia Artificial. Anteriormente fue su Director de Investigación. Se graduó en el Colegio Bard en Simón's Rock, con una licenciatura en matemáticas, y luego en 1989 obtuvo un doctorado en matemáticas de la Universidad de Temple, posteriormente fue profesor de matemáticas, informática y psicología en varias universidades. Él define la inteligencia como la capacidad de detectar patrones en el mundo y en el propio agente. Él va a crear inicialmente una inteligencia artificial como un bebé, y luego la va a criar y entrenar en un mundo virtual como Second Life para producir una inteligencia más poderosa. Goertzel es miembro fundador de la Orden de Ingenieros Cósmicos Transhumanistas y ha firmado para congelar su cuerpo después de su muerte. En 2011, se unió al consejo científico del Instituto Global del Cerebro en la Universidad Vrije de Bruselas.

Google: Se inició en 1996 como un proyecto de investigación por Larry Page y Sergey Brin, cuando ambos eran estudiantes de doctorado en la Universidad de Stanford en California. Ingeniaron un mejor sistema para analizar las relaciones entre los sitios web, al que llamaron PageRank, aun cuando este tipo de clasificación ya era conocido y estaba en uso en RankDex, un motor de búsqueda de Servicios de Información IDD diseñado por Robin Li. En agosto de 1998 Andy Bechtolsheim, co-fundador de Sun Microsystems, les dio a los fundadores $100.000 como capital inicial. A principios de 1999, Vinod Khosla, un capitalista de riesgo, compró el motor de búsqueda de Brin y Page por $750.000. El 7 de junio de 1999, los inversores de capital de riesgo financiaron Google con $25 millones. El nombre Google es un error ortográfico de la palabra googol, un número muy grande. En última instancia el éxito de Google, no fue por ser un mejor motor de búsqueda, sino por la venta de anuncios relacionados con las palabras clave de búsqueda, un concepto al cual Page y Brin se habían opuesto inicialmente. En mayo de 2011, el número de visitantes únicos mensuales a Google supero los mil millones.

GPS: El Sistema de Posicionamiento Global es un sistema de navegación por satélites que proporciona la ubicación y la hora en todo tiempo y en cualquier lugar dentro o cerca de la Tierra, donde haya una línea de visión sin obstáculos a cuatro o más satélites GPS. Es mantenido por el gobierno de Estados Unidos y provee libre acceso a cualquiera con un receptor GPS. El programa GPS proporciona capacidades críticas para usuarios militares, civiles y comerciales en todo el mundo. Además, el GPS es la columna vertebral de la modernización del sistema de tránsito aéreo global. El proyecto GPS fue desarrollado en 1973 para vencer las limitaciones de los sistemas de navegación anteriores, integrando las ideas de varios precursores, incluyendo un número de estudios de ingeniería clasificados de los años 1960. El GPS fue originalmente creado y establecido por el Departamento de Defensa de EU con 24 satélites. Entró en pleno funcionamiento en 1994. Los avances tecnológicos y las nuevas demandas sobre el sistema existente ha llevado a la modernización del sistema de GPS y al lanzamiento de la próxima generación de satélites GPS III y el Sistema Operativo de Control de la Siguiente Generación (OCX). Anuncios de la Vicepresidencia y la Casa Blanca en 1998 iniciaron estos cambios. En 2000, el Congreso de los EU autorizó el esfuerzo de modernización, conocido como GPS III. Además de GPS, otros sistemas están en uso o en desarrollo. El Sistema Ruso Global de Navegación por Satélite (GLONASS) estaba en uso exclusivo de las fuerzas armadas rusas, hasta que fue puesto a disposición de la población civil en 2007. También está previsto el sistema de posicionamiento Galileo de la Unión Europea, el sistema chino Compass de navegación, y el sistema regional Hindú de navegación por satélite.

GPU: O unidad de procesamiento de gráficas, es un circuito electrónico especializado diseñado para rápidamente construir imágenes en una memoria destinada a llenar una pantalla. Los GPU modernos son muy eficientes en la manipulación de gráficas por computadora. Su estructura altamente en paralelo hace que sean más eficaces que las CPU de propósito general para los algoritmos de procesamiento con grandes bloques de datos en paralelo.

Gráfica Acíclica Dirigida (DAG): Es una gráfica dirigida con ciclos no dirigidos. Es decir, está formada por una colección de vértices y bordes dirigidos, cada borde conecta un vértice a otro vértice, de tal manera que no hay manera de comenzar en algún vértice v y seguir una secuencia de aristas que eventualmente de la vuelta de nuevo a v.

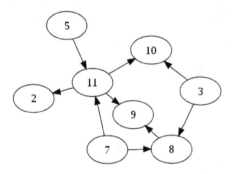

DAG se puede usar para modelar distintos tipos de estructura en matemáticas e informática. Una colección de tareas que deben ser ordenadas en una secuencia, sujetas a las limitaciones de que ciertas tareas deben llevarse a cabo antes que otras, puede ser representado como un DAG con un vértice para cada tarea y un borde para cada restricción; estos algoritmos de ordenamiento topológico puede ser utilizado para generar una secuencia válida. DAG también puede utilizarse para modelar los procesos en los que la información fluye en una dirección coherente a través de una red de procesadores. La relación de alcanzabilidad de una DAG forma un orden parcial, y cualquier orden parcial finito puede ser representado por una DAG usando alcanzabilidad. Además, las DAG se pueden usar como una representación eficiente en el espacio de una colección de secuencias con subsecuencias traslapadas.

H

Hamilton, Peter F.: Es un autor de ciencia ficción británico, nacido el 2 de marzo de 1960. Él es mejor conocido por escribir ópera espacial. No asistió a la universidad y comenzó a escribir en 1987. Hamilton generalmente utiliza un estilo limpio y prosaico. Su trabajo se caracteriza por la forma en que cambia entre varios personajes, a menudo hay tres o más personajes principales, cuyos caminos comienzan separados pero con el tiempo se cruzan. Los temas comunes en sus libros son política, religión, adolescentes sexualmente precoces, y conflictos armados. Ha escrito dos óperas espaciales masivas, '*The Night's Dawn Trilogy*' and '*The Evolutionary Void*'; cada una con más de 3.000 páginas. Para el tiempo de la publicación de su décima novela en 2004, sus obras han vendido más de dos millones de copias en todo el mundo.

Hamilton, Sir William Rowan: Fue un físico irlandés, astrónomo y matemático, nacido en 4 de agosto de 1805. Sus estudios de sistemas mecánicos y ópticos lo llevaron a descubrir nuevos conceptos y técnicas matemáticas en la mecánica clásica, óptica y álgebra. Reformuló la mecánica Newtoniana, que ahora se llama mecánica Hamiltoniana, lo que dio lugar a las teorías del electromagnetismo y la mecánica cuántica. Murió el 2 de septiembre de 1865.

Hayek, Friedrich August von: Es un economista austriaco nacido en 1899. Defendió el liberalismo clásico y el capitalismo de libre mercado contra el pensamiento socialista y colectivista. En su famoso libro '*Camino a la Servidumbre*', hace un caso fuerte contra las economías de planificación centralizada, a pesar de que se opuso al 'laissez-faire' del capitalismo puro. Hayek escribió en su libro que 'probablemente nada ha hecho tanto daño a la causa liberal como la dura insistencia de algunos liberales en ciertas reglas ilusorias, sobre todo al principio del laissez-faire'. En ese tiempo, y aun hoy en muchas partes del mundo, los liberales apoyan al capitalismo. Él murió en 1992.

Hutter, Marcus: Es un científico de la computación y profesor alemán. Hutter nació en Múnich en 1967, donde estudió física e informática. En 2000, se unió al grupo de Jürgen Schmidhuber del Laboratorio Suizo de Inteligencia Artificial IDSIA, donde desarrolló la primera teoría matemática de Inteligencia Artificial Universal óptima, basada en la teoría de la complejidad de Kolmogorov y en la inferencia inductiva universal de Ray Solomonoff. En 2006, aceptó una cátedra en la Universidad Nacional Australiana en Canberra. En el algoritmo universal AIXI, Hutter formaliza la estrategia óptima de un agente de IA universal que maximiza su recompensa futura esperada, dada la secuencia limitada de observación hasta el momento, mediante el uso de la forma óptima de Bayes de seleccionar la siguiente acción en un entorno dinámico desconocido, hasta cierto horizonte futuro fijo. La única suposición de Hutter es que las reacciones del medio ambiente, en respuesta a las acciones del agente, sigan alguna distribución de probabilidad desconocida pero computable.

I

Igualdad: O igualitarismo es tratado en este libro como una doctrina social y política que sostiene que todas las personas deben ser tratadas como iguales y tienen los mismos derechos políticos, económicos, sociales y civiles, sin graves desigualdades económicas.

Ingreso Básico (BI): Es un sistema de seguridad social que proporciona a cada ciudadano dinero suficiente para participar en la sociedad con dignidad humana. No hay ninguna prueba de ingresos o riqueza, los más ricos, así como los ciudadanos más pobres lo reciben por igual.

Inteligencia Artificial (IA): Es la ciencia e ingeniería de hacer máquinas inteligentes. La IA sigue siendo un objetivo de investigación a largo plazo que se espera sea alcanzado plenamente cuando las computadoras lleguen a un nivel de complejidad comparable al del cerebro humano. Lo cual sucederá después de 2030.

Interfaz Neural: Interfaz cerebro-computadora, también llamada interfaz neural directa o interfaz cerebro-máquina. Es una vía de comunicación directa entre un cerebro y un dispositivo externo. Si este dispositivo externo es una computadora, entonces ésta podría ser controlada directamente por el cerebro. Esto podría ser el perfecto interfaz hombre-máquina y sus implicaciones son espeluznantes.

Internet: En la década de 1960, el gobierno de los EU financio la investigación militar con el fin de encontrar redes robustas, distribuidas y tolerantes a fallas informáticas. En la década de 1970, sobre la base de este trabajo, se establecieron el Protocolo de Control de Transmisión y el Protocolo de Internet creando así la suite de protocolos de Internet (TCP/IP). En 1990, dos científicos del CERN en Ginebra, Suiza, Sir Tim Berners Lee y Robert Cailliau propusieron el uso de 'hipertexto' para enlace y acceso a información de diversos tipos en una red de nodos, llamados la 'World Wide Web' (WWW o W3) en la cual el usuario puede navegar a voluntad. El Internet no tiene autoridad centralizada, ni en su aplicación tecnológica ni en sus políticas de acceso y uso; cada red fija sus propios estándares. El protocolo del Espacio de Direcciones del Internet y el Sistema de Nombres de Dominio asignan espacios para nombres en la Internet, la Corporación de Internet para Asignación de Nombres y Números de Internet (ICANN) los dirige. Para el 2009, un cuarto de la población de la Tierra, 1,67 miles de millones, utilizaban los servicios de Internet.

Investigación Aplicada: Es una forma de investigación científica y de ingeniería con el objetivo de producir resultados prácticos, normalmente para un patrocinador que podría ser una corporación o un gobierno.

Investigación Básica: Investigación llevada a cabo para aumentar la comprensión de principios fundamentales. No se espera que los resultados aporten beneficios monetarios, a pesar de que muchas veces lo hacen.

IVA: Impuesto sobre el Valor Agregado, es un impuesto sobre el consumo aplicado a cualquier valor que se añade a un producto. El total del impuesto recaudado en cada etapa de la cadena económica de la oferta es una fracción constante del valor agregado por una empresa a sus productos, y la mayor parte del costo de la recaudación del impuesto es soportado por las empresas, en lugar del Estado. Por otro lado, el IVA es un impuesto indirecto, ya que se recoge el impuesto de alguien que no lleva el costo total del impuesto, normalmente en el punto de venta. El IVA ha sido criticado debido a que su carga recae sobre los consumidores finales de los productos personales. Al igual que todos los impuestos al consumo, es un impuesto regresivo, los pobres pagan más, como porcentaje de sus ingresos, que los ricos. Para mantener el carácter progresivo de los impuestos totales sobre los individuos, los países que aplican el IVA han reducido impuesto sobre la renta sobre las personas con ingresos más bajos, y aplican pagos de transferencia directa a los grupos de menores ingresos, lo que resulta en cargas impositivas más bajas sobre los pobres.

J

Jacobi, Carl Gustav Jacob: Fue un matemático alemán, nacido en Potsdam en diciembre 10 de 1804. Se le considera uno de los más grandes matemáticos de su generación, hizo contribuciones fundamentales en el estudio de ecuaciones diferenciales y mecánica racional, en particular la teoría de Hamilton-Jacobi. Estudió en la Universidad de Berlín, donde obtuvo el grado de Doctor en Filosofía en 1825. En 1827 se convirtió en profesor de matemáticas en la Universidad de Königsberg hasta 1842. Murió el 18 de febrero de 1851.

Jung, Carl Gustav: Psiquiatra suizo que fundó la psicología analítica, nació en julio de 1875. Jung propuso la individuación, que es el concepto central de la psicología analítica, un proceso psicológico de integración de los opuestos como el consciente con el inconsciente, manteniendo su autonomía relativa. Gran parte de su vida la dedicó a explorar zonas tangenciales, incluyendo la filosofía oriental y occidental, la alquimia, la astrología y la sociología. Murió el 6 de junio de 1961.

K

Kálmán, Rudolf (Rudy) Emil: Es un ingeniero eléctrico húngaro-estadounidense, teórico de sistema matemáticos y profesor universitario. Nació el 19 de mayo de 1930. Educado en los Estados Unidos, donde ha realizado la mayor parte de su trabajo. Obtuvo su licenciatura en 1953 y su maestría en 1954, ambas en ingeniería eléctrica del Instituto de Tecnología de Massachusetts (MIT). Kálmán completó su doctorado en 1957 en Columbia. Actualmente es profesor jubilado de tres diferentes institutos tecnología y universidades. Él es el más conocido para su invención y el desarrollo del filtro Kalman, o el filtro Kalman-Bucy, una formulación matemática que se utiliza ampliamente en los sistemas de control, en aviación, y en vehículos del espacio exterior tripulados y no tripulados. Por este trabajo, el presidente Barack Obama le otorgo a Kálmán la Medalla Nacional de la Ciencia el 7 de octubre del 2009.

Kasparov, Garry Kimovich: Es un ruso gran maestro del ajedrez, ex campeón mundial de ajedrez, escritor, activista político. Es considerado por muchos como el mejor jugador de ajedrez de todos los tiempos. Nació el 13 de abril de 1963. Kasparov se convirtió en 1985 en el más joven indiscutible Campeón Mundial de Ajedrez a la edad de 22, derrotando al entonces campeón Anatoly Karpov. Mantuvo el 'Clásico' Campeonato Mundial de Ajedrez hasta su derrota frente a Vladimir Kramnik en 2000. También es ampliamente conocido por ser el primer campeón mundial de ajedrez en perder un partido contra una computadora bajo control de tiempo estándar, cuando fue derrotado por Deep Blue en 1997. Kasparov anunció su retiro del ajedrez profesional el 10 de marzo del 2005, para dedicar su tiempo a la política y la escritura. Formó el movimiento 'Frente Civil Unido', y se unió como miembro de 'La Otra Rusia', una coalición opositora al gobierno de Vladimir Putin.

Keynes, John Maynard: Un economista británico nacido en 1883. Él es la fuente de inspiración de la economía keynesiana, la cual sostiene que las decisiones del sector privado conducen a veces a resultados macroeconómicos ineficaces, por lo que aboga por respuestas políticas activas por parte del sector público, incluidas medidas de política monetaria del banco central y medidas de política fiscal del gobierno para estabilizar la producción durante el ciclo económico. La economía keynesiana aboga por una economía mixta con un predominante sector privado, pero donde el gobierno y el sector público juegan un papel importante. Esta teoría sirvió de modelo económico durante la última parte de la Gran Depresión, la Segunda Guerra Mundial, y la Edad de Oro del Capitalismo en la posguerra , 1945-1973. Después de esta Edad de Oro, Ronald Reagan introdujo la economía del 'goteo hacia abajo' (trickle-down) y no es sorprendente que desde entonces las clases trabajadoras en los Estados Unidos se han quedado fuera del sueño americano. El primer Barón Keynes murió antes de eso, en 1946.

Kinect: Es un dispositivo de detección de movimiento de Microsoft para la consola de videojuegos Xbox 360 y el PC con Windows. Permite a los usuarios controlar e interactuar con la consola Xbox 360 a través de una interfaz natural de usuario usando gestos y comandos de voz. Kinect fue lanzado el 4 de noviembre de 2010.

Kurzweil, Raymond 'Ray': Es un escritor, inventor y futurista, nacido el 12 de febrero de 1948 en la Ciudad de Nueva York. Está envuelto en el reconocimiento óptico de caracteres (OCR), síntesis de texto a voz, tecnología de reconocimiento de voz, instrumentos electrónicos de teclado e IA. Es autor de varios libros sobre salud, inteligencia artificial, transhumanismo, singularidad tecnológica, y futurismo. Obtuvo una licenciatura en Ciencias de la Computación y Literatura en el año 1970 en MIT. En su libro de 1999, *'La Era de las Máquinas Espirituales'*, afirma que las computadoras serán algún día superiores a las mejores mentes financieras humanas en la toma de decisiones de inversión. Su libro de 2005, *'La Singularidad Esta Cerca'* introdujo los conceptos del crecimiento tecnológico exponencial, la radical expansión de la duración de la vida y cómo vamos a trascender nuestra biología.

L

Laplace, Pierre-Simon, Marqués de: Fue un matemático y astrónomo francés nacido el 23 de marzo de 1749. Su trabajo incluyó el desarrollo de la astronomía matemática y la estadística. Entre 1799 y 1825, en sus cinco volúmenes *'Mécanique Céleste'* explicó la naturaleza geométrica de la mecánica clásica mediante el cálculo. En estadística, desarrolló la interpretación Bayesiana de la probabilidad. Laplace formuló la ecuación de Laplace, la transformación de Laplace y la ecuación diferencial de Laplace. Fue uno de los primeros científicos en postular la existencia de los agujeros negros y la noción de un colapso gravitacional. Laplace fue hecho Conde del primer imperio francés en 1806 y fue nombrado Marqués en 1817, después de la Restauración Borbónica. Murió el 5 de marzo de 1827.

Lavoisier, Antoine-Laurent de: Un noble francés nacido en 1743, fue un químico y biólogo preminente. Propuso la ley de conservación de la masa. Descubrió y nombró el oxígeno e hidrógeno, abolió la teoría del flogisto, alentó la adopción del sistema métrico, creó la primera tabla de elementos, y reformó la nomenclatura química. Él fue guillotinado en 1794.

Lempel-Ziv-Welch (LZW): Es un algoritmo universal de compresión de datos sin pérdidas, creado por Abraham Lempel, Jacob Ziv, y Terry Welch. Fue publicado por Welch en 1984 como una mejor implementación del algoritmo LZ78 descubierto por Lempel y Ziv en 1978. El algoritmo es simple de implementar, y tiene el potencial para un rendimiento muy alto tanto en implementaciones en circuitos impresos.

Ley de Moore: El cofundador de Intel Gordon E. Moore introdujo el concepto de que el número de transistores se ha duplicado cada año en la publicación 'Agrupando más componentes en los circuitos integrados', en Electronics Magazine, abril de 1965. En 1975, Moore alteró su proyección a duplicarse cada dos años. La Ley de Moore está todavía en efecto, y se espera que así sea por el resto de este siglo.

LIDAR: Detección de luz y distancia, también llamado LADAR es una tecnología de teledetección óptica que puede medir la distancia a, u otras propiedades de un objetivo, al iluminar el blanco con luz, a menudo usando pulsos de un láser.

Locke, John: Nacido en 1632, fue un filósofo Inglés y médico, considerado como uno de los más influyentes proponentes de que la razón es la fuente primaria que otorga legitimidad a la autoridad. También es reconocido por explicar las formas en que las personas forman los estados para mantener el orden social. Su obra tuvo un gran impacto en el desarrollo de la teoría de conocimiento y filosofía política. Sus escritos influenciaron a Voltaire y Rousseau. Murió en 1704.

Longevidad: En este libro, la definimos como los métodos utilizados para prolongar la vida. A pesar de que hay leyendas e historias sobre reyes sumerios que vivieron 43200 años y supuestamente Matusalén murió a los 969 años de edad, estos cuentos son infundados. Al parecer, la longitud máxima de vida humana natural es de alrededor de 120 años. En la actualidad los científicos están tratando de desarrollar técnicas para prolongar la vida, con buena salud, más allá de este límite natural.

272

M

Malthus, Thomas Robert: Un reverendo británico nacido en 1766, se hizo famoso por sus teorías de crecimiento de la población. Malthus escribió: 'El poder de población es indefinidamente mayor que el poder en la tierra para la subsistencia del hombre'. Malthus argumentaba que la pobreza era un freno al crecimiento de la población, las personas sin recursos tienen menos hijos, ya que no los pueden mantener. Por otra parte, si el salario aumenta, la tasa de natalidad aumentará mientras que la tasa de mortalidad disminuirá. En consecuencia, los incrementos salariales causaran que las poblaciones crezcan. Afortunadamente, sus teorías han demostrado ser totalmente equivocas. Sin embargo, estos mismos argumentos son enunciados hoy en día por los que favorecen la explotación de los trabajadores.Murió en 1834.

Mandela, Nelson: Nació en 1918 en Sudáfrica. Un implacable activista anti-apartheid y líder del ala armada del Congreso Nacional Africano 'Umkhonto we Sizwe', Mandela estuvo 27 años en prisión por cargos de sabotaje, así como otros crímenes cometidos mientras lideraba el movimiento contra el apartheid. Después de su salida de la cárcel en 1990, Mandela apoyo la reconciliación y lideró la transición hacia la democracia multirracial en Sudáfrica. Fue el primer Presidente negro de Sudáfrica, de 1994 a 1999.

McCarthy, John: Fue un científico de la computación y científico cognitivo, nacido en Boston, Massachusetts el 4 de septiembre de 1927. Inventó el término 'inteligencia artificial' (IA), desarrolló la familia de lenguajes de programación LISP, influyó significativamente en el diseño del ALGOL, otro lenguaje de programación y fue muy influyente en el desarrollo inicial de la IA. Obtuvo una licenciatura en Matemáticas de Caltech en 1948. En Caltech, asistió a una conferencia de John Von Neumann la cual inspiró sus proyectos futuros. McCarthy recibió un doctorado en Matemáticas por la Universidad de Princeton en 1951. McCarthy apoyo la lógica matemática para la inteligencia artificial. Durante 1956, organizó la primera conferencia internacional para resaltar la inteligencia artificial. Uno de los asistentes fue Marvin Minsky, quien más tarde se convirtió en uno de los principales teóricos de la inteligencia artificial, y se unió a McCarthy en MIT en 1959. Dejó MIT por la Universidad de Stanford en 1962, donde ayudó a establecer el Laboratorio de IA de Stanford. Su novela corta '*El Robot y él Bebe*' publicada en 2001, exploró ridiculizando la cuestión de si los robots deben tener, o simular que tienen emociones y se adelantó a aspectos de la cultura de Internet y las redes sociales que se hicieron más prominentes durante la década siguiente. Murió el 24 de octubre del 2011.

Meade, James: Nacido en 1907, fue un economista británico y ganador del Premio Nobel en Ciencias Económicas de 1977, conjuntamente con el economista sueco Bertil Ohlin, por su 'Contribución a una nueva trayectoria en la teoría del comercio internacional y los movimientos internacionales de capital'. Murió en 1995.

Mercado Libre: Se trata de un mercado en el que no existe una intervención económica y regulación por parte del gobierno, excepto para sancionar el uso de la fuerza o el fraude. En el mercado libre ideal, los derechos de propiedad son voluntariamente canjeados por un precio arreglado exclusivamente por el consentimiento mutuo de los vendedores y los compradores siguiendo la teoría de la oferta y la demanda. Los mercados libres son la esencia del capitalismo. Se ha calculado que bajo ciertas condiciones ideales, un sistema de libre comercio lleva a una alta eficiencia. Sin embargo, una percepción más realista del libre mercado y del capitalismo, que aquella que profesan los teóricos del libre mercado, lleva a la conclusión de que el capitalismo se desvía del modelo de maneras que justifican al socialismo como una mejor solución. El principal inconveniente de los mercados libres es que los seres humanos actúan ilógicamente y con un comportamiento de rebaño bajo algunas condiciones bastante comunes, lo que está en conflicto con la conducta que es esencial para que un mercado libre trabaje de manera óptima.

Milgram, Stanley: Nació en 1933 en la ciudad de Nueva York. En 1960, recibió un doctorado en Psicología Social de Harvard. Fue nombrado profesor asistente en Yale en el otoño de 1960 y profesor adjunto en el Departamento de Relaciones Sociales de la Universidad de Harvard en 1963. A Milgram le fue negado el profesorado permanente en Harvard, probablemente debido a su controversial Experimento de Milgram. En 1967 fue nombrado catedrático titular en el Centro de Graduados de la Universidad de Nueva York. En sus experimentos de Milgram, presentadas en su artículo 'Estudio de Conducta y Obediencia,' 26 de 40 participantes torturaron a sus compañeros con la gama completa de descargas eléctricas de hasta 450 voltios. Así es como, según Milgram, el participante traslada la responsabilidad a la autoridad de otra persona y no se culpa a sí mismo de lo que sucede. Esto se asemeja a los incidentes de la vida real en los cuales las personas se ven como engranes en una máquina y sólo 'hacen su trabajo', lo que les permite eludir la responsabilidad de las consecuencias de sus acciones. Los choques eléctricos eran falsos, pero los participantes fueron llevados a creer que eran reales. El concepto de 'seis grados de separación' proviene del 'experimento de un mundo pequeño' de Milgram en 1967, que encontró relaciones entre conocidos en los Estados Unidos. Murió en 1984.

Minimax: Una regla de decisión utilizada en la teoría de decisión, teoría de juegos, estadística y filosofía para reducir al mínimo la pérdida posible en el peor escenario. Originalmente formulado para el juego de dos jugadores de suma-cero, se ha extendido a una generalización en la toma de decisiones en presencia de incertidumbre. El teorema minimax establece que en un juego de dos personas, de suma-cero con un número finito de estrategias, existe un valor V y una estrategia mixta para cada jugador, tal que: (a) Teniendo en cuenta la estrategia del segundo jugador, el mejor beneficio posible para el jugador uno es V, y (b) dada la estrategia del jugador uno, el mejor beneficio posible para el jugador dos es $-V$. Ya que cada jugador minimiza el máximo beneficio posible para el otro y siendo un juego de suma-cero, también minimiza su propia pérdida máxima.

Minsky, Marvin Lee: Es un científico cognitivo estadounidense en el campo de la inteligencia artificial. Nació el 9 de agosto de 1927. Él y John McCarthy fundaron el Laboratorio de IA del Instituto Tecnológico de Massachusetts, y es autor de varios textos sobre IA y filosofía.Fue licenciado en Matemáticas de la Universidad de Harvard en 1950 y doctorado en matemáticas en 1954, en Princeton. Isaac Asimov describió a Minsky como una de las dos únicas personas que admitió eran más inteligentes que él, el otro es Carl Sagan. Minsky escribió el libro '*Perceptrones*' con Seymour Papert, que se convirtió en la obra basica en el análisis de redes neuronales artificiales y que ahora es un libro más histórico que práctico. Su libro '*Un marco para la representación del conocimiento*', creo un nuevo paradigma en la programación y todavía está en uso amplio. Minsky fue asesor en la película, 2001: 'Una odisea del espacio'.

MIPS: Millones de Instrucciones Por Segundo. Los MIPS no son una medida fiable de la velocidad de una CPU dada, ya que depende de muchos factores, tales como el tipo de instrucciones que se ejecutan, el orden de ejecución y de la presencia de ramificación en las instrucciones; y la velocidad es altamente dependiente del lenguaje de programación utilizado. Como curiosidad, en 1971, un Intel 4004 era capaz de 0,092 MIPS a 740 khz. En 2011, un Intel Core i7 tiene una potencia de 177.730 MIPS a 3,33 GHZ.

Morgenstern, Oskar: Fue un economista alemán nacido el 24 de enero de 1902. Él y John von Neumann, iniciaron el campo matemático de la teoría de juegos y desarrollaron el teorema de utilidad de von Neumann-Morgenstern. Fue educado en Viena, y fue un beneficiario de una beca de tres años financiada por la Fundación Rockefeller. Como miembro de la facultad en la Universidad de Princeton, gravito hacia el Instituto de Estudios Avanzados. Con von Neumann él coescribió el libro, '*Teoría de Juegos y Comportamiento Económico*', el primer libro sobre teoría de juegos. Morgenstern también es autor de otros libros. Murió el 26 de julio de 1977.

Mundo Virtual: Es una comunidad en línea que reside en una computadora y está basada en un entorno simulado, a través del cual los usuarios pueden interactuar entre sí, visualizar y crear objetos. Los usuarios pueden habitar en estos mundos virtuales en entornos interactivos, donde los usuarios adoptan la forma de avatares gráficamente visibles a los demás. Estos avatares puede ser sólo texto, o representaciones gráficas de dos dimensiones o en tres dimensiones; otras formas son posibles.

N

Naciones Unidas (NU u ONU): Fue fundada en 1945, después de la Segunda Guerra Mundial, en sustitución de la Sociedad de Naciones, con la intención de detener las guerras entre países, y proporcionar una plataforma para el diálogo. Las Naciones Unidas es una alianza internacional cuyos objetivos declarados son facilitar la cooperación en el derecho internacional, la seguridad internacional, el desarrollo económico, el progreso social, los derechos humanos y el logro de la paz mundial. En este momento hay 192 estados miembros, incluyendo a casi todos los estados soberanos del mundo.

Nanotecnología: Es el procedimiento de controlar la materia a escala atómica y molecular. La nanotecnología trata con estructuras de 100 nanómetros o menos, en al menos una dimensión, y el desarrollo de materiales o dispositivos dentro de ese tamaño.

Naturaleza Humana: Es el concepto de que existe un conjunto de características, incluyendo modos de pensar, sentir y actuar, que todos los seres humanos 'normales' tienen en común. Bertrand Russell pensó que debido a los instintos que nuestros antepasados nos han transmitido, y dado el entorno depredador en el que nos desarrollamos, existe un origen primordial de la maldad moral contemporánea e histórica, lo que explica las cosas malas que hacemos el uno al otro como mentir, engañar, calumniar, robar y matar. El consenso es que la naturaleza humana se basa en miles de millones de años de evolución, que es muy lenta, y miles de años de civilización, que es mucho más rápida.

Navaja de Occam: La 'navaja' apunta hacia las teorías más simples, a menos que la sencillez puede ser remplazada por un mayor poder explicativo, aunque la teoría más simple no tiene porque ser la más exacta. En ciencia, la navaja de Occam se utiliza como una regla heurística y no se considera un principio irrefutable lógico o de un resultado científico. El término 'Navaja de Occam' (en latín lex parsimoniae), apareció por primera vez en 1852 en la obra de Sir William Hamilton, 9° Baron (1788–1856), siglos después de la muerte de Guillermo de Ockham (1287–1347). Ockham no inventó su 'navaja', pero la usaba frecuentemente y con eficacia. La forma más popular de la 'navaja' fue escrita por John Punch: 'las entidades no deben ser multiplicadas más allá de la necesidad'.

Neumann, John von: Fue un matemático húngaro-estadounidense nacido 28 de diciembre de 1903. Hizo importantes contribuciones a un gran número de campos, incluyendo mecánica cuántica, dinámica de fluidos, economía, programación lineal, teoría de juegos, informática, análisis numérico, hidrodinámica, y estadística. Es considerado como uno de los más grandes matemáticos de la historia moderna. Von Neumann fue miembro principal del Proyecto Manhattan y del Instituto de Estudios Avanzados en Princeton. Junto con Edward Teller y Stanislaw Ulam, von Neumann elaboró la física implicada en las reacciones termonucleares y en la bomba de hidrógeno. Publico 150 artículos en su vida. Él murió el 8 de febrero de 1957.

Neurona: O célula del sistema nervioso, es una célula eléctricamente excitable que procesa y transmite información por medio de señales eléctricas y químicas. La señalización química se produce a través de sinapsis, las cuales son conexiones con otras células especializadas. Las neuronas se conectan entre sí para formar redes neuronales. Las neuronas son los componentes centrales del sistema nervioso, que incluye el cerebro, la médula espinal y los ganglios periféricos. Una neurona típica posee un cuerpo celular llamado soma, dendritas y un axón. Las dendritas son estructuras finas que surgen del cuerpo de la célula, a menudo se extiende por cientos de micrómetros y se ramifican varias veces, dando lugar a un árbol dendrítico complejo. Un axón es una extensión celular especial que surge desde el cuerpo celular en un sitio llamado el cono axónico y que se extiende por una distancia, hasta un metro en los seres humanos o incluso más en otras especies. Las neuronas mantienen un gradiente de voltaje a través de sus membranas por medio de bombas de iones impulsadas metabólicamente. Si los cambios de voltaje son lo suficientemente grandes, se genera un pulso electroquímico de todo-o-nada, llamado un potencial de acción, el cual se desplaza rápidamente a lo largo del axón de la célula y cuando llega activa las conexiones sinápticas con otras células. Las neuronas no se reproducen a través de división celular, en la mayoría de los casos las neuronas se generan por células madre. También se ha observado que los astrocitos, un tipo de células gliales, se convierten en neuronas en virtud de la característica de pluripotencia de las células madre.

Newell, Allen: Fue un investigador en ciencias de computación y de psicología cognitiva, nacido el 19 de marzo de 1927. Newell completó su licenciatura de la Universidad de Stanford en 1949. Fue un estudiante graduado en la Universidad de Princeton durante 1949-1950, donde estudió matemáticas. Newell finalmente obtuvo su doctorado en Carnegie Mellon. El primer programa de verdadera inteligencia artificial, el 'Teórico Lógico', fue desarrollado por Herbert Simon y el programador J. C. Shaw. El trabajo de Newell en el programa sentó las bases en la especialidad. Sus inventos incluyen: el procesamiento de listas, que es el paradigma de programación más importante utilizado por la IA desde entonces, la aplicación de análisis de medios y fines para el razonamiento general o el razonamiento como un proceso de búsqueda, y el uso de la heurística para limitar el espacio de búsqueda. En la Corporación RAND y en la Escuela de la Universidad Carnegie Mellon de Ciencias de la Computación, contribuyó al lenguaje de Procesamiento de la Información (IPL en 1956) y dos de los primeros programas de IA, la máquina 'Teoría Lógica' en 1956 y el 'Solucionador General de Problemas' en 1957 con Herbert Simon. Murió el 19 de julio de 1992.

Niven, Laurence van Cott 'Larry': Es un autor de ciencia ficción estadounidense, nacido el 30 de abril de 1938. Niven se graduó con licenciatura en matemáticas, con especialización en psicología, de la Universidad de Washburn, Topeka, Kansas, en 1962. Su obra más conocida es la novela del *'Mundo Anillo'* (*'Ringworld'*), ambientada en su universo 'espacio conocido' y publicada en 1970, que recibió los premios Hugo, Locus, Ditmar, y Nebula. Su trabajo es principalmente en la ciencia ficción dura, utilizando conceptos de ciencia y física teórica. También suele incluir elementos de historias de detectives y aventura. Su fantasía incluye la serie *'La Magia Se Fue'* una fantasía racional que propone a la magia como un recurso no renovable. Niven también escribe historias de humor, una serie que se recaba en el 'Vuelo del Caballo'.

O

Obama, Barack Hussein: Nacido en Hawái en 1961, es el 44^{avo} presidente de los Estados Unidos. El presidente Obama se desempeñó anteriormente como Senador de Illinois. Se graduó en la Universidad de Columbia y en la Escuela de Derecho de Harvard. Es un miembro liberal del Partido Demócrata. Fue electo en 2008 y relecto en 2012.

OpenCL: Lenguaje de computación abierto (Open Computing Language en inglés), es un marco para escribir programas que se ejecutan en plataformas heterogéneas que cuentan con unidades centrales de procesamiento (CPU), unidades de procesamiento gráfico (GPU), y otros procesadores. OpenCL incluye un lenguaje, basado en C, para la escritura de núcleos y funciones que se ejecutan en los dispositivos OpenCL, además de interfaces de programación de aplicaciones (API) que se utilizan para definir y luego controlar las plataformas. OpenCL ofrece computación en paralelo utilizando un paralelismo basado en tareas y en datos. OpenCL es un estándar abierto mantenido por el consorcio tecnológico Grupo Khronos.

P

Pantalla de Visualización Frontal (HUD, Head Up Display en inglés): Es una pantalla transparente que muestra gráficas y datos mientras se mira hacia adelante. Fue desarrollado para la aviación militar y ahora se utilizan en aviones comerciales, automóviles y otras aplicaciones. Un espejos semitransparente, justo enfrente al usuario redirige la imagen proyectada por un proyector, lo que permite ver al mismo tiempo el campo de visión normal y la imagen proyectada al infinito. Una computadora genera las imágenes y los símbolos proyectados en el HUD.

Paradigma, Cambio de: Es un término utilizado por primera vez por Thomas Kuhn en su libro '*La Estructura de las Revoluciones Científicas*', publicado en 1962. Se utiliza para describir un cambio en la estructura básica de las teorías dominantes de la ciencia. Cuando una nueva teoría remplaza a un paradigma científico existente, la nueva es siempre mejor, no sólo diferente.

Parrott, Gerrod: Obtuvo su licenciatura de la Universidad de Virginia en 1978 y su doctorado en 1985 en la Universidad of Pennsylvania. Su interés se centra en la naturaleza de las emociones humanas. Su trabajo incluye tres áreas: enfoques filosóficos e históricos hacia las emociones tales como la vergüenza, la culpa, la envidia, los celos y la influencia de las emociones en el pensamiento. Es autor de más de 75 artículos y 3 libros, '*Emociones y Culpabilidad*', con Norman Finkel, American Psychological Association, 2006, '*Emociones en Psicología Social*', Psicología de Prensa de 2001 y '*Las Emociones: dimensiones sociales, culturales y biológicas*', con Rom Harre, Sage, 1996.

Plutchik, Robert: Psicólogo nacido 21 de octubre de 1927. Su investigación incluye el estudio de las emociones, el suicidio, la violencia y el proceso de la psicoterapia. Recibió su Ph.D. de la Universidad de Columbia, se convirtió en profesor emérito en la Facultad de Medicina Albert Einstein y profesor adjunto en la Universidad del Sur de Florida. Fue autor o coautor de más de 260 artículos, 45 capítulos y 8 libros. Murió 29 de abril del 2006.

Price, Richard: Fue un filósofo moral y predicador galés nacido el 23 de febrero de 1723. En la tradición de los disidentes ingleses, era un panfletista político, activo en causas radicales, republicanas y liberales como la Revolución Americana. Él tenía contactos con los que escribieron la Constitución de los Estados Unidos. Influenció a la feminista Mary Wollstonecraft a extender el igualitarismo para abarcar los derechos de las mujeres. También escribió sobre temas de estadística y finanzas, y fue aceptado en la Royal Society por éstas contribuciones. Él era amigo del matemático y clérigo Thomas Bayes. Editó la obra que contiene el Teorema de Bayes, escribió una introducción al papel e hizo arreglos para su publicación póstuma. Murió en 19 de abril de 1791.

Primavera Árabe: Movimientos internacionales que involucran manifestaciones, protestas y violencia que han teniendo lugar en el mundo árabe desde el Viernes, 17 de diciembre del 2010. Han sido derrocados dictadores en Túnez, Egipto, Libia y Yemen, un violento levantamiento civil ha matado a muchos en Siria; grandes protestas han estallado en Argelia, Bahrein, Irak, Irán, Jordania, Kuwait y Marruecos, y protestas menores han ocurrido en Líbano, Mauritania, Omán, Arabia Saudí, Sudán y el Sahara Occidental. Ha habido protestas en Israel y en sus fronteras. Y por la minoría árabe en Khuzestan en Irán. Los estímulos para las revueltas en África del Norte y países del Golfo Pérsico han sido la concentración de la riqueza en manos de autócratas que han estado en el poder durante décadas, la falta de transparencia de su distribución, la corrupción, y en especial la negativa de los jóvenes a aceptar el statu quo. Las protestas han compartido en su mayoría las técnicas de resistencia civil en campañas sostenidas que implican huelgas, demostraciones, marchas y manifestaciones, así como el uso de las redes sociales para organizar, comunicar y sensibilizar, frente a los intentos estatales de represión y censura de Internet.

Principio de Descripción con Mínima Longitud (MDL): Es una formalización de la navaja de Occam en el que la mejor hipótesis para un determinado conjunto de datos es la que conduce a la mejor compresión de los datos. MDL fue introducido por Jorma Rissanen en 1978. La idea fundamental detrás del principio MDL es que cualquier regularidad en un conjunto dado de datos se puede utilizar para comprimir los datos. Siguiendo esta idea, se diseña un programa para comprimir los datos, utilizando un lenguaje de programación Turing-completo. Un programa se escribe para reproducir los datos en ese idioma; por lo tanto, ese programa representa efectivamente a los datos. La longitud del programa más corto que reproduce los datos se denomina la complejidad de Kolmogorov de los datos, la cual es también la idea central detrás de la teoría idealizada de Ray Solomonoff de inferencia inductiva. Los métodos MDL aplican una solución de compromiso entre la complejidad de la hipótesis y la complejidad de los datos, dada la hipótesis

Proceso de Poisson: Es un proceso estocástico que cuenta el número de eventos y el lapso de estos eventos en un intervalo de tiempo determinado. La distribución de probabilidad del número de eventos en tiempo, $N(t)$, es una distribución de Poisson y el tiempo entre cada par de eventos consecutivos tiene una distribución exponencial con parámetro λ y cada uno de estos tiempos entre-arribos se asume que es independiente de otros tiempos entre-arribos. El proceso lleva el nombre del matemático francés Siméon-Denis Poisson (1781–1840).

Probabilidad: Es una manera de describir la incertidumbre por un número entre 0 y 1, al cual llamamos probabilidad. Cuanto más alto sea el número, más seguros estamos que el evento ocurrirá. La teoría de la probabilidad ha dado un marco matemático a este concepto. La teoría de probabilidades es necesaria para describir el carácter aleatorio de todos los procesos físicos que ocurren a escalas subatómicas y que se rigen por las leyes de la mecánica cuántica. La teoría de probabilidades también se utiliza para describir procesos subyacentes y las incertidumbres de los sistemas complejos o caóticos.

PIB: Producto Interno Bruto se refiere al valor de mercado de todos los bienes y servicios finales reconocidos oficialmente como producidos en un país durante un período determinado: *PIB = consumo privado + inversión bruta + gasto público + (exportaciones - importaciones)*. PIB per cápita es igual a: *PIB/población residente* y es un indicador del nivel de vida en un país. PIB per cápita no es una medida del ingreso personal, ya que el PIB puede aumentar mientras que los ingresos reales de la mayoría se reducen. Según la teoría económica, el PIB per cápita es exactamente igual al ingreso nacional bruto (INB) per cápita, que es el ingreso total recibido por todos los sectores de la economía de una nación. Incluye la suma de todos los salarios y ganancias, menos los subsidios. Dado que todos los ingresos se derivan de la producción, incluidos los servicios, el ingreso nacional bruto de un país debe ser exactamente igual a su PIB. En los Estados Unidos, la Oficina de Análisis Económico produce cifras tanto para el PIB y el INB. Aunque estos deben ser iguales, como se calculan en formas diferentes, en la práctica los valores indicados son diferentes. Esta diferencia se conoce como la discrepancia estadística. En 2011, los EU tenían un PIB de 15.094.025 millones de dólares.

Q

R

RADAR: Es un sistema de detección de objetos, que utiliza ondas de radio para determinar distancia, altitud, dirección y velocidad de los objetos. El plato del radar o antena transmite pulsos de ondas de radio o microondas, que rebotan en cualquier objeto en su camino. El objeto devuelve una pequeña parte de la energía a un plato o antena, que normalmente se encuentra en el mismo sitio que el del transmisor. El radar fue desarrollado en secreto por varios países antes y durante la Segunda Guerra Mundial. En 1941 la Marina de Estados Unidos acuñó el término RADAR como un acrónimo de 'Radio Detection And Ranging'. Los usos modernos de radar son muy diversos, incluyendo el control del tráfico aéreo, astronomía por radar, sistemas de defensa aérea, sistemas antimisiles, radares marinos para localizar puntos de referencia y otros buques, sistemas de aviones anti-colisión, sistemas oceánicos de vigilancia, vigilancia del espacio exterior y sistemas de encuentro; monitoreo meteorológico de precipitaciones, sistemas de control de vuelo y altimetría, localización de objetivo de misiles guiados, y sistemas de radar de penetración terrestre para observaciones geológicas. Sistemas de radar de alta tecnología están asociados con el procesamiento de señales digitales y son capaces de extraer información aun con niveles de ruido muy altos.

Recursos Escasos: Es el problema económico fundamental de satisfacer las necesidades y deseos humanos en un mundo de recursos limitados. Sostiene que la sociedad no tiene suficientes recursos productivos para dar respuesta a todos los deseos y necesidades humanas. Se dice que los bienes y servicios derivan la totalidad o la mayor parte de su valor de la escasez. Por otro lado, algunos productos que se pueden obtener o reproducir con mucha facilidad, por ejemplo, la propiedad intelectual, mantienen sus precios altos con la introducción de escasez artificial en forma de restricciones jurídicas o físicas, lo que limita la disponibilidad de tales bienes. En una sociedad de abundancia, ciertos bienes, como los terrenos deseables y las piezas de arte originales, es probable que sigan siendo escasos.

Reiss, Steven: Su 'Índice de Sensibilidad a la Ansiedad' (ASI) se utiliza para evaluar los trastornos de ansiedad en los pacientes, y ha sido traducido a 24 idiomas. El profesor Reiss se recibió en 1964 en el Dartmouth College y en 1972 logro un doctorado en psicología clínica de la Universidad de Yale. En 1985, él y Richard McNally estudiaron la sensibilidad y la ansiedad. Su investigación actual se ocupa de la motivación intrínseca, e identificación de los principios generales de la conducta motivada en una amplia variedad de circunstancias.

Religión: Un conjunto de creencias acerca de las causas, naturaleza y propósito del universo, específicamente cuando se le considera como la creación de entes o agencias sobrenaturales y generalmente asociada con celebraciones devocionales y rituales. Las religiones a menudo incluyen un código moral que rige la conducta de los asuntos humanos. Históricamente, la religión se practicaba según lo disponía el gobierno del lugar donde vivía la gente. En estos tiempos, a religión es practicada por un gran número de personas, su devoción va desde el fanatismo hasta 'yo nací en esta religión'. Por otro lado, el laicismo afirma el derecho a estar libre de la dominación religiosa y la libertad de la imposición del gobierno de la religión sobre el pueblo. Así, la religión se convierte en una cuestión más personal. Algunos afirman que las religiones dogmáticas son en efecto moralmente deficientes, elevando a condiciones morales reglas antiguas, arbitrarias, y mal informadas; por ejemplo, tabúes sobre comer carne de cerdo, así como códigos de vestimenta y prácticas sexuales posiblemente planteadas por razones de higiene o incluso debido a la mera política de una época pasada.

Revolución Industrial: En la última parte del siglo XVIII, una transición comenzó en partes de Gran Bretaña; el uso de mano de obra y animales cambió a la fabricación basada en máquinas. La Revolución Industrial ocurrió en un período durante los siglos XVIII y XIX donde cambios importantes en la agricultura, la manufactura, la minería y el transporte, impulsados por la tecnología, tuvieron un efecto profundo en las condiciones socioeconómicas y culturales. Se inició en el Reino Unido, y luego se extendió por toda Europa, América del Norte, y finalmente, al mundo. Alrededor de 1850 esta Revolución Industrial se combinó con la Segunda Revolución Industrial, cuando el progreso tecnológico y económico cobró impulso con el desarrollo de barcos a vapor, los ferrocarriles y al final del siglo XIX, el motor de combustión interna y la generación de energía eléctrica.

RFID: Identificación con radio frecuencia acerca de la identidad de un objeto, típicamente referida como una etiqueta RFID aplicada o incorporada a un producto, animal o persona con el propósito de identificación y seguimiento mediante ondas de radio. Se utiliza ampliamente para recoger automáticamente los peajes y sus múltiples usos pronto incluirán el seguimiento de las ventas al por menor y el inventario. Existen preocupaciones acerca de la privacidad porque una etiqueta se puede leer a distancia con un lector adecuado.

Robot: Es una máquina guiada automáticamente, capaz de realizar tareas por sí misma. El primer robot programable, el Unimate, fue instalado en 1961 para levantar piezas calientes de metal de una máquina de fundición a presión y apilarlas. En la actualidad, los robots comerciales e industriales son de uso generalizado en la realización de trabajos de fabricación, montaje y embalaje, el transporte, y la exploración en la tierra y el espacio, cirugía, armamento, investigaciones de laboratorio, muchas veces haciéndolo más barato y con mayor precisión y fiabilidad que los humanos. Una idea popular es que sólo un robot antropomórfico es un robot. En este libro consideramos que únicamente las maquinas móviles guiadas por IA son robots.

Robotics Developer Studio, Microsoft® (Microsoft RDS): Es un entorno basado en Windows para desarrolladores académicos, aficionados y comerciales que ayuda a crear fácilmente aplicaciones de robótica dentro de una amplia variedad de equipos. Microsoft RDS incluye un sistema ligero asíncrono de ejecución, un conjunto de herramientas visuales de creación y simulación, así como plantillas, documentos y ejemplos de códigos. La programación se puede hacer con el Lenguaje de Programación Visual (VPL) por el método de arrastrar y soltar. Un sistema de 3D basado en un entorno físico de simulación visual (VSE) permite crear aplicaciones sin hardware. Y hay facilidades para utilizar cuatro sensores Kinect.

S

Schmidhuber, Jürgen: Nacido el 17 de enero de 1963 en Múnich, es un científico de la computación y un artista, conocido por su trabajo en aprendizaje automático, Inteligencia Artificial universal, redes neuronales artificiales, física digital, y arte de baja complejidad. Es un investigador en el Istituto Dalle Molle di Studi sull'Intelligenza Artificiale que está afiliado a la Facultad de Informática de la Universidad de Lugano y a la Universidad de Ciencias Aplicadas del Sur de Suiza. Sus contribuciones incluyen también generalizaciones a la complejidad de Kolmogorov y el algoritmo Speed Prior. De 2004 a 2009 fue profesor de Robótica Cognitiva en la Universidad Tecnología de Múnich. Desde 1995 ha sido co-director del laboratorio suizo de IA en IDSIA de Lugano, y desde 2009 también profesor de Inteligencia Artificial de la Universidad de Lugano. En honor a sus logros fue elegido miembro de la Academia Europea de Ciencias y Artes en 2008.

Simon, Herbert Alexander: Fue un científico político estadounidense, economista, sociólogo, psicólogo y profesor principalmente en Carnegie Mellon University, nacido el 15 de junio de 1916. Simon se recibió en 1936 y se doctoro en 1943 en Ciencias Políticas de la Universidad de Chicago. Las investigaciones de Simon van de los campos de la psicología cognitiva, a la ciencia cognitiva, ciencias de la computación, administración pública, economía, administración, filosofía de la ciencia, sociología y ciencias políticas. Con casi un millar de publicaciones muy citadas, es uno de los científicos sociales más influyentes del siglo XX. Simon fue uno de los fundadores de varios de importantes campos científicos de hoy en día, incluyendo inteligencia artificial, procesamiento de información, toma de decisiones, resolución de problemas, economía de la atención, teoría de la organización, sistemas complejos y simulación por computadora de los descubrimientos científicos. Simon recibió un grado honorario de Doctor en Leyes de la Universidad de Harvard en 1990. Murió el 9 de febrero de 2001.

Singularidad: En 1958, Stanislaw Ulam, un matemático polaco-estadounidense que participó en el Proyecto Manhattan y que originó el diseño Teller-Ulam de las armas termonucleares, escribió acerca de una conversación con John von Neumann: 'Una conversación se centró en los avances cada vez más acelerados de la tecnología y los cambios en el modo de vida humano, lo que da la apariencia de que se acerca una singularidad esencial en la historia de la raza más allá de la cual los asuntos humanos, tal como los conocemos, no podrán continuar'. En 1982, Vernor Vinge, Profesor de Matemáticas e informática, científico y autor de ciencia ficción, propuso que: 'la creación de inteligencia más inteligente que la humana representa una ruptura en la capacidad de los humanos para modelar su futuro'. El argumento es que los autores no pueden escribir sobre personajes que son más inteligentes que los seres humanos y si los humanos pudiesen visualizar una inteligencia más inteligente que la humana, nosotros seríamos tan inteligentes como ella. Vinge nombro a este evento 'La Singularidad'.

SMS: O mensajes de texto cortos, que permite el intercambio de mensajes de texto entre líneas fijas o teléfonos móviles, es la aplicación de datos más utilizada en el mundo, con más de 3,7 miles de millones de usuarios activos, o sea el 74% de todos los usuarios de teléfonos móviles. SMS se definió en 1985, como un medio de enviar mensajes de hasta 160 caracteres, como parte de la serie de normas del Sistema Global para Comunicaciones Móviles (GSM).

Socialismo: Es la aplicación de las teorías de la organización económica que proponen pública o directa propiedad y administración por los trabajadores de los medios de producción y la asignación de recursos, en una sociedad caracterizada por la igualdad de acceso a los recursos para todas las personas con un método de compensación basado en la cantidad de trabajo empleado. La mayoría de los socialistas comparten la opinión de que el capitalismo injustamente concentra el poder y la riqueza en un pequeño segmento de la sociedad que controla el capital y obtiene su riqueza a través de la explotación y la creación de una sociedad desigual. También argumentan que el capitalismo no ofrece igualdad de oportunidades a todas las personas para maximizar su propio potencial y no utiliza la tecnología y los recursos a su máxima capacidad ni sirve para el mejor interés del público. Hoy en día la mayoría, si no todos, los gobiernos socialistas tienen una mezcla de socialismo y capitalismo.

Solomonoff, Ray: Inventor de la probabilidad algorítmica y de la teoría de información algorítmica nació el 25 de julio de 1926, en Cleveland, Ohio. Solomonoff describió por primera vez acerca de la probabilidad algorítmica al publicar el teorema fundamental que fundió la complejidad de Kolmogorov y la teoría algorítmica de la información, en una conferencia en Caltech en 1960. Formalizó estas ideas con más detalle en publicaciones en 1964. La probabilidad algorítmica es una combinación matemáticamente formalizada de la Navaja de Occam, y el Principio de Múltiples Explicaciones. Es un método independiente de la máquina, el cual asigna un valor de probabilidad a una hipótesis que explica una observación dada, incrustada en un algoritmo o programa, con la hipótesis más simple dada por el programa más corto que tenga la más alta probabilidad. Hizo importantes descubrimientos en inteligencia artificial. Murió el 7 de diciembre de 2009.

Solomonoff, modelo de aprendizaje inductivo de: Es una teoría poderosa, universal y muy elegante de predicción de secuencias. Su defecto crítico es que es incomputable y por lo tanto no se puede utilizar en la práctica. A veces se sugiere que todavía puede ser útil para ayudar a guiar el desarrollo de teorías muy generales y potentes de predicción que sean computables. Este modelo muestra que aunque existen potentes algoritmos, ellos son necesariamente muy complejos. Esto hace que el análisis teórico sea problemático, sin embargo, además se sabe que más allá de un nivel moderado de la complejidad, el análisis se encuentra con el problema más profundo de la incompletitud de Gödel.

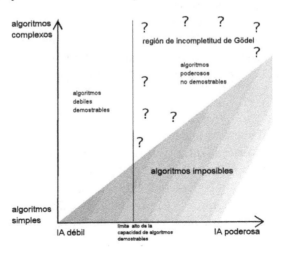

Las relaciones entre la capacidad de un algoritmo de IA y de la complejidad de estos algoritmos muestran varias áreas de interés: La región sombreada en gris indica algoritmos imposibles. Una línea vertical separa la región de los algoritmos débiles demostrables de la región de incompletitud de Gödel. Esta línea proporciona un límite superior de lo poderoso que puede ser un algoritmo antes de que ya no pueda ser demostrado, descartando así a los algoritmos de inteligencia artificial simples pero potentes.

Solow, Robert: Es un economista estadounidense nacido en 1924. Él es conocido por su trabajo en la teoría del crecimiento económico, por la cual en 1987 se le concedió el Premio Nobel de Ciencias Económicas. El modelo neo-clásico de crecimiento Solow-Swan fue descubierto independientemente por Trevor W. Swan y publicado, en 1956, en 'The Economic Record'. Este modelo permite separar el crecimiento económico de los aumentos en los insumos de mano de obra, capital y progreso técnico. Usando su modelo, Solow calculó que alrededor del 80% del crecimiento en la producción por trabajador en los EU se debió al progreso técnico. También demuestra la crueldad innata del capitalismo debido a su exclusión del trabajo y la tecnología como principales contribuyentes a la riqueza.

SONAR: Es el acrónimo de SOund Navigation And Ranging, y es una técnica que usa la propagación del sonido, por lo general bajo el agua, para navegar, comunicarse o detectar objetos sobre o bajo la superficie del agua, como otros buques. Hay dos tipos de tecnología que comparten el nombre de 'sonar': sonar pasivo que es esencialmente el escuchar el sonido producido por los buques y el sonar activo que emite pulsos de sonido y escucha los ecos, que se utilizan para la localización acústica y la medición de las características del eco de los objetivos en el agua.

T

Tecnología: Es la capacidad humana, y de otras especies animales, de usar y conocer herramientas y artesanías para controlar el entorno natural. La palabra tecnología proviene del griego *téchnē*, artesanía y *logía*, estudio. La tecnología ha cambiado la sociedad y su entorno en un sinnúmero de maneras, y ha ayudado a desarrollar economías más avanzadas. La tecnología se basa en muchos campos del conocimiento, incluyendo ciencia, ingeniería, lingüística, matemática, e historia, para lograr resultados prácticos.

Turing, Alan Mathison: Fue un matemático, lógico, criptoanalista y científico de la computación Inglés. que nació el 23 de junio de 1912. Fue muy influyente en el desarrollo de la informática, la formalización de los conceptos de algoritmo y de computación aunados al concepto de la máquina de Turing, que jugó un papel importante en la creación de la computadora moderna. Turing es considerado el padre de la informática y la inteligencia artificial. Durante la Segunda Guerra Mundial, Turing trabajó en la Escuela del Gobierno de Códigos y Cifras (GCCS), el centro de descifrado de códigos de la Gran Bretaña. Ideó una serie de técnicas para romper los cifrados alemanes, incluyendo el descifrar la máquina Enigma. Después de la guerra, trabajó en el Laboratorio Nacional de Física, donde creó uno de los primeros diseños de una computadora con programa almacenado, la ACE. En 1948, Turing se unió al Laboratorio de Computación Max Newman en la Universidad de Manchester, donde colaboró en el desarrollo de computadoras y se interesó en la biología matemática. La homosexualidad de Turing dio lugar a su enjuiciamiento criminal en 1952, cuando los actos homosexuales eran todavía ilegales en el Reino Unido. Aceptó el tratamiento con hormonas femeninas y la castración química, como alternativa a la prisión. Murió en 1954.

Turing, Máquina de: Es un dispositivo que manipula símbolos en una cinta continua de acuerdo con una tabla de reglas. A pesar de su sencillez, la máquina de Turing puede ser adaptada para simular la lógica de cualquier algoritmo de computadora, y es particularmente útil en la explicación de las funciones de una CPU dentro de una computadora. La 'Máquina de Turing' fue descrita por Alan Turing en 1936. No pretende ser una tecnología informática práctica, sino más bien un dispositivo hipotético que representa una máquina de computación. Las Máquinas de Turing ayudan a los científicos informáticos a entender los límites de la computación mecánica. Una definición sucinta aparece en su ensayo de 1948 'Maquinaria Inteligente'. Turing escribió que la máquina de Turing, aquí llamada una Máquina de Computación Lógica, consistía en '... una infinita capacidad de memoria en forma de una cinta infinita marcada en cuadros, en cada uno de las cuales podría imprimirse un símbolo. En cualquier momento hay un símbolo en la máquina, se llama el símbolo leído. La máquina puede alterar el símbolo leído y su comportamiento se determina en parte por ese símbolo, pero los símbolos en otras partes de la cinta no afectan el comportamiento de la máquina. Sin embargo, la cinta se puede mover hacia atrás y hacia adelante a través de la máquina, siendo esta una de las operaciones elementales de la máquina. Por tanto cualquier símbolo que aparece en la cinta, puede eventualmente tener entradas'. Una máquina de Turing, capaz de simular cualquier otra máquina de Turing se llama una Máquina Universal de Turing (UTM). Una definición orientada matemáticamente fue introducida por Alonzo Church, cuyo trabajo se entrelaza con Turing en una teoría formal de la computación que se conoce como la tesis de Church-Turing, la que ofrecen una definición precisa de cualquier algoritmo.

Turing, Maquina Monótona Universal (U): Es una Máquina Universal de Turing con una cinta de entrada unidireccional, una cinta de salida unidireccional, y algunas cintas de trabajo bidireccionales. Las cintas de entrada son de solo lectura, las cintas de salida son de sólo escritura, las cintas unidireccionales son aquellas en los que la cabeza sólo puede moverse de izquierda a derecha. Todas las cintas son binarias (sin símbolo en blanco) y las cintas de trabajo se llenan inicialmente con ceros. Decimos que U produce/calcula una secuencia $!$ a partir de la entrada p, y se escribimos $U(p) = !$, si es que U lee todos los p, pero nada más, mientras continúa escribiendo $!$ en la cinta de salida. Fijamos U y definimos $U(p, x)$ simplemente usando una técnica estándar de codificación para codificar un programa p junto con una cadena $x \in B*$ como una cadena de entrada única para U. Una máquina universal de Turing puede simular cualquier otra máquina universal de Turing con un programa de longitud fija.

Twitter: Es un servicio de red social y servicio de micro-blogg que permite a sus usuarios enviar y leer mensajes de texto de hasta 140 caracteres, conocidos como 'tweets'. Se puso en marcha en julio de 2006 por Jack Dorsey. El servicio rápidamente ganó popularidad en todo el mundo, con más de 140 millones de usuarios activos para el 2012. Twitter Inc. tiene su sede en San Francisco. El sitio web de Twitter es uno de los diez más visitados en Internet. Twitter ha sido citado como un factor importante en la Primavera Árabe y otras protestas políticas.

U

Ultrasonido o Ecografía: Es una presión de sonido cíclico con una frecuencia mayor que el límite superior del oído humano. La ecografía es diferente de sonido normal audible sólo por el hecho de que el ser humano no puede oírlo. Aunque este límite varía de persona a persona, es de aproximadamente 20 kilohertzios en adultos jóvenes sanos. El ultrasonido se utiliza normalmente para penetrar un medio y medir la reflexión o suministrar energía enfocada. La reflexión puede revelar detalles sobre la estructura interna del medio, una propiedad utilizada también por los animales como los murciélagos para la caza. La aplicación principal de la ecografía es para producir imágenes de los fetos en el útero humano. También hay muchas otras aplicaciones.

Unión Europea (UE): Es una unión económica y política de veintisiete estados miembros europeos. El Tratado de Maastricht estableció la UE el 1° de noviembre de 1993. Con más de 500 millones de ciudadanos, genera una parte estimada en el 30% del producto bruto mundial. La UE es un mercado único que garantiza la libre circulación de personas, bienes, servicios y capitales. Dieciséis de sus Estados miembros han adoptado una moneda común, el euro €.

UNIX: Un grupo de empleados de AT&T Bell Labs, incluyendo Ken Thompson, Dennis Ritchie, Brian Kernighan, Douglas McIlroy, y Joe Ossanna, desarrollaron una sistema operativo de multitareas y multiusuario para computadoras en 1969. La evolución del sistema UNIX tiene diversas ramas, que se desarrollaron a través del tiempo por AT&T, vendedores comerciales, universidades, como el BSD de la Universidad de California, y organizaciones sin fines de lucro. El Open Group, un consorcio de estándares de la industria, es propietario de la marca UNIX. Sólo los sistemas totalmente compatibles con y certificados de acuerdo a la especificación Single UNIX, están autorizados para usar la marca. Durante la década de 1970 y principios de 1980, la influencia de UNIX en los círculos académicos condujo a su adopción en gran escala por nuevas empresas comerciales, las más notables son Solaris, HP-UX y AIX, así como Darwin que constituye el conjunto básico de componentes en los que se basan Mac OS X, Apple TV y iOS de Apple.

Utilidad, Función de: En 1947, John von Neumann y Oskar Morgenstern exhibieron cuatro axiomas de 'racionalidad', en su teorema VNM, de manera que cualquier agente que satisface los axiomas tiene una función de utilidad. La hipótesis de la utilidad esperada es que la racionalidad puede ser modelada como el máximo de un valor esperado, y dado el teorema VNM, se puede resumir como 'la racionalidad es la racionalidad VNM'. No se afirma que el agente tiene un deseo consciente de maximizar la utilidad, sólo que la utilidad existe. La utilidad VNM es una utilidad de decisión en el sentido de que se utiliza para describir las preferencias de decisión.

V

Voltaire: François-Marie Arouet más conocido como Voltaire, fue un escritor y filósofo francés nacido en 1694. Voltaire fue un escritor prolífico y escribió en casi todas las formas literarias incluyendo obras de teatro, poesía, novelas, ensayos, obras históricas y científicas, más de 20.000 cartas y más de 2.000 libros y folletos. Él fue un partidario abierto de la reforma social, a pesar de las leyes estrictas de censura y sanciones severas para quienes las rompiesen. Un polemista satírico, hizo uso de sus obras para criticar el dogma de la Iglesia católica y a las instituciones francesas de la época. Sus obras e ideas influyeron en importantes pensadores de las revoluciones americana y francesa. Voltaire murió en 1778.

W

Watson: Es un sistema de inteligencia artificial capaz de responder a las preguntas formuladas en lenguaje natural, desarrollado por IBM como parte de su proyecto DeepQA, por un equipo de investigación dirigido por el investigador principal David Ferrucci. Watson fue nombrado así en memoria del primer presidente de IBM, Thomas J. Watson. En el año 2011, como una prueba de sus habilidades, Watson compitió en el concurso de televisión Jeopardy!. En dos juegos, de puntos combinados, del 14 de febrero al 16 de Watson el programa venció a Brad Rutter, el que ha ganado más dinero en la serie, y a Ken Jennings, el poseedor del récord de la racha más larga de 74 victorias.

Wiener, Norbert: Fue un matemático nacido 26 de noviembre de 1894, en Columbia, Missouri. Un niño prodigio famoso, Wiener más tarde se convirtió en una de los primeros investigadores en procesos estocásticos y de ruido. Fue profesor de matemáticas en MIT. Wiener inicio los campos de la cibernética, la retroalimentación y el control de los sistemas. Wiener estaba preocupado por la interferencia política en la investigación científica, y la militarización de la ciencia. Él murió el 18 de marzo de 1964, en Estocolmo, Suecia

Wiener, Proceso de o Movimiento Browniano: Son los nombres dados a un proceso estocástico de tiempo continuo nombrado en honor de Norbert Wiener o Robert Brown, respectivamente. Es un proceso en términos del cual pueden ser descritos complicados procesos estocásticos. Este proceso se usa para representar la integral de un proceso de ruido blanco gaussiano, y es útil como un modelo de ruido en el filtrado, en las teorías de control, en la formulación de la mecánica cuántica y en el estudio de la inflación eterna en la cosmología física.

Wi-Fi: Es una tecnología que permite a un dispositivo electrónico intercambiar datos en forma inalámbrica, mediante ondas de radio, a través de una red informática, incluyendo las conexiones de Internet de alta velocidad. Wi-Fi es una marca registrada de la Wi-Fi Alliance que la define como 'red inalámbrica de área local (WLAN) cuyos productos se basan en el estándar 802.11 del Instituto de Ingenieros Eléctricos y Electrónicos (IEEE)'. Un dispositivo que utiliza Wi-Fi, tal como una computadora personal, una consola de videojuegos, teléfonos inteligentes, tabletas, o reproductores de audio digital, pueden conectarse a un recurso de red, como Internet, a través de un punto de acceso de red inalámbrica. Este punto de acceso, tiene un alcance de unos 20 metros (65 pies) en interiores y un rango mayor al aire libre.

Windows: Es la interfaz gráfica de usuario (GUI) de los sistemas operativos desarrollados, comercializados y vendidos por Microsoft desde el 20 de noviembre de 1985. Microsoft Windows domina el mercado de las computadoras personales.

X

Y

Yudkowsky, Eliezer Shlomo: Es un investigador estadounidense de inteligencia artificial preocupado por 'La Singularidad' y defensor de la inteligencia artificial amistosa. Él nació el 11 de septiembre de 1979 y vive en Redwood City, California. Yudkowsky es un autodidacta que no asistió a la escuela secundaria y que no tienen educación formal en la inteligencia artificial. Fue cofundador del Instituto de la Singularidad para la Inteligencia Artificial sin fines de lucro (SIAI) en 2000, donde sigue siendo un investigador a tiempo completo. Su investigación se centra en la teoría de IA para el auto-entendimiento, la auto-modificación y la auto-mejora recursiva o IA semilla. En las arquitecturas de la IA, estudia teorías de decisión para establecer estructuras motivacionales benévolas tales como la IA amistosa y la volición coherente extrapolada. Yudkowsky ha explicado temas filosóficos en un lenguaje no académico, como 'Una explicación intuitiva del teorema de Bayes'. Él es autor de publicaciones del Instituto de la Singularidad, tales como 'Creando IA Amistosa' (2001), 'Niveles de Organización en la Inteligencia General' (2002) 'Volición Coherente Extrapolada' (2004), y 'Teoría Intemporal de la Decisión' (2010). Yudkowsky también ha escrito ciencia ficción y otras novelas. Su historia sobre Harry Potter ilustra la magia en términos de la ciencia cognitiva y racionalidad y ha sido favorablemente recibida.

Z

Zuse, Konrad: Fue un ingeniero alemán, inventor y pionero de la computadora, nacido en 1910. Su mayor logro fue la primera computadora Turing- completa funcional del mundo, la Z3, controlada por un programa, que comenzó a funcionar en mayo de 1941. Zuse también se destacó por su máquina de computación S2, considerada la primera computadora de controlado por un proceso. En 1941 él fundó uno de los primeros negocios de informática, produciendo la Z4, que fue la primera computadora comercial del mundo. De 1943 a 1945 diseñó el primer lenguaje de programación de alto nivel Plankalkül. En 1969, Zuse sugirió el concepto de un universo basado en computación en su libro '*Rechnender Raum*' ('*Cálculando el Espacio*'). Su familia y el comercio financiaron gran parte de su trabajo, pero después de 1939, recibió recursos por el Gobierno alemán Nazi. Debido a la Segunda Guerra Mundial, el trabajo de Zuse pasó inadvertido en el Reino Unido y en los Estados Unidos. Posiblemente su primera influencia documentada en una empresa de Estados Unidos fue cuando Zuse fundo la primera compañía de computadoras,: la Zuse-Ingenieurbüro Hopferau, la cual inicio en 1946, con capital de riesgo obtenido a través de ETH Zürich y una opción de IBM sobre las patentes de Zuse. Hay una réplica de la Z3, así como la Z4 original, en el Deutsches Museum en Múnich. El Deutsches Technikmuseum en Berlín tiene una exposición dedicada a Zuse, mostrando doce de sus máquinas, incluyendo una réplica de la Z1, la primera computadora en el mundo controlada por programas. A pesar de ciertos problemas de ingeniería mecánica, tenía todos los ingredientes básicos de las máquinas modernas, utilizando el sistema binario y la separación estándar actual del almacenamiento de la información y el control. En su solicitud de patente de 1936 (Z23139/GMD Nr. 21/05/00) Zuse sugiere también la arquitectura de von Neumann (reinventada en 1945) con programa y datos modificables en el almacenamiento de información. También exhibe varias de las pinturas de Zuse. Murió en 1995.

'La medida de la inteligencia es la habilidad de cambiar.' **Albert Einstein.**

Lectura Recomendada

'Si hay un libro que realmente quiere leer, pero todavía no ha sido escrito, entonces usted debe escribirlo'. Toni Morrison.

L as siguientes referencias se presentan únicamente como un estímulo para leer más acerca de los temas que se han presentado a lo largo de las páginas de este libro. No es de ninguna manera una lista completa de referencias sobre este tema y reflejan la subjetividad del autor. Estas referencias no han sido traducidas.

Arrabales, R., Ledezma, A., and Sanchis, A. (2009) *A Cognitive Approach to Multimodal Attention.* Journal of Physical Agents, vol. 3, no. 1, pp. 53-64.

Asimov, Isaac. (1950). *I, Robot.* Gnome Press

Bach, Joscha. (2009). *Principles of Synthetic Intelligence:* PSI: An Architecture of Motivated Cognition. Oxford University Press.

Ben Goertzel. (2012). *CogPrime: An Integrative Architecture for Embodied Artificial General Intelligence.*

Bennett, Daniel C. (1996). *Kinds of Minds: Toward an Understanding of Consciousness.* Basic Books, A Division of Harper Collins Publishers.

Birkho, G. and Neumann, J. von. (1936). *The logic of quantum mechanics.* Annals of Mathematics, 37, 823.

Bostrom, Nick and Yudkowsky, Eliezer. (2011). *The Ethics of Artificial Intelligence.* Draft for Cambridge Handbook of Artificial

298

Intelligence, eds. William Ramsey and Keith Frankish, Cambridge University Press.

Brynjolfsson, E. and McAfee, A. (2011). *Race Against the Machine: How the Digital Revolution is Accelerating Innovation, Driving Productivity, and Irreversibly Transforming Employment and the Economy.* Digital Frontier Press.

Cabessa, Jérémie and Siegelmann, Hava T. (2012). *The Computational Power of Interactive Recurrent Neural Networks.* Neural Computation; [DOI:10.1162/NECO_a_ 00263]

Engesser, K.and Gabbay, D.M. (2002). *Quantum logic, Hilbert space, revision theory.* Artificial Intelligence, 136:61-100

Goertzel, B. and Pennachin, C. (eds.) (2006). *Artificial General Intelligence.* New York, NY: Springer-Verlag.

Goertzel, B. (2008). *Achieving Advanced Machine Consciousness though Integrative, Virtually Embodied Artificial General Intelligence.* Proceedings of the Nokia Workshop on Machine Consciousness. pp. 19-21.

Hamilton, Peter F. (1999). *The Naked God.* Macmillan Publishers.

Hernández-Orallo, J. (2010). *A (hopefully) Non-biased Universal Environment Class for Measuring Intelligence of Biological and Artificial Systems.* In E. Baum, M. Hutter, E. Kitzelmann, editor, Artificial General Intelligence, 3rd Intl Conf, pages 182–183. Atlantis Press.

Hutter, M. (2005). *Universal Artificial Intelligence: Sequential Decisions based on Algorithmic Probability.* Springer, Berlin.

Haikonen, P.O.A. (2007). *Robot Brains. Circuits and Systems for Conscious Machines.* John Wiley & Sons, UK.

Hutter, M. (2007). *Universal Algorithmic Intelligence: A mathematical top-down approach.* Artificial General Intelligence Springer

Kurzweil, R. (2005). *The Singularity Is Near: When Humans Transcend Biology.* New York, NY: Viking.

Kalman, R.E. (1960). *A new approach to linear filtering and prediction problems.* Journal of Basic Engineering 82 (1): 35–45.

Kalman, R.E.; Bucy, R.S. (1961). *New Results in Linear Filtering and Prediction Theory*. Transactions of the ASME - Journal of Basic Engineering Vol. 83: pp. 95-107

Legg, Shane. (2006). *Is there an Elegant Universal Theory of Prediction?* Technical Report No. IDSIA-12-06, IDSIA / USI-SUPSI, Dalle Molle Institute for Artificial Intelligence, Galleria 2, 6928 Manno, Switzerland

Legg, S., and Hutter, M. (2007). *Universal intelligence: A definition of machine intelligence.* Minds and Machines, 17(4), 391–444.

Legg, S., and Hutter, M. (2007). *A collection of definitions of intelligence.* Advances in Artificial General Intelligence: Concepts, Architectures and Algorithms (pp. 17–24). Amsterdam, NL: IOS Press.

Legg, Shane and Veness, Joel. (2011). *An Approximation of the Universal Intelligence Measure.*

Li, Xiang and Liu, Baoding. (2009). *Hybrid Logic and Uncertain Logic*, Department of Mathematical Sciences, Tsinghua University, Beijing, China, Journal of Uncertain Systems, Vol.3, No.2, pp.83-94

Li, M. and Vitányi, P. M. B. (2008). *An introduction to Kolmogorov complexity and its applications.* Springer, 3rd edition.

Ludwig Arnold. (1974). *Stochastic Differential Equations: Theory and Applications.* A Wiley Interscience Publication.

Niven, Larry. (1973). *Protector.* Del Rey.

Ortony, Andrew, Cloe, Gerald L. and Collins, Allan. (1988). *The Cognitive Structure of Emotions.* Cambridge University Press.

Rosenfield, Israel. *The Invention of Memory: A New View of the Brain.* Basic Books, 1988.

Shanon, B. (2008). *A Psychological Theory of Consciousness.* Journal of Consciousness Studies, vol. 15, pp. 5-47.

Solomonoff, R. (1964). *A Formal Theory of Inductive Inference.* Information and Control, Part I: Vol 7, No. 1, pp. 1-22.

Turing, A. M. (1950). *Computing machinery and intelligence.* Mind.

Veness, J., Ng, K. S., Hutter, M., and Silver, D. (2010). *Reinforcement learning via AIXI approximation.* In Proc. 24th AAAI

Conference on Artificial Intelligence, pages 605–611, Atlanta. AAAI Press.

Veness, J., Ng, K. S., Hutter, M., Uther, W., and Silver, D. (2011). *A Monte-Carlo AIXI Approximation.* Journal of Artificial Intelligence Research (JAIR), 40(1):95–142.

Wallach, Wendell; Allen, Colin. (2008). *Moral Machines: Teaching Robots Right from Wrong.* USA: Oxford University Press. ISBN 978-0195374049.

Yudkowsky, Eliezer S. (2002). *Levels of Organization in General Intelligence.* A chapter in Real AI: New Approaches in Artificial General Intelligence, Edited by Ben Goertzel and Casio Pennachin.

Zadeh, Lotfi A. (1997). *Toward a theory of fuzzy information granulation and its centrality in human reasoning and fuzzy logic.* Computer Science Division/Electronics Research Laboratory, Department of EECS, University of California, Berkeley, CA 94720-1776, USA

'De un recién nacido a un niño de 5 años, hay un mundo de distancia. De uno de 5 años a mí, sólo un paso'. **Leo Tolstoy.**

301

Índice

'Lo importante es no dejar de preguntar. La curiosidad tiene su propia razón de existir. Uno no puede evitar el estar asombrado cuando se contemplan los misterios de la eternidad, de la vida, de la maravillosa estructura de la realidad'. **Albert Einstein.**

*'Ser consciente es por supuesto un sacrilegio contra la naturaleza; es como si se hubiese robado el inconsciente de alguien'. **Carl G. Jung.***

Libros por Humberto Contreras

viviendo peligrosamente en la utopía

La Guerra de las Clases
El Factor Preponderante
Todo está en la Mente
La Inquietud

tecnología e impacto social

La Historia del Siglo 21
Inteligencia Artificial Práctica

Humberto Contreras es un Ingeniero Civil con Maestría en Ingeniería Estructural y Doctorado en Ingeniería de Sismos de la Universidad Nacional Autónoma de México. Como experto en sistemas probabilísticos y estocásticos implementó soluciones de análisis de riesgo y de seguridad de plantas nucleares y almacenamiento de desechos nucleares. También ha sido consultor de programación de computadoras para grandes empresas. Él está actualmente retirado y vive en Nueva Inglaterra y la Riviera Maya.

Estos libros también están disponibles en inglés.

http://www.alphazerobooks.com